帕帕吉傳
一切從未發生

大衛·高德曼 編

顧象 許原 譯

———

紅桌文化
UnderTable Press

Nothing Ever Happened vol. 1

117 Dazhi Street, 5F, 104 Taipie, Taiwan
undertablepress.com

本書編者與帕帕吉的合影

國家圖書館出版品預行編目(CIP)資料

帕帕吉傳：一切從未發生/大衛·高德曼(David Godman)編；
顧象, 智原譯. -- 臺北市：紅桌文化, 左守創作有限公司, 2023.11
368面；14.8*21公分.
譯自：Nothing ever happened. vol. 1
ISBN 978-626-96032-9-9(平裝)

1.CST: 彭嘉(Poonja, Hariwansh Lal) 2.CST: 傳記 3.CST: 印度教

783.718   112017066

帕帕吉傳：一切從未發生 Nothing Ever Happened vol. 1

譯者	顧象、智原
編者	大衛·高德曼（David Godman）
總編輯	劉粹倫
發行人	劉子超
出版者	紅桌文化／左守創作有限公司
	臺北市中山區大直街117號5樓
	undertablepress.com
印刷	約書亞創藝有限公司
經銷	高寶書版集團
	臺北市內湖區洲子街88號3樓
	TEL 02-2799-2788
書號	ZE0158
ISBN	978-626-96032-9-9
初版	2023/11
新台幣	400元
法律顧問	詹亢戎律師事務所
台灣印製	本作品受著作權法保護

目 錄

編者序

多年前，我開始搜集資料，希望為南印度無與倫比的智者尊貴的拉瑪那尊者重寫一部傳記。他的一生和教誨對世界各地的人們產生了深遠的影響，激勵和改變了無數人。然而，這個計劃始終未能啟動，因為我逐漸意識到，試圖為這樣一位聖者作出確切且客觀準確的描述在本質上是不可能的。真正的智者是一切眾生的「真心」，無名無形。儘管他似乎具有特定的個性和氣質，並擁有一段生命歷程，但他的言行——編寫傳記所依賴的基本材料——實際上僅是對與他接觸者心智的回應。當人們接觸到一位真正的上師時，他們的感受和看法各不相同，但所反映出來的永遠是他們自身的需求、渴望和內在成熟程度。只有那些因他的恩典而直接親證他無形本體的人，才能真正清楚地看到他。正如室利·拉瑪那在一首泰米爾語詩中所寫的：「唯有他知道我，知道我的真實面目。」

在明白這一點後，我轉向研究那些在他身邊經歷非凡覺醒的弟子，關注他們的生活和經歷。多年來，我搜集了許多詳盡的第一手描述，講述與他共度生活、交談以及受他感召進入他內在寂靜的經歷。我原本打算為每位弟子各寫一章，但有兩人的資料過於豐富且引人入勝，因此將這些章節擴展成了兩本完整的書。第一本是《信受奉行》(*Living by the Words of Bhagavan*)，記載了安納瑪萊·斯瓦米[1]在室利·拉瑪那身邊的多年經歷，該書於1994年出版。從那時起到現在的這三年，我大部分時間都在搜集和編寫哈利萬什·拉爾·彭嘉（Hariwansh Lal Poonja）的生平和教法，他如今以「帕帕吉」之名廣為人知。他是旁遮普人，於1940年代受引

---

1 安納瑪萊·斯瓦米（Annamalai Swami, 1906-1995）：拉瑪那的弟子、侍者。年幼時，父親為防其出家，不讓他上學讀書。他17歲時離家出走，22歲跟隨拉瑪那修行，並成為侍者和之後道場工程的負責人。十年後，導師囑離開道場自行閉關參問，數十年後終達證悟。1980年代開始，許多西方求道者慕名前往他的住處參訪，其中的問答被集結成書，由大衛·高德曼編輯出版，名為《安納瑪萊·斯瓦米：最後的談話》(*Annamalai Swami: Final Talks*)。

領至室利‧拉瑪那身邊。我在《帕帕吉傳》這三卷中介紹了他的生平和教導，涵蓋了他最早的童年時期直至1980年代開始吸引大批西方訪客。至於此後的故事，我希望能在未來出版的續篇中記錄下來。對於在1980年代和1990年代間曾與帕帕吉見面的人，我會非常樂意收到你們的訊息和郵件，以便將他的人生故事記錄得更為完整。

《帕帕吉傳》主要以帕帕吉本人的第一人稱敘述為主，經過我的編輯，並加入了我從他的家人和弟子那裡搜集到的故事和訪談作為補充。我的插敘、評論和解釋均以斜體[2]表示。為了方便表述，我在全書中將他稱為「帕帕吉」（Papaji，意為「敬愛的爸爸」），儘管這個名字是近幾年才開始流行的。在早些年裡，大家用許多名字和稱號稱呼他：「羅摩」（Ram）、「哈爾班斯」（Harbans）、「哈利拉爾」（Harilal）、「彭嘉吉」（Poonjaji）、「斯瓦米吉」（Swamiji）、「馬哈拉吉」（Maharaj）、「上師」（the Master），甚至還有「蠍子巴巴」（Scorpion Baba）。

於帕帕吉在英治印度長大並接受教育，他的書面英語更偏向英式而非美式。因此，我也保留了這一風格，尤其是在幾年前帕帕吉告訴我，他不喜歡早期關於他的一本書，因為該書讓他看起來「太美國人」了。

能與帕帕吉共同生活並一起參與此書的編撰，對我來說是莫大的榮幸。現在，我將此書獻給尊貴的拉瑪那尊者以及所有曾接觸過他並了解他真實面目的人，其中包括帕帕吉。在過去的十五年裡，我大部分時間都與這些人一起生活和工作。將他們的事蹟記錄下來，對我來說是一種致敬，是表達最高敬意的方式。在記述他們的生平和教法時，我盡力保持事實準確和學術規範，以免本書陷入單純吹捧聖徒行傳的陷阱。然而，我同時也不掩飾自己

2 中譯本以楷體來標示。

確實視這些人為神在人間的化身。我敬佩他們的成就，尊崇他們的超凡境界，因此竭力搜集所有資料並呈現給大眾，希望至少能激勵部分讀者去追求證悟真實本性——這些聖者們毫不做作地彰顯出的真實本性。這些書可以說是我個人對他們的敬意。

在前言結尾，我引用十七世紀馬拉地聖者圖卡拉姆的一首詩歌，他對自己寫下的文字與我有著相同的感受：

言詞乃是吾 所具唯一珍。
言詞乃是吾 所穿唯一衣。
言詞乃是吾 唯一繫命食。
言詞乃是吾 散眾唯一財。
圖卡如是言：「見證真言者為神。 吾以言詞頂禮彼。」

大衛‧高德曼
1997年3月於勒克瑙

致謝

本書的完成背後是巨大的心血，許多人在此過程中貢獻了他們的時間、專業意見和知識。在此，我要感謝以下所有人，對他們的付出和幫助表示衷心的感激：

文本和故事

本書的內容主要來源於帕帕吉本人。在開始這項工作之前，他花了整整一個夏天，在我為他準備的詳細問卷上填寫回答。隨後，我對他的人生經歷和教法進行了進一步的提問，他在原先的234頁答卷上又追加了100頁。除了書面回答之外，他還在1995年和1996年於勒克瑙的薩特桑上回答了我許多問題。後來，帕帕吉審閱了我寫下的所有章節，並不時作出一些更正。這些更正通常是一些細節上的調整，如名字的拼寫。從1996年2月到10月期間，他在勒克瑙的薩特桑上朗讀了本書約三分之二的內容。在每個卷末的資料來源中，都可以找到朗讀的日期詳情。我要感謝帕帕吉，感謝他提供的所有書面和口頭資料，感謝他對這項工作的熱心鼓勵和支持，並感謝他允許我從他的私人信件、筆記本和日記本，以及從他的親人和弟子那裡搜集資料。

在我的研究過程中，我採訪了許多帕帕吉的弟子。一旦有機會，我要求所有在書中出現的弟子檢查他們的部分，確保我對他們的描述是準確和可以接受的，並讓他們感到滿意。我要感謝在此過程中為本書提供幫助的每一個人，感謝他們與我分享自己的故事，寄給我信件副本，並核查自己故事的真實性。一些認識帕帕吉已有二十年甚至更久的弟子還同意審閱我的整個手稿，並在編輯和事實陳述方面提出建議。這些參與帶來了許多有益的補充和修訂。我要特別感謝蜜拉·德古（Meera Decoux）、拉哲和毗納亞克·普拉布（Raj and Vinayak Prabhu）、唵·普拉喀什·西亞勒（Om Prakash Syal）、拉維·巴克惹（Ravi Bakre）和拉曼·埃利斯

（Raman Ellis），感謝他們提供寶貴的意見和細節補充。

轉錄與打字

在1992年至1995年間，帕帕吉在勒克瑙舉行的薩特桑上，常常會分享他生活中的一些故事。在這段期間，約有800小時的開示和對話被錄音和錄影記錄下來。許多人幫助我聆聽這些錄音和錄影，將與帕帕吉生平相關的故事轉錄成文字。我要感謝Reena在這方面的協調工作，感謝Jahnavi和Chandramana承擔了近一半的工作，以下的人則分擔了剩餘部分：Aditi、Alba、Amandan、Amravati、Ana、Angeline、Ann、Aruna、Asha、Atma、Bob、Brijbala、Caroline、Darrell、Dinesh、Durga、Gauri、Gomati、Gopal Ram、Gopi Krishna、Jaya、Jayant、Kate、Katia、Kevan、Kirparam、Krishnaprem、Maithreyi、Nirmala、Nitya、Prasanna、Priya、Radha、Ramba、Rani、Sankalpa、Santosh、Shambu、Shanti、Shubha、Sitara、Spar、Susan、Triveno、Vajra、Vasanta、Yogi。

在整理過程中，我搜集了數千頁的原始資料，包括信件、訪談和故事。許多人協助我將這些資料打字輸入，但我要特別感謝Katia、Kirparam、美國的Bhagirti和德國的Bhagirti，他們每人都投入了數百小時，將這些資料輸入到我的電腦中。

圖像、照片和整體設計

本書大部分的照片均來自帕帕吉自己的收藏。我要感謝他的親屬和弟子們提供其他照片。特別要提到的是Markus Horlacher和拉維·巴克惹。前者走訪了卡納塔克邦和果阿邦，從20世紀60至70年代認識帕帕吉的弟子手中，搜集了所有能找到的照片；後者則為這項工作提供幫助，不辭辛勞地辨認出舊合照中的所有人。封面上的照片是帕帕吉自己挑選的。他也檢查了我選擇放在正文中的黑白照片，並修改了我撰寫的部分圖片說明。

我要感謝Dharama和Rama製作的地圖，感謝Carol Watts設計

的封面，以及感謝Mike Pocreva、Michele Moore和Rama修復許多
舊圖片。同時，也感謝Priya負責排版和整體設計。

技術和財務支持

　　我得益於一位希望匿名的弟子慷慨捐助，承擔了此書的
首次印刷費用。在出版之前，籌備此書的大部分資金支持來自
Avadhuta Foundation的Kamal。我要感謝他提供的資金和設備，
使此書得以問世，並感謝他對我提出的任何請求都沒有說過「不」。
同時，我要感謝唵‧普拉喀什在勒克瑙炎熱且塵土飛揚的氣候中讓
我那台老是出問題的破電腦能繼續運作。此外，我還想提到並感
謝Almira，感謝她在此書籌備工作的數年間給予慷慨、溫柔且充
滿溫暖的支持。

研究、翻譯、編輯和校對

　　Rama Bonner-Crowell積極地幫我搜集了許多鮮為人知的歷史
事實，並幫助準備了術語表。我要感謝他以及以下這些人：Gita、
Jaya、Jahnavi、Vasanta、Dev Gogoi、Swami Ramanananda Giri
和Swami Nirvanananda，他們閱讀了手稿並找到了許多需要修正
或改善的詞句和段落。Swami Ramanananda Giri還翻譯了帕帕吉
用非英語寫下的那部分日記。另外，要感謝Anasuya翻譯了1970年
代一些原本用法語記錄的薩特桑對話，感謝彌拉（Mira）替我找到
了帕帕吉在澳大利亞的一名老弟子，並採訪了他。 雖然我在許多
方面得到了建議和幫助，但最後成文中任何可能出現的錯誤，都
由我負擔全責。

出版社

　　我要感謝室利‧拉瑪那道場（Sri Ramanasramam）的主席允許
我在書中收錄一張尊貴的拉瑪那的照片；感謝德里的阿比什克塔
南達協會（Abhishiktananda Society）的James Stuart神父允許我大

篇幅摘錄阿比什克塔南達・斯瓦米出版的著作中的文字；感謝卡爾洛斯・希爾瓦（Carlos Silva）允許我從他的自傳《第四運動》（*The Fourth Movement*）中摘錄片段；感謝企鵝圖書（Penguin Books）允許我摘錄Dilip Chitre的《圖卡說》（*Says Tuka*）中圖卡拉姆的詩句。

譯者說明

正文中的人名、地名和書名在書中首次出現時，會在圓括號中標注英文原文，或在註腳中標注原文。有些專業詞彙本來就以梵文形式出現，也會在圓括號中標註出來。

正文中出現的術語，後附圓括號或方括號中的解釋性文字，皆為原編者大衛·高德曼所作。全書註腳由中譯者編撰。

書中出現的印度靈修術語、神祇名號、著名宗教人物名字，大多遵循目前約定俗成的翻譯方法，例如：Krishna譯為「黑天」，kundalini譯為「拙火」，gunas譯為「三德」等。對於一些艱深的印度靈修術語，如智（buddhi）、毗梨耶（Vritti）等，我們大多遵循研究印度教的華人學者們的譯法，並編寫了註腳，期望讓有興趣的讀者能深入了解印度靈修傳統的博大精深。

一些在西方靈修語境中已經約定俗成的英語詞彙，如mind，Self，vision，experience，meditate，consciousness，awareness，bliss，trance等，若固定翻譯為某一中文詞彙，可能顯得機械且僵硬，無法完整表達多重含義。因此，我們根據上下文語境，採用靈活的譯法，並未拘泥於特定用詞。

書中摘錄了許多當事人的回憶、書信等資料，因為出自不同人之口，用詞習慣各異。甚至有些敘述、文字語意不明，或語法有誤，或度量衡單位，公制、英制交錯，我們在中譯本中盡量予以保留和展現。

英文原本每卷末有「資料出處」、「索引」和「詞彙表」三部分附錄內容，但這些資料所針對的是英語讀者，與中文讀者的語境相差甚大，所以在此中譯本中並未收錄，以隨頁註釋補足之。

早年生活

　　二十世紀初，西旁遮普省萊亞普爾（Lyallpur）地區恰好地跨邊界線。英國政府急於掌控土地，承諾只要有人願意清理森林、開墾農田就可免費獲得五十英畝土地。政府還新建了一條灌溉渠，使農墾計畫切實可行。於是成千上萬人從印度更為貧瘠的地方移民來此。萊亞普爾鎮是英國人在十九世紀建造的，寄望它能成為新興發展地區的核心。城鎮以一位英國高官的名字命名，市中心街道佈局也類似英國的米字旗線條。當地的長住居民多數是穆斯林，但大部分安頓下來的新移民則信奉錫克教或印度教。這波移民潮結束時，萊亞普爾鎮人口約有四萬，其中大約一半為錫克教徒及印度教徒。

　　帕帕吉的家族並不在這批農業移民中。他們屬於一個小型婆羅門族群，許多代人都在這片土地上生活。祖上有一人曾是錫克王朝末代統治者冉吉特・辛大君（Maharaj Ranjit Singh）的文官，這一王朝直到十九世紀中葉還統治著旁遮普的大部分地區。帕帕吉所屬的婆羅門氏族祖上大多是學者，但他的父親帕瑪南德（Parmanand）打破了家族傳統，去當了火車站站長。當時英國政府需要大批識字、受過教育的人來負責政府的行政工作，於是長期以來作為印度文化精英的婆羅門有了許多新的工作機會。

大約在1911年，帕瑪南德娶了一個十六歲少女，名叫雅穆納·提琵（Yamuna Devi）。他自己時年二十。兩年後帕帕吉出生了，成為他們九個孩子中的長子。依據傳統，嬰兒被送往母親的娘家，一個叫穆拉利瓦里（Muraliwali）的小村莊，位於萊亞普爾東北約五十英里處。

帕帕吉的一些早期生活記錄表明他出生於1910年10月13日。但我從官方文件、他的家人、他年輕時的熟人那裡搜集來的資訊，以及帕帕吉對自己早年生活口述的點點滴滴，卻讓我相信他應該是出生在1913年10月13日。帕帕吉知道官方文件上記錄的是1913年，但他認為文件有誤，正確的年份應該是1910年。編寫這本傳記時，我採用的是稍晚的年份，理由詳細記錄在本卷末尾的「資料來源」[3]中。

由於帕瑪南德在不同車站間頻繁調動，而且經常在偏遠地區工作，沒有給家人的宿舍，所以帕帕吉幼年時沒有和父親生活在一起。他六歲以前，大都是和母親一起在穆拉利瓦里的外祖父母家度過。距村莊最近的城鎮是六英里之外的古吉瀾瓦拉（Gujranwalla），是當地的中心。後來，帕瑪南德在古魯納納克普拉（Guru Nanak Pura）買了棟房子，那裡是萊亞普爾南部的小型婆羅門聚集區。儘管帕瑪南德繼續在旁遮普和俾路支省[4]不同地區生活、工作，也常帶著家人一起赴職履新，萊亞普爾的這棟房子一直是家庭的主要住宅，直至1947年印巴分治為止。

儘管帕帕吉大部分細節都不記得了，但是對於不停地搬家的生活還有些模糊的記憶。

他曾對我說：「我一生都在旅行，從一個地方搬到另一個地方。直到1980年代後期，因年紀大了，我才在勒克瑙安定下來，我從未在一個地方居住超過一年，這是第一次。」

---

3 原書的「資料來源」中，大衛·高德曼詳細列舉了許多資料，官方文件、他的家人、熟人的回憶，都傾向於他出生於1913年。

4 俾路支省（Baluchistan）：今巴基斯坦西部，該國四個省份之一，北鄰阿富汗，南鄰阿拉伯海。

除了因父親工作而頻繁遷移，帕帕吉還經常參加家族旅行。每年盛夏時節，全家人都會放下工作休息至少一個月的假期，住在恆河畔的聖城哈德瓦（Hardwar）。恆河在此處離開喜馬拉雅山，進入印度平原。帕帕吉對恆河，尤其是對哈德瓦的熱愛，可以追溯至他還是個少年時，每年都在恆河裡玩耍數週的日子。

我一生中總是被哈德瓦所吸引。從小時候開始，我每年至少和父母一起去那裡住上一到兩個月。因為我父親在鐵路局工作，所以我們享有免費來回票的福利。每當學校放暑假時，他就會休假，帶我們一起去哈德瓦。在我五歲時，我就在恆河裡學會了游泳和漂浮，當時我就能游到對岸。

帕帕吉的父母都是虔誠、奉行本分的印度教徒。雅穆納·提琶會給娘家村莊裡的女人唱拜讚歌[5]，而帕瑪南德則熱衷於持誦「嘉，悉塔羅摩」[6]。持誦就是重複念誦神的名號。修行生活對帕帕吉有天然的吸引力，卻不是以常見的外在修行形式表現出來。自三歲或四歲開始，他就會靜靜地坐著，閉著眼睛；寂靜之流穿過他，他沉浸其中。他早年的修行舉動讓父母印象深刻，因此就給他取了個暱稱叫「羅摩」。羅摩是《羅摩衍那》的男主人公，是毗濕奴神的化身。廣義來說，羅摩就是神本身的常用名號。

帕帕吉對自己童年只有零星的記憶，但我從他妹妹蘇蜜特拉（Sumitra）那裡搜集了一些細節。儘管她那時還很年幼，可能沒有親眼見到，但帕帕吉早年的奇特舉止早已是家族內的傳奇故事。1994年我在她德里家中和她傾談過，對話中，她經常稱帕帕吉為「巴伊·撒赫伯」，這在旁遮普語中表示「尊敬的兄長」。

5 拜讚歌（bhajan）：禱告歌一種，無固定形式，從印度傳統音樂中形成，以簡短抒情詩表達對神的愛。

6 嘉·悉塔羅摩（Jai Sitaram）：意為光榮屬於悉塔和羅摩。

大衛：您對家庭生活最早的記憶是什麼呢？

蘇蜜特拉：我出生於1918年，比巴伊·撒赫伯小五歲。所以我最早的記憶始於1920年代。我們的父親在許多不同的地方當站長，經常不在家，所以我們必須經常搬家到不同的城鎮。

大衛：您還記得他在哪些地方當過站長嗎？

蘇蜜特拉：大多數是一些小地方。有一個地方叫齊崇奇馬蓮（Cheechon Ki Malian），在萊亞普爾到拉合爾的鐵路沿線上。他還曾在噶提（Gati）和烏巴斯普爾（Ubas Pur）工作，這兩個地方都在萊亞普爾附近。還有一個叫達德帕天尼（Dad Patiani）的車站，靠近哈拉帕（Harappa），他也在那裡工作過。還有其他一些地方，但我現在記不得地名了。

大衛：您父親調職時，您是跟他一起搬遷嗎？還是說家裡的其他人留在原地？

蘇蜜特拉：通常父親調動時，全家都會跟著搬家。他每隔幾年就會調動一次，讓我們在各個城鎮之間來回遷徙。政府為我們提供住所，但最初被派往的地方都很小，位於農村並且設施有限。我們經常需要直接到農民的田地買菜，因為也沒有別的地方可以購買。家裡有幾頭水牛，為我們提供了牛奶和奶油。每個人都非常喜愛牛奶和奶油，總是吃不夠。

在我們的童年中，總有一些水牛陪伴在身邊。有時甚至和我們一起住在房子裡。巴伊·撒赫伯和他的弟弟經常帶著水牛去附近的叢林放牧。這些地方有很多蛇，因此只要一坐下，蛇就會爬上來。巴伊·撒赫伯告訴我，有時蛇會吃掉他帶來的午餐。但對於他來說，完全沒有問題，因為他一點都不害怕蛇。他很小的時候就

會抓住蛇的脖子，在自己的頭上舞動。他喜歡和蛇一起玩。

大衛：您在這些偏僻的地方都玩些什麼？怎麼消磨時間？

蘇蜜特拉：我們玩火車玩得特別開心。火車到站後，我們就在車
廂裡玩，火車沿月臺行駛時，我們就跳上跳下。

　　巴伊·撒赫伯非常淘氣。他那時常常大肆作弄店鋪的夥計。在
每天最熱的時候，或生意清淡時，商鋪店主常會讓年輕的男孩來
看店。巴伊·撒赫伯常在男孩們不注意的時候跑到路邊朝他們潑熱
水，有一次甚至潑熱灰。

大衛：帕帕吉曾對我說，他還很小的時候，他母親常叫他「羅摩」。
他怎麼會有這個名字的？

蘇蜜特拉：他還很小的時候常常用泥巴塗身，做普嘉儀軌[7]。這種
時候，他會重複說「我是羅摩。我是羅摩」。因此父親就開玩笑地
叫他「羅摩」。這名字就這麼叫開了，父母就都稱他「羅摩」了。

　　「羅摩」不僅只是他童年的外號。我曾遇見一些弟子到了
1970年中期也這麼稱呼他。而帕帕吉的父母通常叫他「哈爾班
斯」，這是哈利萬什[8]的簡稱。

大衛：他還進行別的什麼修行嗎？您對他早年的修行生活還記得
些什麼嗎？

---

7 普嘉儀軌 (Pujapath)：虔信敬拜儀式，包括獻供 (puja)、持誦 (japa) 和念誦經文等。「我是羅摩」
　就是一個常見的供持誦的咒語。
8 哈利萬什 (Hariwansh)：帕帕吉的中間名，簡稱哈爾班斯 (Harbans)。

蘇蜜特拉：他常常出門去拜訪城鎮外邊的苦行僧道場，經常在那裡待到夜深。有次他回來得太晚，被母親責罵，他就說：「我是水牛嗎，要六點回來好讓你擠奶？」有時如果他不回家，父親就會到城鎮外的苦行僧營地找他。這是我們住在萊亞普爾時的事情了。父親總是知道哪裡能找到他。如果巴伊‧撒赫伯不見了，總能在當地苦行僧那裡找到他。

苦行僧（sadhus）指印度教僧侶，通常過著四處雲遊的生活，在鄉間漫遊乞討食物。住在萊亞普爾城外的那群苦行僧不屬於印度教，而是一個被人稱為「馬斯特‧卡蘭達」[9]的狂浪不羈的穆斯林教派，這個教派以跳舞、歌唱及古怪且不合世俗的舉止聞名。1995年，帕帕吉給他一個弟子起名為「馬斯特‧卡蘭達」，那人對這一傳統並不熟悉，於是請帕帕吉加以解釋。

馬斯特‧卡蘭達：請您告訴我關於您遇見過的馬斯特‧卡蘭達的故事。

帕帕吉：我年紀很小時，有一群這樣的人在我們城鎮外紮營。他們通常一身黑衣，手腕上戴著金屬鐲子。他們唱誦時，會以一種極富節奏感的方式，用棍子敲擊這些鐲子。他們這群人非常開心、無憂無慮，四處走動時，口中總是唱著：「馬斯特‧卡蘭達！馬斯特‧卡蘭達！」人們也因此這麼稱呼他們。在旁遮普，大多數人都有點怕他們，覺得這些馬斯特‧卡蘭達挺危險，也多少有點瘋癲，但我很享受和他們在一起。當你是馬斯特‧卡蘭達時，你什麼都不在乎了。他們甚至都不乞討食物，就是唱歌、跳舞，鐲子叮噹作響，大喊著「馬斯特‧卡蘭達」，人們聽到聲音就會過來，給他們食物。每天晚上，從夜裡十點到次日六點，他們會一直在帳篷裡

9 馬斯特‧卡蘭達（Mast Kalandar）：在印地語或烏爾都語的字面意義上，指歡樂、妙樂、不在乎世間悲愁者。

唱歌跳舞。我很喜歡參加，但我知道父母絕對不會允許我在那裡和他們過夜。

有時我對母親說：「我打算和朋友一起做作業，在他那裡過夜，早上就從他家直接去學校。」

然後，當父母以為我在念書或睡覺時，我就會跑出去和馬斯特·卡蘭達們在一起，看他們跳舞唱歌。他們一般會雇一些當地妓女來給他們跳舞。那些女人自然是為了錢。萊亞普爾的馬斯特·卡蘭達的首領有些悉地（siddhi，神通）。只要他想用錢的時候，就能變出一些盧比硬幣來，所以他一直為眾人花錢買樂。那個時候一盧比算得上是一大筆錢。現在可能要花一百盧比才能買到當時一盧比就能買的東西。首領的盧比硬幣好像取之不盡。他用手在自己的膝蓋上摩挲摩挲，就會出現一個盧比硬幣。每個女子每次來跳舞都會拿到一個盧比，這讓他大受歡迎。一般來說，這些女子能獲得的報酬遠低於此。現在，像是賽西亞·塞·巴巴[10]也能為弟子們變出聖灰[11]，可是聖灰有什麼用呢？變出錢來買樂子要實在得多。

每次帕帕吉不見蹤影時，他父母就知道最有可能在鎮外的苦行僧營地找到他。

有次父親來找他，他卻說：「為什麼你要來找我，而不是讓我和神在一起？」

帕瑪南德絕不會允許兒子和這群人在一起。儘管他常常斥責苦行僧們讓自己的兒子在那裡逗留太久，但馬斯特·卡蘭達們依然允許帕帕吉來看他們的表演。

在《躍入永恆》[2]一書裡，我記錄了他早年生活中的另一件事。這是帕帕吉的版本：

---

10 賽西亞·塞·巴巴（Sathya Sai Baba, 1926-2011）：據稱是舍第·塞·巴巴的轉世。他展示的神通包括用聖灰變物、治癒疾病等等，其人頗有爭議。

11 聖灰（vibhuti）：燃香等後所剩下的灰燼。

童年時，其他男孩可能扮演士兵、假扮體育明星或政治家，而我卻渴望模仿苦行僧。我對這些人的內心生活一無所知，但僅僅模仿他們的外表就已經讓我頗為滿足。有一天，我決定扮演一位裸體的苦行僧，還說服了妹妹加入遊戲。我們脫掉衣服，用木灰塗抹在身上假裝聖灰，然後在花園裡生了一堆火，盤腿坐在火前。由於當時對禪修或瑜伽什麼都不懂，所以我們也只能做這樣的遊戲。不巧的是，一個鄰居從兩家之間的花園圍牆上看過來，看到一個身上塗滿了灰的全裸女孩時，自然大驚失色。我們那時太天真，沒想到年幼的女孩不應該赤身裸體坐在外面，鄰居叫來我們的母親，遊戲就被迫停止了。

我以為蘇蜜特拉是故事裡的女孩，就向她詢問這件事。

大衛：帕帕吉曾說過他有次脫掉了所有衣服，在身上塗木灰，坐在花園裡假扮苦行僧。還提到他說服了一個妹妹也脫掉所有衣服加入。您是這個妹妹嗎？

蘇蜜特拉（大笑）：不，不是我。是我們鄰居的女兒，名叫雪拉（Sheila）。她媽媽看到她不穿衣服坐在我們花園裡，非常生氣，過來和我們媽媽投訴：「他們在搞什麼？他們在搞什麼？」她沒法理解那只不過是兩個小孩在扮苦行僧的遊戲。我們知道他喜歡扮苦行僧，但我們也很難說服鄰居那只不過是天真無邪的遊戲而已。

大衛：所以他經常像那樣坐著？

蘇蜜特拉：他一直都那樣，盤著腿，坐在地板上。朋友來找他時，

12《躍入永恆：帕帕吉訪談錄》（*Papaji：Interviews*）由大衛・高德曼編寫，1993年由Avadhuta Foundation出版，收錄了1990-1993年間幾位外國弟子和記者與帕帕吉的訪談。中譯本由紅桌文化出版社在2021年出版。

萊亞普爾鎮古魯納克普拉(Guru Nanak Pura)第十二街：帕帕吉一家住在這條街上，直至1947年。
這張照片是近照。帕帕吉上次見到這條街已經是50年前了，他認不出自己家是哪棟房子。

他會讓朋友們也一起那樣坐在地板上。對巴伊·撒赫伯來說，那不
是遊戲。他經常會進入一種狀態，很容易就能看出他在某種程度
上變了個人。他的臉會完全改變，以至於看起來不再是我們認識
的那個人。產生這種變化的時候，他的毛髮會根根豎起。

　　有次他從這種狀態中出來後，我問他：「你看起來像那樣的時
候，你去了哪裡？」

　　他答：「這不像是坐火車去了哪裡，更像是坐飛機穿越雲霄。」

　　他在苦行僧營地度過的夜晚，以及在家中打坐的時間，讓
他沒有太多時間去應付學業。不過，他對此並不感到煩惱，因
為他對學業毫無興趣。

　　在學校時，我不太做作業，喜歡玩樂。明知會因此而受到懲
罰，第二天還是會帶著戰戰兢兢的膝蓋回到教室，依然故我。玩
遊戲讓我開心得多。有時我因為沒有做作業而挨打，但多數情況

下老師會讓我站一整天，這對我來說比坐在那裡被老師逼著一直解題舒服得多。老師們沒有辦法直接打我們，只能把我們送到教務長那裡去，因為所有的藤條都放在教務長的辦公室裡。

在學校時，我沒有太多時間去做學業。我喜歡和朋友一起玩樂，也喜歡晚上出去和苦行僧在一起。我在男孩足球隊裡當守門員，所以常常會很長時間只是站在那裡不做什麼事。守門員不需要一直參與比賽，大部分時間就只是站著等待機會。

老師放棄了我。每次我走進教室，老師都會問我作業做了嗎，我總是回答沒有，然後就被罰在教室角落裡面壁一整天。當這些懲罰沒有效果時，他們就讓我在自己的課桌上站一整天。他們認為這樣我最終會累得不行，會想坐下來，但我從未妥協。作為守門員，我已經習慣整天站著，沒有什麼不舒服的。

如果我不情願在課桌上站一整天，我就會翹課，跑出去自己玩。在我看來，對小孩來說，玩耍要比整天坐在桌子前鑽研書本更有益。我覺得我當時已經懂得這點。我心裡一直有種感覺：「當我可以出去玩的時候，為什麼要浪費時間死啃書本？」

帕帕吉的童年時期有一個重要事件，在他在拉合爾親戚家做客期間經歷了一次深刻體驗。他將這個事件視為他最早的回憶之一，因此很可能是發生在他告訴我所有的故事之前。實際上，我認為所有他在童年和少年時期的特別經歷，都是由這件事情所引發的。

那是1919年。英國剛在第一次世界大戰中獲勝，所有學校都放假一個月，讓學生慶祝勝利。他們還讓我們佩戴一塊紀念勝利的小徽章。我的母親決定用這次計畫外的假期去走訪拉合爾市的親戚。這肯定發生在那年夏天，因為我清楚地記得那正是芒果當令的季節。

某個傍晚，大家都坐在拉合爾的親戚家裡，有人開始做一種

用芒果、牛奶和杏仁混合的飲料。對我那個年紀的男孩來說，這東西讓人垂涎欲滴。然而杯子遞上來時，我卻沒有伸手去接的意思。並非我不想喝。事實上，我剛被一種讓我平靜的妙樂體驗吞沒，杯子遞過來，我沒辦法回應。我母親和其他在場婦女被我突然的靜止驚嚇到了。她們圍攏過來，想弄明白是怎麼回事，該怎麼辦。在此期間，我的眼睛始終閉著。儘管我不能回應她們的詢問，卻能聽見身邊的討論聲，對她們想讓我回到平日狀態的種種嘗試都一清二楚。她們搖晃著我，輕輕拍打我的臉，捏著我的臉頰，甚至有人把我舉起來，但一切都徒勞無功。我不是在硬倔著不動。這體驗是如此勢不可擋，它令我完全癱瘓以致無法回應任何外部的刺激。大約過了一個小時，她們嘗試了一切能想到的方法，想讓我恢復平日有意識的狀態，但都失敗了。

我並沒得病，之前在我身上從未發生過這樣的體驗，事發前我也沒有表現出任何奇怪的徵兆。因為事發突然，未有先例，而且我不管怎樣搖晃都無法被喚醒，於是我的家人得出了結論：我突然而神秘地被惡靈附體了。那時候，沒有精神病專家可找。一般發生類似的事情時，標準做法是帶病人去當地的清真寺，請毛拉[13]驅邪。那時大家還會帶得了病或擠不出奶的水牛去，希望驅邪術和咒語多少能去除病苦。

因此，雖然我來自印度教家庭，還是被帶到了當地清真寺，請一位毛拉來看。他唱誦著一些字句，一邊用一些金屬鉗子在我身上掃過。這是驅邪的標準方法。毛拉帶著慣常的樂觀語氣說我很快就會好起來的，但他的努力如同之前我家人一樣也失敗了。我還是一動不動，被帶回家放到了床上。整整兩天，我都處於這平靜、妙樂、幸福的狀態，無法和任何人溝通，但完全清楚發生在我身邊的種種事情。

13　毛拉(Mulla)：伊斯蘭教稱呼聖人或教士。

兩天後，我重新睜開了眼睛。我的母親，一位熱忱的黑天虔信者，來到我面前問：「你有沒有見到黑天[14]？」

她看到我如此快樂，就覺得並非如起初所想那樣是被附體了，相反地，她設想我是有了某種和她最鍾愛的神祇相關的神祕體驗。

「不。」我回答：「我只能說，我很快樂。」

至於到底是什麼原因，我和家人一樣茫然。我那時還不知自己體驗到的是什麼，也不知道是什麼促成我突然沉浸在那強烈得叫人無法動彈的妙樂中。

母親再度追問時，我告訴她：「那是一種無邊的幸福、無邊的平靜、無邊的美麗。我沒法用語言形容。」

母親不願放棄她的想法。她拿來一張孩童形象的黑天畫像給我看，並且問道：「你是不是見到了一個長得像這樣的人？」

我再次告訴她：「不，我沒有。」

儘管和我自己的直接體驗並不相符，母親還是在某種程度上讓我相信那種喜悅是來自與黑天的接觸。她鼓勵我虔信黑天，說如果我冥想黑天並重複他的名號，我那種對他的體驗遲早會再來。

這個記錄與《躍入永恆：帕帕吉訪談錄》裡的基本一致，只是略有修改。在1995年接受一位名叫睿希（Rishi）的芬蘭記者採訪時，帕帕吉又補充了一點細節：

在那段體驗中，我的眼淚從眼角流下，那是妙樂之淚。母親問我為什麼哭了，但我無法解釋。事實上，我甚至不記得自己哭了。母親十分擔心我，之後幾天她總是不讓我離開她的視線，甚至讓我睡在她身邊。

幾天後，我們回到萊亞普爾，我回到學校。但我心中只有一個想法：「到底是什麼讓我一直感到妙樂？」這種妙樂繼續推動著

14 黑天（Krishna）：或譯克里希納，印度教主神毗濕奴的化身之一。

我，不讓我的注意力分散到別的地方。

我們家有一個大花園，種了幾棵橙樹。每天我從學校回家，都會坐在樹叢後面，手裡拿著一本書。我對書上的內容漠不關心，只是為了讓父母相信我在讀書。我無法描述自己心中的喜悅，只能說有一種東西讓我遠離所有的世俗活動。

我為什麼會有這樣的體驗？我不知道。我沒有努力，這種體驗就發生了。我沒有特別做什麼事來得到它，也從未聽過別人有類似的經驗，家人也沒有提起過類似的狀態。那時我們不懂印地文或梵文，因此沒有接觸到這些語言的哲學書籍。我們在學校和家裡學的是烏爾都語和波斯語，也能讀一些那兩種語言的詩歌，但那些七百年前的古詩並沒有幫助我理解這一切。

睿希：這一體驗對您的生活有什麼影響？

帕帕吉：首先，我不會稱之為體驗，因為要有體驗，就必須有體驗者和被體驗的對象。這兩者都沒有。有什麼東西在把我往內拉，而那個拉我的東西沒有形狀。我不知道它是什麼。不過你問我有什麼影響，那就很容易描述了。從那一刻起，我一直都很快樂。無法動彈期間我於內在感到的那種快樂，在身體恢復平日狀態後也沒有離開過我。那種內在的快樂一直在，但我仍然不知道那是什麼。

幾年前，也就是1994年，在勒克瑙一次日常的薩特桑[15]上，他再次強調這件發生在他身上的事情，本質上是無法描述的：

---

15 薩特桑(satsang)：源自梵語sat sanga，sat意為「真實」，sanga意為「陪伴」、「相近」。薩特桑指的是與真理(即上師或智者)的親近，沒有特定的外在儀式，究其深意而言，指的是與智者的心靈上的親近。通俗意義上，則是表現為求道者直接面對師長，進行問答、領受加持等，甚至也指求道者們相聚舉行敬拜儀式等宗教活動。

我什麼都沒見到。我完全覺察不到任何東西，所以我怎麼可能描述它？唯一近似的描述就是我感到「無由的快樂」。每當我被問起那天發生了什麼時，我就躍回那個妙樂之地，那裡完全超越時間。我無法描述它，但是感覺依然還在，雖然已經過去了好幾十年。我無法稱之為「無」，我也無法稱之為「有」。我有覺知，但卻沒法說是對什麼的覺知。有時候我稱之為「空性」（emptiness），但那還不夠好。這沒有表達出那個狀態的喜悅和純粹無雜染的妙樂。

接下來還是繼續睿希的提問吧：

睿希：為什麼對真我有過如此深層體驗之後，您還是成了祜主黑天的赤誠虔信者？

帕帕吉：我已經告訴過你那不是任何的體驗，因為沒有體驗者。就算說那是對真我的體驗，在當時我也完全不知道真我（Self）這個詞意味著什麼。

我的母親虔信黑天，就像全印度成千上萬的人那樣。我從母親那裡接受了黑天的故事和傳統，直到它們也成為我生命的一部分。我對他的形象滿懷愛慕，對我來說，他是多麼美啊。

當時我很天真，所以和他不是一般常見的關係。大多數黑天的虔信者把他當作一個偉大的存在，當作神本身，他們試著去愛他，就像一個信徒敬愛神一樣。神就是愛本身。他不需要任何人的愛。一開始，我並不算是他的信徒，我只是他的朋友。我把他作為朋友一樣喜愛著，所以他以這種形象來和我玩。我並沒有把他當做神。我只是笑著和他一起玩耍，就像我和其他同齡男孩玩一樣。

帕帕吉聽從母親的建議，開始傳統的虔信修行。效果立竿

見影：

　　母親親自教我黑天虔信相關的儀式和修持。一開始，我對黑天的形象沒有什麼感覺，但隨著不斷地修持，我開始對他生起真誠而熱烈的愛。

　　我特別鍾愛一幅描繪黑天童年的畫像，那是在我經歷那次妙樂體驗後母親拿給我看的。我覺得他的臉龐美得無與倫比，充滿吸引力，能毫不費力地將我全部的愛和虔信傾注於他身上。然而有個不協調的地方是，那是一幅外國製的畫，上面印著「巴伐利亞製造」。

　　這份熱烈的虔信讓黑天開始在我的眼前顯現出來，他的形象就是那幅畫像裡的模樣。他會在夜晚定期出現，和我一起玩耍，有時甚至還會睡在我的床上。當時的我很天真，完全沒有意識到出現在我面前的是印度教最偉大的神祇之一，他的信徒們會耗盡一生只求見他一眼。對我而言，他出現在我的臥室和我一起玩耍是再自然不過的事。

　　他的色身和我的一樣真實，我感覺得到，也摸得到，不過他也能對我顯現為更精微的形象。就算我在頭上蓋上毯子也依然能見到他。即使閉上眼睛，他的形象仍然在我面前。這位黑天精力充沛，活潑好動。他總是在我上床之後才出現。他充滿孩子氣，玩得興高采烈，讓我一直醒著無法入睡。他剛出現時帶來的新奇感也消耗殆盡，我漸漸對他的出現感到有些厭煩，因為就算我非常疲倦，他也不讓我睡著。我琢磨著用什麼辦法可以讓他離開，突然想起來打發他去找我母親會是個好主意。她是熱忱的黑天虔信者，我知道她也會很高興見到黑天的。

　　「你為什麼不去和我媽媽一起睡呢？」一天晚上我問他：「你這樣讓我沒法睡覺。去找我媽媽吧。」

　　黑天似乎對去找我母親並不感興趣。他從沒去看過她，寧可所有時間都和我在一起。

一天晚上母親聽到我們在說話，問道：「你在和誰說話呢？」

「我在和你的黑天說話。」我直截了當地回答：「他到了晚上就來煩我，不讓我睡覺。我閉上眼睛還是會見到他，有時候比睜眼時更清楚。有時候我用毯子蒙住頭，還是能見到他。他一直想要和我一起睡，可是他在的話，我根本就睡不著。」

她走進房間來一探究竟，卻看不見他。黑天來我們家這麼多次，自始至終她一次都沒見過他。

而當他不在的時候，我總是渴望見到他。我是真的很想見他，和他一起玩。唯一的問題是，他出現的時候我常常已經很累了，我覺得他應該玩上一陣子之後就識趣地離開，好讓我能躺下睡一會兒。

他並非每晚都來。有時候我見到他，有時候見不到。我從沒懷疑過他的真實性。我不曾想過那只是某種淨觀[16]。有次我甚至給他寫了張明信片，告訴他我有多愛他。我寄了出去，當收到郵遞員送來的貼了郵票、蓋了郵戳的回信時，我也毫不驚訝。他對我而言是那樣的真實，與他通信似乎是件再自然不過的事。

自從黑天進入我的生活那一刻起，我對學校的課業就失去了興趣。我坐在教室裡，假裝在聽講，但心心念念的都是黑天。有時候當極樂的浪濤在體內忽然湧起時，我會放任自己去盡情體驗，與外界失去聯繫。

帕帕吉的母親經常在家中或附近的其他地方進行拜讚儀式。當地所有的婦女都聚集在一起，唱著讚美黑天的歌曲。帕帕吉記得自己參加了許多這樣的活動。

從我六歲起，以及此後的幾年，我母親經常帶我參加附近的

16 vision，指的是人見到非日常狀態的景象，禪定時見到一些禪觀畫面，修行虔敬而得神祇現身，或者在夢中等狀態下見到一些特別的景象，都可稱為vision。本書譯本中在感到神祇現身時譯為「淨觀」、「淨相」，在其他情況下，則根據上下文，譯為「境界」、「禪觀」、「景象」、「靈感」等。

薩特桑。每次約有20名女性晚上聚在一起唱拜讚歌。我們一邊唱一邊拍手、打鼓和搖動欽塔（Chimtas）來共度時光。欽塔看起來就像一根兩端帶著銅環的長鉗子，兩邊一起敲擊就會發出聲音。每當母親晚上出去跳黑天樂舞[17]時，她也會帶上我。那段時間，她走到哪裡都會帶著我。

在黑天樂舞中，某位婦女會裝扮成黑天，而其他人則扮演他的信徒。大家會唱一些歌曲，大多是祈求黑天現身。我問蘇蜜特拉，她對這些鄰里聚會有什麼印象。

蘇蜜特拉：因為我們家是附近唯一通電的房子，婦女們常常聚到我家。巴伊·撒赫伯會在門口迎接這些婦女，帶她們去見母親。大家聚集在一起時，有一個人會扮演黑天，而其他所有人都假裝是他的信徒。在此期間，女人們會唱歌跳舞，祈求黑天出現在她們面前。但他並沒有滿別人的願，只是出現在了巴伊·撒赫伯面前。在巴伊·撒赫伯還很年幼的時候，他就開始有了看見（darshan）黑天的經歷。有時在歌舞進行的過程中，他直接就進入了三摩地。

大衛：您有沒有看到他和黑天一起玩？他說，黑天晚上經常跑到他的臥室和他玩。

蘇蜜特拉：所有的孩子以前都睡在一個房間。母親和父親睡在另一個房間。黑天會出現在我們的房間裡，巴伊·撒赫伯會和他一起玩耍，但是別人都看不到他。我看到巴伊·撒赫伯在說話、蹦來蹦去玩耍，但我看不到他在和誰玩。有時他會讓黑天去和我們的母親一起玩，因為他知道母親很想見到他，但黑天從來都沒去過。他只想跟巴伊·撒赫伯一起玩。

---

17 黑天樂舞（Ras Lila）：Ras，此詞具有多重含義，指味道、精華、滋味、美味、情調、情感等。Lila是遊戲、舞蹈之意。

有一天早上，我聽到巴伊・撒赫伯對母親說：「昨晚在房間裡睡覺時，我以為房間裡所有的燈都被打開了。可是仔細一看，不是屋子裡的燈，是黑天，他讓整個房間充滿了光。我整晚都和他一起玩耍，我玩累了之後就對他說，『媽媽在隔壁房間，你為什麼不去和她玩呢？』可是現在他不在了，我很想他。如果他再來，我不會再叫他去陪你玩的。」

大衛：當時他是在做什麼修行，還是只是和黑天玩耍？

蘇蜜特拉：他總是在做普嘉儀軌，還想要我們也加入他。其他兄弟姐妹為了讓他高興，也會循規蹈矩地參加，但我們從來沒有像他那樣的熱情。不過最終，這對我們開始有了一些影響。我們開始對神有了信心，並開始更認真地修行。
　　我現在是一個老太太了。我身體不好，因為有高血糖，但我完全相信女神在照顧著我。她每天給我送來食物，供我食用。我還印刷了一些關於羅摩和黑天的小書出售。我對神的信仰可以追溯到童年時代，那時巴伊・撒赫伯讓我們做這些普嘉儀軌，在這個過程中，他把自己對神的熱情傳遞給了我們。

　　蘇蜜特拉於1996年過世。在她去世前，我給帕帕吉另一位健在的妹妹黎拉（Leela）寫信，問她對帕帕吉的童年有什麼印象。她也回憶起了黑天樂舞以及帕帕吉的參與。她以一封寫給她哥哥的信的形式來回覆我：

敬愛的哥哥：

嘉，悉塔羅摩！

你還記得當你還是小男孩時在萊亞普爾發生的事件嗎？
你看到了薄伽梵〔神〕的聖像。我們親愛的母親和她的女
性夥伴們在半夜開始跳起黑天樂舞，她說：「今晚，在黑
天樂舞中，我們將會直接面見薄伽梵。」她大聲地唱起了
拜讚歌，歌詞如下：

> 來吧，來吧，哦 我的黑天，來吧！
> 雖然我的心在顫動，
> 沒有什麼我能控制。
> 夜已深沉。
> 烏雲四處彌漫。
> 黑天，請不要讓我離開你！
> 黑天，請來吧，來吧!

親愛的母親和她的女伴們完全沉浸在歌聲中，進入了超
覺狀態，失去了外在的意識。她們進入超覺狀態後，拉
妲〔黑天的愛侶〕和黑天從另一個房間走了進來。你無法
忍受這炫目的輝煌景象。

你對他說：「薄伽梵，我沒有呼喚你，是我親愛的母
親在呼喚你，請去找她吧。」

後來你描述了他的樣子，說他的皇冠和衣服上都鑲
嵌著鑽石和珍珠。

你還說：「看到他震撼人心的樣子時，我就完全屬於
他了，但他的輝煌形象和錦衣華服發出了非常燦爛炫目
的光，我無法長時間直視這樣的景象，所以我才請他去
見我們的母親。」

親愛的母親恢復了意識，但當她重返常態後，吉祥
薄伽梵卻消失了。在經歷了這一不尋常的怪事之後，你
又有好幾個月臥床不起。

在帕帕吉的一生中，他擁有一種特殊的能力，他能夠通過讀到的文字直接產生身體上的親身體驗，而不僅僅是在腦海中產生聯想。這種非凡的能力在很多場合都有體現，也部分解釋了為什麼各種神祇會不斷地出現在他面前。當他聽到關於黑天的生平故事時，黑天通常會出現在他面前。而後來，當他聽到與其他神祇有關的傳說時，這些神祇也會出現在他面前。有時候，他會解釋說，是因為他的天真無邪觸發了這些顯現，因為他毫不懷疑這些神祇的真實存在，也從未懷疑過這些神祇在他面前現身的能力，所以他們才會顯現出來。

在我的童年時期，我從未對這些事情產生過懷疑。我的第一個老師是我自己的母親。無論她告訴我什麼，我總是能立刻體驗到。她會講關於印度教諸神的故事，當她開始講述，故事就在我面前展開。故事中的人物會現身在我面前，為我重演他們的遭遇。當這樣的事情發生在你身上的時候，你怎麼可能會懷疑呢？

總之，這些關於神的故事不僅是故事，其中有一種本質、一種真實存在於它們之中。故事只是傳達這些真理的載體。

除了唱誦黑天的拜讚歌，雅穆納·提琵還學習吠檀多哲學，這是從古老的奧義書中演化而來的印度哲學。奧義書大多寫於兩千多年前，而吠檀多哲學則晚得多。

帕帕吉的母親會定期參加伊濕瓦·倡德的課程，他是村裡的稅務官，也是帕帕吉家族名下一所房子的租客。他靠朗讀《參問之海》（*Vichara-sagara*）來教授吠檀多，這本書是十九世紀旁遮普聖人尼剎拉達斯所著。在課堂中，伊濕瓦·倡德會經常停下來解釋和點評，因為這些哲學思想往往注重細節和技巧。此外，他也教授雅穆納·提琵禪修。

從約七歲開始，帕帕吉和母親一起參加了幾次課程。雖然他對文本的理解程度讓人懷疑，但他對學習表現出極大的興趣。

當雅穆納‧提琵注意到他對這些教授表現出強烈的興趣時，就開始在家裡給他一些教導。帕帕吉回憶起這些早年課程：

　　我的母親用非常實用的方法教導我哲學知識。在我還很小的時候，她決定教我五大元素的概念，包括地、水、火、風、空，如何相互作用，以及為什麼不會永遠同時存在。

　　「水推動地。」我記得她這樣說，用河水湍急沖走河堤的例子來解釋；然後把濕衣服放在火旁邊，向我展示火如何蒸發水分；接著她吹熄火苗，展示風如何勝過火。這些示範讓我知道，當這些元素相遇時，一個通常會消滅另一個。

　　母親之前也告訴我，身體由五種元素組成，這也讓我懷疑這些元素如何在身體內和平共處，這個疑問促使她給我做了一個關於五大元素的實地示範，這也是我第一堂哲學課。

　　她把各種豆子和穀物放在廚房地板上，擺放成堆，有大米、麥子、玉米粒、鷹嘴豆、豆子，按種類分別放好。一開始有五組，每組各含五粒相同的種子，每一組代表一種元素。

　　首先她從玉米堆裡拿出一粒玉米放進大麥堆裡。於是大麥堆裡就有了六粒種子，她再取出一粒大麥放進大米裡，接著用同樣方式依次移動穀物豆類，直到每一組都包含了五種不同元素。我猜想演示到這一步的意思是要告訴我這些分開的元素可以組合並融合在一起煮成一餐飯，其中沒有哪些元素會互相打起來。但演示沒有就此結束。雖然我當時只是一個小男孩，母親依然開始向我解釋這些元素組合的含義。

　　「這二十五粒種子是人體內的『諦』。」然後她一一羅列。

　　穆納‧提琵用這種簡化方式向帕帕吉解釋的是印度數論哲學，它有一套複雜且迥異於西方的體系，用以解釋生命如何在人體內運作。二十五諦（tattvas）是基本成分或元素，互相組合並反應以展現世界以及其中各類生靈的生活。二十五諦包括五

大元素（地、水、火等）、五根（鼻、眼、舌等）、五識（自我、心念、理智等）、五行動根（身體的不同部分，如持物、行走、說話等）以及五種氣（prana）。氣可以廣泛定義為令身體活動以及維持身體生命力量的能量，可再細分為不同的氣，分別負責身體內不同器官的運作。

了解這些成分以及其相互間的作用，是理解某些印度教教理的基礎。母親從一位老師那裡學到了這些知識。她認為我已足夠成熟，可以在如此年幼時就接觸這些複雜的思想體系。雖然我很快理解了她想要傳達的觀念，但不能說我真正接受它們作為宇宙真實運作的模式。我內心直覺知道這些描述不適用於根本且永恆的實相，它們只是對瞬息萬變的身體的描述和觀念而已。

在建立了這套關於諸諦及其相互關係的精巧架構之後，我們的哲學家進一步主張要將這些作為「非我」全部否定掉。修行導師們宣揚要全面否定與諸諦的認同。

「我非身體。我非感官。我非了知的元素。我非身體器官。所有這些都屬於身體，而我超越所有這些。」

要放棄對二十五諦的認同。完成後，就可以開始真正探究「我是誰」，這是通往解脫的終極參問。

雖然我母親是虔誠的黑天信徒，但她具有很強的吠壇多背景。她鼓勵我進行「非此－非此」[18]的練習，告訴我應該認同梵，即究竟真我的本性，而不是認同身體及其組成元素。

她還鼓勵我複誦大教言[19]「吾即梵」，向我解釋什麼是真正的真實，而什麼是不真實、需要否定的。

她說：「你是梵，宇宙中只有梵，別的什麼都沒有，而你就是

---

18 非此－非此：梵文 neti neti，不斷否認對境，直到達至真我的修行方法。

19 大教言（mahavakya）：泛指吠陀中的名言聖說，也可專指四句教言，每一句出自一部吠陀。吠檀多認為四句教言都表明個體真我（阿特曼）與梵本來一體，修行人持此四句為咒可達究竟。「吾即梵」（aham brahmasmi）出自《大林間奧義書》。

那個。梵超越了任何你能想到的事物。有一個地方太陽照耀不到，月亮照耀不到，星星照耀不到。在那個地方，地水火風四大元素都不存在。那就是梵，那就是你至高無上而真實的居所。如果達到了那個地方，住在那裡，你就不會再回到這個無盡的輪迴生死中。」

對小男孩來說，這些觀念太深奧了。然而，她從我的行為和對修行的興趣中看出我不是一般的孩子。我毫不費力地全盤接受了這種知識和世界觀，但在當時我無法完全消化，直到許多年後才得以領悟。

那段關於日月星辰都照耀不到的段落，出自《薄伽梵歌》第十五章第六頌：「那是我的至高居處，日月火光照臨不到，阿周那啊！人們到達那裡，就再也不返回。」[20]

藉由否定諸或其他元素的認同來超越身體，母親的這一做法總是被帕帕吉消遣。下面是《躍入永恆》裡的記錄：

他（伊濕瓦·倡德）對吠檀多著作有很深的了解，能夠對這些作品進行具有權威性的解釋。他最喜愛的著作是印度教聖人尼剎拉達斯的《參問之海》。我母親能背誦其中的大部分章節。許多年後，在我和拉瑪那尊者熟識之後，我發現他也喜歡這部作品，並且用泰米爾語進行了刪節修訂，將其命名為《參問寶鬘》。

母親的上師教導她背誦許多吠檀多偈頌，她也會在日常生活中不斷地唱誦。傳統的吠檀多修行有肯定和否定兩種方法。修行人可以選擇重覆或觀修一個大教言，例如「吾即梵」，或者說出並感受「我非身體，我非皮膚，我非血液」等，來否定自己對於身體的認同。目標是進入某種精神境界，確信自己的真實本質是真我，並堅信對色身的認同是錯誤的。

20 此處採取了黃寶生的《薄伽梵歌》譯本。本譯中引用《薄伽梵歌》時若無其他說明，則表示採用這一版本。

母親經常唱誦這些「我非……」的詩句，然而我卻經常覺得這很滑稽。我無法理解這種只是不停地唱出「我不是什麼」的修行方式究竟有何意義。當母親在洗澡時唱誦「我非肉，我非血，我非膽，我非骨」等詩句時，我會很受不了，便大聲質問她：「你在那裡到底在做什麼？是在洗澡還是在洗馬桶啊？」我對她的取笑非常不留情面，她最後終於不再高聲吟唱這些詩句。

　　他還以其他方法調侃母親的宗教活動。蘇蜜特拉在講述帕帕吉童年其他不尋常的事蹟之前，就曾講到過這一點：

蘇蜜特拉：母親和我們一起去過許多宗教場所。因為她非常熱愛哈德瓦，所以我們去過那裡很多次。

　　她喜歡一邊唱誦拜讚歌，一邊打鼓，因此被稱作「雅穆納·朵啟·瓦黎」（Yamuna dholki wali，意思是「鼓手雅穆納」）。她唱誦黑天讚歌時常常進入狂喜，會左右搖擺，淚水順著臉頰滑落下來。可是巴依·撒赫伯卻不太欣賞這類行為。如果他見到母親有這樣的舉動，就會喊她說：「媽媽，是有人死了嗎？你怎麼哭成這樣？」

大衛：這讓我想起另一則故事。您曾告訴過我關於您一個妹妹過世時帕帕吉的反應。您能再說一遍嗎？

蘇蜜特拉：有一天，我們和巴依·撒赫伯都睡著了，母親走進房間，把我們叫醒。她說：「你們都得起來。你們的小妹妹死了。」我們都哭了起來。巴伊·撒赫伯注意到母親完全沒哭，而是重複著「羅摩，羅摩」的名號。

　　於是他問母親：「你為什麼不哭？」

　　母親回答：「無論是誰來到這個世間都必然會死。為什麼要為這個哭呢？」

　　屍體送去下葬時，巴伊·撒赫伯也在送葬隊伍中。他回來前在

墓穴上做了個記號。之後連續好幾天，他每天都回到墓地，但不是去哀悼死者，而是挖開墓穴看妹妹是否死而復生了。

大衛：您還記得和巴伊・撒赫伯一起去哈德瓦的旅行嗎？

蘇蜜特拉：每年全家人都要去那裡兩個月。父親會請假，我們就能全家一起去。

　　有次我們在那裡時，巴伊・撒赫伯和另一個弟弟發現一位女性苦行僧好像在持禁語戒。她表示自己從未和任何人說過話，巴伊・撒赫伯覺得這一點很可疑，就躲在她的小棚子附近觀察她。過了一會，一名男子獨自帶著些食物過來，兩個人開口交談了一會，這證明巴伊・撒赫伯的懷疑是正確的。他很生氣，因為她騙大家自己在持禁語戒。他就走進那間木棚，點火把它燒了個精光。

　　巴伊・撒赫伯無法忍受說謊的人。如果他發現有人想欺詐或矇騙別人，就會非常生氣。他在家對我們很嚴格。如果被他抓到哪個弟弟妹妹講了謊話，他就會揍你一頓。我們都學了乖，知道講真話更安全。他一直對我們說：「無論現實狀況如何，你們只能說真話。」

大衛：他小時候的理想是什麼？長大後想當什麼？

蘇蜜特拉：他一直想成為苦行僧。這一點沒有人懷疑。一次有人問他為什麼長大後要做苦行僧，他答道：「我已經是苦行僧了，我不用等到長大。」

　　除了伊濕瓦・倡德外，帕帕吉的母親還有其他幾位老師。其中一位名叫果帕爾・達斯吉（Gopal Dasji），他是著名的唱虔愛歌曲的歌者。另一位老師名叫果斯瓦米・迦尼薩・達斯（Goswami Ganesh Das），他是社會活動家，並且兼任印度教組織「永恆之

法」地方分支的主席。他定期在帕帕吉所居住的區域舉行聚會，雅穆納‧提琵和當地的一些婦女都會參加，其中包括那位老師的夫人婆羅瑪‧提琵（Brahma Devi）。多年後，果斯瓦米‧迦尼薩‧達斯在哈德瓦建立了一所道場，名為「七仙人道場」（Sapt Rishi Ashram）。帕帕吉在1970年代和1980年代經常留宿在那裡，並受到熱情款待，因為大家都知道他是道場創辦人的好朋友。

雅穆納‧提琵的另一位老師是來自喀什米爾的阿瓦杜塔‧沙黎格羅摩（Avadhuta Shaligram）。他朗讀《瓦西斯塔瑜伽經》[21]給她聽，並對帕帕吉的修行進展表現出極大的興趣。帕帕吉曾描述過他與阿瓦杜塔‧沙黎格羅摩的相處故事：

阿瓦杜塔‧沙黎格羅摩非常喜歡我。他推薦書給我讀，還經常給我一些修行上的建議。他擁有很多土地和許多牛。他將一半的時間投入到教學上，另一半的時間則用於管理土地和財產。

有一天，他向我母親提出了一個令人驚訝的建議：「請把你的兒子交給我。我會指定他成為我的財產和教法的繼承人。我死後，我所有的一切都將歸他所有。我會在修行方面對他負責，但他必須遵守一個條件，即他不能結婚，必須保持梵行（brahmachari，指獨身不婚的學人）。如果他同意，而且你也允許的話，我會對他負起全部責任。」

我的母親非常尊敬這位上師，但她捨不得我，從沒想過要把我交給別人。因此，她婉拒了這一提議。我對他也非常尊敬，要是當時母親接受了他的建議，我應該會很樂意跟他走的。

帕帕吉告訴過我：「母親拒絕他之後，他說了一些他認為可以算作詛咒的話。他說：『如果我得不到他，你也不會得到他。

21 《瓦西斯塔瑜伽經》（*Vaisistha Yoga*）：不二論吠檀多經典。敘述智者瓦西斯塔與年輕的羅摩王子之間的對話，闡發了現象世界的如幻本質及關於非二元性的義理。全本共三萬二千偈，成書於十到十四世紀。

他將離開家，成為雲遊僧（sannyasin，放棄世俗生活的僧人）。這個男孩注定不會安於家庭生活，與家人平靜度日。』」

儘管帕帕吉從未正式出家為僧，他後來確實多次嘗試遠離家庭和世俗責任，但始終沒有成功。

他的母親還拜訪了其他幾位師父，但帕帕吉對他們並無興趣。以下是他描述一次母親試圖帶他拜訪一位新老師但未能成功的經歷：

母親曾想帶我去見另一位師父，希望我能從他那裡得到一些特別的修行指導。然而，我不喜歡這個主意，也不喜歡她為我選擇的人。

我告訴她：「如果你帶我去見他，我會先測試他是否已經降服了自己的欲念。我一見到他，就會搧他一巴掌。如果他生氣，那我就知道他還沒有自制力。如果他不生氣，我就會聽從他的教導，並且無條件接受他的指導。」

母親知道我會把這種威脅付諸行動，而她不願意因為我的無禮而丟臉，於是就放棄了帶我去見那位師父的計劃。

在帕帕吉大約十歲或十一歲的時候，那種自從在拉合爾無視芒果飲料之日起就一直伴隨著他的神秘妙樂狀態，開始驅使他去了解佛陀的生平。

我當時只是個孩子，年紀太小，無法理解自己究竟經歷了什麼。有某種力量吸引著我，但沒有人能告訴我那是什麼，我後來才在書中讀到了覺悟和證悟的概念。然而，在那個時候，即使我讀到這些文字，對我來說也毫無意義。喜悅始終存在，但那個能帶來這種喜悅狀態的那個，卻超越了喜悅，簡直不可思議。我若用某個詞語來描述那種狀態，總會在某方面不符合。例如，那不是愛，因為愛總是在兩個人之間，兩個分離的實體之間發生。在

早年的人生榜樣：節食苦行中的佛陀雕像，可能就是這尊雕像激發了帕帕吉也去節食。雕像原件收藏在拉合爾博物館。帕帕吉童年時，這張圖廣泛出現在兒童讀物中。

那種狀態下，我完全孑然一身，沒有愛的人，沒有愛，也沒有被愛的對象。

晚上，我不再入睡。雖然眼睛閉著，但卻無法入睡。我被某種未知的事物所吸引。喜悅、喜悅、喜悅一直存在，從不消失。我無法擺脫它，它也無法擺脫我。我會坐在花園的樹叢後，讓這種喜悅淹沒我，卻完全不知道它是什麼，也不知道自己怎麼了。然後，有一天，在學校課本上，我讀到了佛陀的生平，讀到他離開家庭尋求證悟。不知為何，這些話一直讓我念念不忘。

我想：「也許這個人能告訴我，我身上發生的這些奇怪的事情是怎麼回事。」

於是，我開始尋找佛陀生平的資料，希望我能解釋我是怎麼了。

起初，帕帕吉被佛陀的肉身形象所吸引。他看到的第一張圖片是著名的〈佛陀苦行像〉。

一切始於我在歷史課本上看到的一張佛陀圖片。那張圖展示

的是他每日僅食一粒米的時期。他的面容極美，但身體瘦骨嶙峋，皮包骨頭。我立刻被他深深吸引，儘管當時我對他的教法一無所知。我只是愛上了他美麗的面容，並決定要效仿他。圖片上他正在樹下禪坐。然而，我當時對此一無所知，實際上我甚至不知道什麼是禪坐。

我心中毫無畏懼，只是想著：「我也能這樣做。我也能盤腿坐在樹下。我會像他一樣。」

於是我盤腿坐在家中花園的玫瑰花叢下。讓自己的生活方式與我所敬愛的人相契合，使我感到無比快樂和滿足。後來，為了能夠更像他，我決定讓自己的身體也變得瘦骨嶙峋。那時我們家的用餐方式是從母親那裡盛好飯菜後，單獨在另一邊用餐。這就方便了我扔掉飯菜。趁著沒人注意，我就跑到外面，把所有的飯菜都倒在街上給狗吃。過了一段時間後，我完全不再進食。我變得極度虛弱和瘦削，骨頭逐漸突出，就像佛陀一樣。這讓我非常開心，對自己的新狀態感到非常自豪。學校裡的同學看到我瘦成這樣，就給我取了個綽號叫「佛陀」，這讓我非常高興。

我的父親在鐵路局工作，那段時間在俾路支省擔任站長。由於工作地點離家相當遠，因此我們只能在他放假回家時才能見到他。我絕食一個月後，他回到家，對於我變得如此消瘦感到極度震驚。他帶我去看了好幾位醫生，試圖找出身體出了什麼問題。然而，沒有人懷疑到我是故意絕食。

其中一位醫生告訴我父親說：「他長得太快，所以變瘦了。要讓他吃得好一些，多喝牛奶，多吃水果乾。」母親遵從醫囑，還加上了一些自己的秘方。每天她都叮嚀著我：「要多吃奶油，多吃奶油。」於是，街上的流浪狗們變得肥胖，因為我的這些新伙食和以前一樣，都餵給了牠們。

學校裡那本包含佛陀圖片的歷史書只是一本為孩子編寫的簡單讀物，僅概述了佛陀的主要生平，並未對禪修和證悟的概念作出適當的闡述。作者可能認為沒有孩子會對這些關鍵的概念感興

趣。因此，對於佛陀在樹下到底在做什麼，以及他最終的證悟有多麼偉大，我仍然一無所知。然而，我仍然被他深深吸引，渴望盡可能地模仿他。

我從這本書中得知佛陀身穿橙色袍子，挨家挨戶，托缽乞食。這一點，我想了個辦法來模仿。

母親有一條白色的沙麗，我認為那是製作袍子的理想材料。趁她不注意時，我拿走了沙麗，把它染成了橙黃色，也就是袈裟的顏色。我自以為找在萊亞普爾的大街小巷穿梭徘徊到了正確的方法將它裹在身上，然後開始扮演托缽僧人。我拿了一只碗用來化緣，討要施捨。在回家之前，我會換回平常的衣服，將橙色的沙麗捲起來放在紙盒裡。我把紙盒夾在學校課本中間，覺得沒人會想到去翻找。

我的一個朋友發現了我在做什麼，他告訴我：「你這樣是瞞不過去的。會有人認出你，然後把你做的事都告訴你家人。」但我非常自信能夠瞞天過海，於是對他說：「你的爸媽都認識我。我會穿上袍子去你家討吃的，如果我能蒙混過關，我就能瞞過所有人。」

於是我穿上沙麗，為了掩飾得更徹底，我還在臉上塗滿了灰，戴上帽子，拿著乞討的碗去了他家。那時大約是晚上八點，黑夜也有助於我的偽裝。我喊著：「畢克沙！畢克沙！（Bhiksha！Bhiksha！意為：乞食！乞食！）」之前我見過苦行僧就是這樣乞食的。我沒意識到自己的聲音可能會被人認出，所以也沒想過要變聲。我朋友的母親應了門，看起來並沒有認出我，還邀請我進門吃飯。

「斯瓦米吉，巴巴吉[22]，請進來吃些什麼吧！」她說著，帶我進了屋，佈施了食物。

我就順著她，表演著自己該演的角色。

雖然她應該比我年長大約三十歲，但我對她說：「我的孩子，

22 Swamiji，Babaji，都是對修行者的尊稱。

你會有很多孩子，會有很多錢。」

我曾聽到師父們這樣給婦女賜福。因為大部分女子都想要變得有錢，想要有幾個兒子，行腳的師父會給這些信徒如此祝福，希求得到更好的招待，得到些好的食物。

她哈哈大笑，摘掉我的帽子，告訴我她一開始就知道我到底是誰了。

她說：「你的樣子還挺像的，但我認出你的聲音了。」

她丈夫剛好回家，她就向他解釋發生了什麼。

他輕蔑地說：「如果你像這樣外出乞討，誰會認不出來呢？很快就會被識破的。」

現在輪到我笑了。因為那天早些時候我在他的商店前乞討，還從他那裡得到一枚半派薩[23]的銅幣。我把硬幣掏出來給他看。

這下他不得不換個說法了：「我當時一定是忙著招呼顧客，一定是看都沒看就給你了。」

「不，不是這樣的，」我實話實說：「你非常清楚地見到我。我乞討著路過你的商店。你見到我，叫我回來，遞給我這枚硬幣。我裝得已經足夠像了，只要不和那些可能聽得出我聲音的人說話，我就能瞞過去。」

大家都被我的古怪舉動逗樂了，卻不知道我定期用這條偷來的染色紗麗做類似的事。他們沒有告訴我母親，所以我還能繼續角色扮演。

我母親只有三條紗麗。我拿走那條白紗麗後沒多久她洗了其他兩條，想找第三條來穿，當然哪裡都找不到。她從沒問過我，因為我不是女孩，她不覺得我拿紗麗有什麼用。她最後認定是把紗麗給了洗衣工（dhobi），而那人弄丟了或忘記還回來了。

我又發現佛陀曾在公開場所佈道講經，於是迎來了我扮演佛陀的最後一個階段。講經這件事讓我很興奮，因為這是他生平行

---

23 派薩（paisa）：印度和巴基斯坦貨幣，1盧比等於100派薩。

萊亞普爾鎮中心的鐘樓近照。十多歲的帕帕吉曾在塔下宣揚佛陀法教。數年之後,他又在這裡發表政治演說。帕帕吉年輕時,樓塔周圍是綠草如茵的公園。

誼中新的一面,是我可以模仿的。我對佛教完全一無所知,但當我站著佈道時卻從沒想過這會是個障礙。

在我們鎮的中心,有一座鐘樓,旁邊有一個高臺,當地的政治家通常會在此發表演說。這個地方可以算作是萊亞普爾的核心,各條道路從此地呈輻射狀延伸,通向其他城鎮。我穿上那身裝扮,滿懷自信地踏上臺階,開始了自己的第一次公開演說。我記不起當時說了什麼——肯定和佛教無關,因為我當時對此一無所知——但我清楚記得自己講得渾然天成、慷慨激昂。我對著路人滔滔不絕,時不時舉起手臂,用手指來強調重點。我見過政治家演說時也是如此。

我認為自己的演說生涯有個好的開始,朝著全方位模仿佛陀的行誼邁出了關鍵一步。我去了鐘樓幾次,在那裡做了好幾次次佈道演說。然而,不幸的是,萊亞普爾並非大城市,難免會有熟人認出我。果不其然,有一天,一位鄰居識破了我的偽裝,將我滑稽的表現告訴了母親。

起初,她不敢相信。「怎麼可能是他?」她疑惑地問:「他哪裡來的橙色袍子?」然後,她想起了那條失蹤的紗麗,於是在我

書櫃裡找到了那個紙盒。遊戲終於結束了，被母親揭穿後，我模仿佛陀的短暫事業戛然而止。

那是我人生中荒誕但極富趣味的一段經歷，事後回想起來，我明白這反映了我當時的心理狀態。這並不是頑皮，我從未把它當作童年的嬉戲。有某種力量驅使我這麼做。或許是某些舊日業習種子（samskaras）湧現出來，促使我做出了這番舉動。

母親並沒有對我大發雷霆。我們的關係一直很好，而且她能體會其中的幽默。我出生時，她還非常年輕，所以我們之間更像是姊弟，而非母子。我們一起玩耍，一起唱歌跳舞，甚至還經常在一張床上入睡。

我問蘇蜜特拉是否記得帕帕吉扮演佛陀的事：

大衛：您記得他假裝成佛教僧人的事情嗎？他還一度絕食，好讓自己看起來像那幅圖片中飢餓的佛陀形象。您記得這段日子嗎？

蘇蜜特拉：我不太記得他讓自己挨餓的部分。他年輕時一直非常瘦，所以我很可能沒注意到他到底變得有多瘦。我倒是記得有次母親發現了他穿著出去乞討、佈道的袍子，但她沒有生氣。

她只是問道：「你什麼時候變成這樣的？你是為了信仰而如此熱情嗎？你這熱切的信念是哪來的？」

巴伊·撒赫伯回答：「大火燃起時，最先點燃的是火柴和細枝。」

在勒克瑙的一次薩特桑上，帕帕吉回顧了這段時期：「佛陀是我人生中的第一位上師。我愛他、追隨他，竭盡所能地模仿他。最後，我像他那樣遠離家庭，去尋找神。而最終，像他一樣，我發現我不必到遠方去找。菩提樹就在我內心深處。在別的地方你都不會找到神。」

在另一次薩特桑上，他對這段日子作了更深入的總結：

這一切的發生，真的僅僅因為看到了佛陀的圖片嗎？我怎麼會如此愛上他，愛上那個正在禪坐中的佛陀呢？我無法回答，也無法解釋。有一股神秘的力量驅使我去愛他，以各種可能的方式模仿他。這份熱情無法言喻，因為我對他一無所知。起初，我不知道他的故事，也不知道他為何閉著眼睛安靜地坐著。那時，我不知道他正努力尋求覺悟，因為覺悟是一個我之前未曾接觸過的概念。我只是感覺自己被推動著去追隨他。事實上，我並不需要出去乞討，因為我出生在一個條件不錯的中產階級家庭，家裡為我提供了充足的食物。我也無需到城鎮中心發表演說。然而，有一股力量驅使我去那裡，去做這些事情。

在結束了扮演「佛教僧人」的階段後，我開始閉上眼睛，安靜地坐著，以模仿佛陀。只要有空閒時間，我就會坐下來，閉上眼睛。甚至在學校教室裡，我也經常閉上眼睛。那時，有一股洶湧的力量席捲而來，將我捲入其中。

說「我正在禪坐」其實並不十分準確，因為我什麼也沒做。更恰當的說法是，禪坐深深地愛上了這個小男孩，愛得如此深沉，以至於不讓他去做其他事情。禪坐甚至不允許他晚上入睡，有些晚上更不讓他待在床上。

在午夜時分，即使是在寒冷的冬天，禪坐也會在他耳邊低語：「起來吧，孩子，現在是午夜。離開你的床，離開你父母的懷抱，坐在地板上，讓我將你吞噬。」

這就是真正的愛。這就是真正的禪坐。當你坐下嘗試讓奔跑四處的心安靜下來時，那並非禪坐。那只是心靈的遊戲。

我問帕帕吉在那段時期是否還有其他事情發生：

大衛：您才十幾歲，就常常整夜醒著打坐。您當時是在做哪種禪修？

帕帕吉：沒有什麼特別的類型，只是打坐。但會在晚上持續好幾

個小時。我並沒有持咒或進行某種刻意的修持，只是內心有一種強烈的感覺，我必須不要進入睡眠。我無法解釋為什麼會有這種感覺。整晚睡覺也沒有害處。也許只是前世的業習吧。

父母不喜歡見到我整夜打坐。他們會說：「你要睡覺，你一定要睡覺。明天你還要上學。」

他們會強迫我回到床上，幫我蓋上被子。我就只是躺在那裡，讓被子蓋住腦袋而禪坐繼續。他們可以強迫我離開地板，但沒法阻止禪坐繼續占據我。

我沒有試著靠禪修去完成什麼。只是有什麼在我身上發生了，而且常常是在午夜。

大衛：您有次還提到在十多歲時，時不時會被光圍繞，而且即使用毯子蓋住頭，閉上了眼睛，光依然在。您能談談這些經歷嗎？

帕帕吉：我那時即使閉上眼睛，也常常見到光芒萬丈。有時在白天閉上眼睛也會發生。就算是如今，有時我坐在屋子裡也會這樣。

大衛：有次您進入了深層的禪定中，沒人能喚醒您。那次發生了什麼？

帕帕吉：那是某個冬天午夜。我們都在萊亞普爾的家裡，睡在同一間房裡。我醒來後，坐在地板上，開始打坐。這不是什麼自主的決定。我的身體只是離開床，坐在地板上。我不認為自己做了任何選擇。父母醒了，想要讓我回床上，但沒有成功。我是在某種禪定中，沒人能和我交流，或讓我做什麼。

幾個小時後，父親不再試圖讓我回床。他覺得我可能是忽然染上了某種嚴重疾病，就去找我們的家庭醫生辛大夫。醫生住在城鎮上，大概一英里外。父親叫醒他，坐著醫生的私人通噶（tonga，二輪的馬拉小車）帶他來我家。

辛大夫用聽診器做檢查，在我背部聽了幾處，然後扒開我的眼睛看了看。他沒發現我身體上有問題。

然後他對父親說：「不用擔心，也不用打擾他。他身體沒有問題，只是進入了很深的禪定。我從沒見過有人進入那麼深的禪定。他過去生一定是瑜伽士，這肯定是他的一些舊日業習現前，讓他這樣坐著吧。」

我在那個狀態中坐了兩天，沒有吃也沒有睡，只是享受著發生在我身上的內在平靜。

大衛：您大約十二歲時還經歷過某種死亡體驗。您能說說發生了什麼嗎？

帕帕吉：我突然感到自己好像要死了。我躺在地上，注意到呼吸停止了。父親發現我的情況，就去請鐵路局的醫生來看。那位醫生檢查完，告訴我父親可能是哮喘發作。他開了一些藥，但沒什麼效果。

我沒有借助藥物就從這個特別的症狀中恢復了，但我常常有「我就要死了。明天早上我就會被送去火葬場燒掉了」的感覺。

但我一點也不為此煩惱。這似乎不是件應該迴避的事。我反而決定去打坐，因為我聽說有些瑜伽士在禪定中死亡。禪坐戰勝了對死亡的恐懼，可是這種我要死了的感覺還是持續了一段時間。

還有一次，辛大夫又被請來處理帕帕吉打坐引發的狀況。帕帕吉自己敘述道：

大約在我十五歲那年的荷麗節[24]，我去了一個朋友家。他母親給了我一些為節日準備的油炸小吃[25]。我高高興興地吃了兩塊。因為很美味，我就問能否多要些。讓人驚訝的是她拒絕了。我看到她做了很多，而且還準備做更多，所以我不明白為什麼她要限制

我只許吃兩塊。後來我才明白，她在裡面放了大麻葉，所以不希望我服下過大劑量。那些時候在節日食物裡放點大麻葉子很普遍。比如婚禮上，大麻葉會讓客人很開心，也會增進食慾。婚禮是大吃大喝的好機會。客人被大麻葉刺激了食慾，會飢腸轆轆然後狼吞虎嚥。

我回家後開始做些日常的家務，包括給水牛擠奶。擠奶有個竅門，你帶一頭小牛犢去母牛那裡，讓小牛犢的嘴接觸母牛的乳頭。這些母牛非常聰明，如果牠們知道牛乳是給小牛吃的，牛乳就會很輕易流出。所以你可以把小牛的嘴接上乳頭，等奶出來了，就移走小牛的嘴，開始擠奶。一旦奶開始順利流出，母牛就沒法減慢或停止了。

那天傍晚，我把小牛的嘴含上母牛的乳頭後，就隨牠們去了。我完全沒有意識自己在做什麼，只是坐在那裡，讓小牛喝光了母牛所有的奶。牠們倆都很高興，但那天我們就沒有足夠的奶喝了。我好像是在夢裡，一切都變得無關緊要，我只是很享受地看著小牛喝掉所有的奶。

我花了比通常擠奶長得多的時間，於是母親出來看我在做什麼。她的出現讓我從夢中醒來，突然意識到是吃晚飯的時間了，而我也非常餓。

我進房間坐下吃晚飯。母親做了些烤薄餅。我全部吃完，還覺得餓，就想再要些。她就又做了一些，但還是不夠填飽我。她做好一塊我就消滅一塊，不停地還要更多。直到我大概吃了二十塊，她才明白我出了什麼問題。

她大笑著說：「你吃了大麻葉，是吧？誰給你吃的？」

24 荷麗節(Holi)：又名候麗節、霍利節、灑紅節、五彩節。新印度曆春分日，是印度傳統新年。節日為期一周，期間大家互相投擲彩色粉末和有顏色的水，慶祝春天的到來。

25 油炸小吃(Pakora)：印度的一種小吃，用洋蔥、土豆、番茄等蔬菜(如果不是素食的話，還可以用雞肉)裹上面粉後油炸而成。

我告訴了她油炸小吃的事，她又大笑起來。我終於開始明白為什麼朋友的母親只允許我吃兩塊。除了感覺到極度飢餓外，我還開始有一點迷醉。

那天晚上我們睡在同一間屋裡。大約午夜時我下了床，結跏趺坐並大聲喊道：「你不是我父親！你不是我母親！」然後進入了深層禪定。父母醒了過來，但對我的舉止並不太在意。他們想當然地認為那些大麻葉的作用還沒有過去，我只是受此影響而已。

凌晨三點，我還閉眼坐在那裡，嘴裡發出奇怪而無法辨識的聲音，於是我的父母又被吵醒了。他們試圖叫醒我，但我所入的禪定太深了，無法被喚出定。母親覺得我神志不清在胡言亂語，讓父親出門去找醫生。那是節日的午夜，他很難說服人家上門來。儘管如此，他最後還是找到醫生帶回了家。

在父母焦慮的目光下，醫生給我做了個全身檢查。我能覺察到他在做什麼，也聽得到母親憂慮的話語，但我無法把自己帶出那個狀態，無法恢復正常。醫生最後宣佈了他的結論，他對我父母說：「恭喜你們！你們有一個非常棒的男孩，非常好的兒子。他身體沒有什麼問題，只是進入了非常深的禪定。結束時，他會非常自然地出定，並且完全恢復正常。」

那一整夜以及次日一整天我都沉浸在那個狀態中。白天我繼續發出奇怪的聲音，沒人能明白，直到當地一名梵學家經過我家。

他聽到我在說的話，認了出來，就進門宣佈：「這個男孩正在用梵文唱誦《夜柔吠陀》。他是在哪裡、什麼時候學會這樣唱誦的？」

最可能的答案就是，這是我在某個前世學會的。當時我會說旁遮普語，也就是我的家鄉話；烏爾都語，這是當地穆斯林的語言；還有一點點波斯語。我不懂梵文，也從未聽說過《夜柔吠陀》。一定是大麻觸發了某世遺留的記憶和知識。正如醫生所言，我最後回到了正常狀態，既不懂梵文也不懂吠陀，繼續過我的日常生活。

穆拉利瓦里印度教地區最後殘留的建築，帕帕吉和羅摩·提爾塔都在此鎮出生。印巴分治後，鎮裡之前屬於印度教徒的房屋被全部摧毀。穆拉利瓦里原先由兩個小鎮合併而成。

　　帕帕吉四處探尋，想弄清楚自己是怎麼回事。於是他來到當地一家圖書館，在這裡第一次接觸到印度教的一些經典。

　　母親的一位老師鼓勵我去當地圖書館借書，那裡有一些很不錯的靈修書籍。我開始閱讀吠檀多和印度教聖人的作品。在這間圖書館裡我第一次讀到了《瓦西斯塔瑜伽經》，這本書我一直很喜歡。有天我想要借一本關於羅摩·提爾塔·斯瓦米[26]的書，他是印度教聖人，二十多歲的時候去喜馬拉雅山隱修並在那裡過世，享年僅三十四歲。我有個很特別的理由要借這本書：因為他是我母親的兄長，所以我自然地想要瞭解他更多。

26 羅摩·提爾塔 (Ram Tirtha, 1873-1906)：在排燈節出生於旁遮普的婆羅門家庭，是最早到美國講學的著名印度教導師之一。他擁有數學碩士學位，並在拉合爾的一所大學擔任數學教授。1897年，遇到了辨喜尊者後，使他萌生了出家之念，於1899年拋棄了妻兒和教授職位，剃度出家。之後他便雲遊四海，向全世界弘揚印度教吠檀多的教義。他先去了日本，1902年來到美國，為弘揚教法在美逗留了兩年。他是繼辨喜尊者之後，第二位在美國弘揚印度教吠檀多的著名導師。他弘揚「入世吠檀多」，大力主張印度應該注重教育，尤其是婦女、窮人的教育，他成立了一個組織，設立了獎學金幫助印度學生留學到美國大學進修。1904年他回到印度後，選擇了退隱。1906年他來到喜馬拉雅山腳，並於當年的排燈節過世。

圖書館管理員一直關注著我借閱的書籍，變得越來越警惕。在印度的中產階級中，對靈修事務有一些興趣是完全可以接受的，但是當這種興趣變成癡迷時，警鐘便會響起。這位善意的圖書館管理員可能認為我對宗教過於執著，擔心我可能會像自己的舅舅一樣。對於家庭成員年輕時就出家，成為喜馬拉雅山區的雲遊苦行僧，大多數家庭是無法接受的。圖書館管理員認為自己在做好事，拒絕讓我借閱這本關於我舅舅的書。他甚至找來我的母親，警告她，在他看來，我對神秘學所表現出的興趣已經到了危險的地步。然而，我的母親並不擔心。她自己的生活也以修行為核心，因此對於兒子有同樣的興趣，她感到非常高興。

　　帕帕吉在十多歲時首次接觸到羅摩・提爾塔・斯瓦米和辨喜・斯瓦米的著作。這兩位大師在關於吠檀多的寫作和演講中，結合了激情澎湃的國家主義言論。他們都曾赴美國，將吠檀多的訊息傳遞到西方。兩人因其修行成就和軍事政治言論而在整個印度聲名顯赫。這兩位斯瓦米成為了帕帕吉早年的榜樣。

　　在他十幾歲時，他就告訴母親：「總有一天，我也會去西方傳法。」

　　作為家族中最知名的成員，羅摩・提爾塔常被視為其他人學習的典範。有一次，雅穆納・提琵召集了所有的孩子，問他們：「誰長大後想成為像羅摩・提爾塔那樣的人？」

　　帕帕吉毫不猶豫地站了出來，宣告說：「我會！我會像他一樣，做他所做過的一切。」

　　這個回答一定讓雅穆納・提琵感到非常高興，因為在帕帕吉出生之前，她曾經常祈禱黑天賜予她一個像羅摩・提爾塔那樣的兒子。

　　有個弟子在1970年代結識了帕帕吉和雅穆納・提琵，有次他聽帕帕吉說：「在我出生前，母親對她的親戚們說：『如果我沒有生出一名像哥哥那樣的聖者，那我不過是只生下豬崽的母豬

而已。』她真是個非常堅強的女人。」

　　帕帕吉很幸運，因為他的父母本身都對修行懷抱熱情，也能夠理解發生在他身上的奇妙經歷，也產生共鳴。我之前已提過帕帕吉母親的讚美歌和黑天舞。而帕帕吉的父親帕瑪南德也有自己所熱衷的修行：他非常喜愛持誦「嘉！悉塔羅摩」（「榮耀歸於羅摩悉塔」）。悉塔是羅摩神的妻子。這個咒語時常掛在他嘴邊，甚至在工作時也如此。在工作中繼續持誦的這種習慣有時會讓他惹上麻煩。

蘇蜜特拉：父親對「嘉！悉塔羅摩」聖名滿懷熱情。他在出門前、睡前、早晨起床和用餐前都會念誦。他總是攜帶一張黑天的小圖片以便進行普嘉。父親總是讓我們大家一起念誦「嘉！悉塔羅摩」，並要求我們對此充滿信心。在生命的最後時刻，他依然念誦著「嘉！悉塔羅摩」。

　　他的虔誠有一次給他帶來了麻煩。他在工作時間，在車站內進行普嘉。由於他的注意力全都集中在儀軌上而非火車，他忘了切換信號燈讓下一列火車進站。結果那列火車只能在站外等待，直至他完成儀軌。上司得知此事後，暫停了他的職務，對此展開了正式調查，父親不得不解釋自己的疏忽原因。但他對此一點也不後悔。

　　在被要求解釋時，他回答：「我正在履行對神的職責，而神在照看我的工作。」他因此受到了嚴厲的訓斥，但沒有遭受到更多的懲罰。

　　儘管這種態度看似不負責任，但是帕瑪南德至少有過一次經歷，證明神確實在照顧鐵路工作。這個故事來自帕帕吉的弟子B·D·德賽，他在1960年代後期與帕瑪南德結識。

德賽：有一次我和帕瑪南德談到他的工作經歷，他說：「當我工作

時，神在照顧我。我一邊工作一邊修行持誦，神在照看我，對此我毫不懷疑。有一次，由於我的注意力全在持誦上，我忘了給進站的火車發出訊號，火車因此只能停在站外，造成了延誤。當我終於意識到自己忘了工作時，立刻跑出去發出正確的號。月台上有人告訴我火車已經通過了車站。肯定是有其他人發出了信號，但我是那裡唯一的鐵路局官員。那個地方非常小，什麼事都是我一個人在做。於是我想：『神在照顧我的工作，我可以回去繼續持誦了。』」

　　雅穆納・提琶和帕瑪南德都極度渴望能親眼見到他們所敬愛的神，但兩人都未能如願。帕瑪南德對此感到非常沮喪，一度想要結束自己的生命。他在辦公室留下遺書，告訴家人這樣無法見到神的生活讓他無法承受。他爬上了鐵軌上方的懸橋，想跳下去讓疾駛而來的火車撞死。助理站長在他的桌子上找到了遺書，及時救了他。由於遺書上詳述了他的計劃，助理站長得以趕到橋上，在下一趟列車到達前將他從欄杆上拉了下來。

　　帕帕吉十幾歲時被送去雅利安社[27]寄宿學校。學校由印度教改革家達雅南陀・斯瓦米建立。達雅南陀感到年輕男孩在英國人設立的中學裡不能充分接觸本國的文化和歷史，就自己開辦了一所學校。此舉大獲成功，許多分校陸續開設，都叫「達雅南陀盎格魯—吠陀學校」（Dayananda Anglo-Vedic school）。旁遮普省大部分的主要城鎮裡都有一所。帕帕吉在此就讀時經歷了另一次奇妙的深層體驗。

　　每天早晨，我們都會在外面集合，圍成半圓坐下，共同唱誦祈禱文。唱誦的結束語是「唵，善提，善提，善提」（意為「唵，和

---

27 雅利安社（Arya samaj）：由達雅南陀・斯瓦米（Dayananda Swami, 1824-1883）於1875年4月7日建立的印度教改革運動組織。強調吠陀正統，推崇梵行，反對偶像崇拜、動物祭祀、神廟供奉、祖先崇拜、朝聖、種姓制度、童婚以及對婦女的歧視。雅利安社最主要的影響力是在旁遮普。

平，和平，和平」）。祈禱結束時，印有「唵」字的旗幟會在學校操場上升起。當旗幟緩緩升起時，我們都必須跳起來，大聲喊叫：「勝利屬於法！勝利屬於印度母親！勝利屬於達雅南陀‧斯瓦米！」

某天早晨，在祈禱結束時，「唵，善提，善提，善提」的唱誦使我整個身體陷入麻痹狀態，就像幼年時在拉合爾品嚐芒果飲料時那樣。雖然我能感知周圍發生的一切，內心充滿平靜和喜悅，但我的肌肉卻無法動彈，也無法對周圍的事情做出反應。其他男孩都跳起來向旗幟致敬，唯獨我一人癱坐在地上。

祈禱活動的監督老師看到我坐在地上，便自然而然地認為我是在偷懶或違反紀律。他把我的名字記在懲罰名單上，交給校長，這意味著我必須在第二天早晨去找校長接受鞭打。然後他就離開了，並未試圖去了解我無法動彈的真正原因。與此同時，其他男孩開始取笑我。當他們發現我對任何嘲笑都無反應時，他們開始模擬舉行葬禮。他們抬起我的身體，把我的四肢攤開扛在他們的肩膀上，假裝在把我送去墓地火化。我無法抗議或反抗，只能任由他們胡鬧。當他們玩夠了之後，就把我抬回去，放在床上。那天，我就這樣一動不動地待著，沉浸在內心的平靜和喜悅中。

第二天早晨，我完全恢復了，去找校長接受懲罰。他拿出藤條，但在他動手之前，我詢問道：「先生，請問，我到底做了什麼？我犯了什麼錯呢？」

校長也不清楚具體原因。老師們不能直接執行體罰，他們只是向校長提交一份需要受鞭打的男孩名單。校長詢問了那位記下我的名字的老師，得知我在前一天有「不守紀律」的行為。

我告訴校長：「我並不是不想站起來，是突然間全身麻木不能動了。」我把體驗講給他聽，解釋說這是由於聽到早晨祈禱的結束語「唵！善提，善提，善提」觸發的。校長人非常好，他支持聖雄甘地，做這份工作也不支薪，他相信印度教男孩應該在印度教的環境中成長並接受教育。在那個時候，除了政府開辦的世俗學校，還有錫克教、印度教和基督教的學校。既然校長理應向我們灌輸

印度教價值和觀念，他意識到要是因為我在聽到印度教祈禱後而產生的神祕體驗來懲罰我，這就太荒謬了，於是他放過我，後來我們成了很好的朋友。

　　整個求學過程中，帕帕吉一直熱愛體育，特別是那些可以展現他力量的項目。他的身高遠高於印度人的平均身高，肌肉結實，發育很好。年輕時，他甚至能把一頭病得無法行走的水牛扛在肩上。

大衛：您的運動能力如何？參加過哪個級別的比賽？

帕帕吉：在學校時，我參加了板球和曲棍球隊，一直打到區級比賽。我也加入了拔河隊，參加區內的比賽。傍晚時分，我經常打羽毛球。此外，我還經常練習許多田徑項目，尤其喜歡跳高、鉛球、擲標槍和鐵餅。

　　我鍾愛那些可以展現我的力量的體育活動。我那時有一段木樁，名叫木疙瘩（mugdar），放在房子前面用來練習舉重。這種木樁呈圓柱狀，大約有2.5英尺長，頂端有一個把手。重量會隨尺寸而變化。其他那些想要炫耀力量的人會來和我一起練習。那段時間，用木疙瘩舉重在城鎮裡非常流行。很長一段時間，玩這個木疙瘩成了我的主要愛好。

　　後來，我開始練習摔跤，並在這方面表現得相當出色。離開學校之後，由於工作原因，我去了印度的許多地方。每到一個地方，我都會去找當地的摔跤場，與場內的摔跤手一較高下。我常常贏。

　　在遇上一大幫盜賊入室盜竊時，帕帕吉這一身力氣就有了用武之地。這件事發生在帕帕吉十五、六歲時。

　　幾個小偷想闖進我們在萊亞普爾的屋子。他們大概有七個

人，翻牆洗劫了我家。他們拿走了我們的縫紉機、一臺老式的留聲機，那種帶大喇叭的，就是你在「他主人的聲音」（His Master's Voice）唱片上見到的那種，還有許多別的東西。有個賊發現我在屋裡，就手握一根金屬長矛指著我的臉，防備我起身。我知道他在，但假裝不知道，只是閉著眼睛躺著裝睡。防衛我的這個人是最後撤離的，在他往牆邊逃走時，我追了上去，在他攀牆的當下拉住他。他預先在身上塗了油，這樣被人抓的時候能輕鬆溜走，可是我還是牢牢抓住了他，沒讓他得逞。一抓到他，我就連聲喊人來幫忙。家裡其他人聽到後就衝了過來。在大家幫助下，我輕易制服了他。

盜賊被倒吊在外面的樹上。家人想把他倒吊著用棍子打一頓，但我說服他們不要這樣。

我說：「他是我的賊，是我抓到他的。但我是在他爬牆時從後面抓住他的，這並不符合高尚的體育精神。現在我要和他真正比一比。把他放下來，讓他先跑十碼。如果他逃得掉，就能拿走偷來的一切。如果我抓到他，他必須把偷走的東西都還回來。」

父親大笑，以為我在開玩笑。但反正他也不擔心，因為他知道我是個運動健將，能輕易制住盜賊。

這個賊比都不想比，直接認了輸。

他說：「你比我力氣大，不費吹灰之力就能贏。何況你還不讓別人揍我，所以我必須得感謝你。你在這裡等著，我會把偷走的東西都還回來。」

不過，父親不想放他走，大喊：「不要聽他的！他是個賊！你為什麼要相信這種人的話？他會溜走的，我們就再也拿不回自己的東西了。」

我再次說：「他是我的賊，是我抓到他的。我已經決定了讓他走。我相信他會回來的。」

我們把他放下來，讓他走了。他當天就把同伴們從我們家裡偷走的東西全都還回來了，這讓我家人大為驚嘆。他還帶來了團

隊的邀請。

他說：「你非常強，我一直以為沒人能抓得住我、制得住我。你還是孩子，卻做到了。我打架從沒有遇到像你力氣那麼大的。我很佩服你的力量，還有你對我的信任。我來請你去我們那裡一起吃個晚飯。」

父親不想讓我和竊賊團夥混在一起，於是想阻止我。我對他說：「他們已經證明了自己是值得信任的。我去也沒什麼壞處。」

盜賊團夥的頭領派了兩匹馬，一匹給帶信的人，一匹給我。我和送信人一起騎馬過去，和他團夥裡所有的人坐在一起好好地吃了頓飯。自此之後，他們對我一直很好，非常友好地和我打招呼。

我問蘇蜜特拉是否記得帕帕吉提到的那件事情。

大衛： 帕帕吉曾經講過他大約十六歲時抓到一個盜賊的故事。他說那個賊非常讚歎他的力量，還邀請他和其他夥伴一起吃晚餐。您記得這件事嗎？

蘇蜜特拉： 他一直都很強壯。在學校時代和之後的一段時間，他喜歡所有能展示他力量的體育活動，尤其是舉重和拳擊。

我不記得你提到的這件事，不過他確實抓過很多盜賊。有一次他抓到一個在我們家附近田地裡偷瓜的賊。巴伊・撒赫伯看見那人手裡拿著一個沉重的包裹，從田地裡走出來。

他懷疑包裹裡裝的是偷來的瓜，便攔住那人問道：「你包裹裡裝的是什麼？」

那人無法給出滿意的答案，於是巴伊・撒赫伯逼迫他打開包裹：果然裡面是偷來的瓜。巴伊・撒赫伯讓他把瓜頂在頭上，逼著他負重在田地裡跑了好幾圈。

在跑了大約兩英里之後，巴伊・撒赫伯對他說：「這是對你偷

瓜的懲罰。你現在可以回家了，把瓜留下。」

還有一次，一群盜賊聯手搶劫我們街道上的所有家庭。每家至少有一個賊。巴伊·撒赫伯醒來後發現家裡被盜，當他想去抓賊時，那人大聲吹了一聲口哨，作為信號，表示他們被發現了，讓其他賊趕緊逃跑。他們全都逃之夭夭，連闖入我們家的那個也逃了。

我還記得另一件事。有個十五歲的英國女孩被我們當地的盜賊團夥誘拐。其中一個賊在買火車票時被巴伊·撒赫伯注意到了。那人買了三張票，卻自己一個人上車。巴伊·撒赫伯覺得很可疑，因為沒有其他人跟他一起上車。於是他打電話到萊亞普爾的火車站，也就是那人坐車的目的地，告訴站長這個人非常可疑。這個賊到站時，與他的同夥一起被捕，不久後那位女孩也安然無恙地被救出。

帕帕吉在學校時期便積極參與反對英國殖民統治的社會運動。旁遮普地區已經發生了多次抗英事件。在19世紀下半葉，巴巴·羅摩·辛（Baba Ram Singh）領導的呼神派運動（Kuka movement）成功動員了成千上萬的農民來反抗英國統治。儘管這個運動最初是以宗教改革為出發點，但它很快就演變成了社會和政治運動。在甘地提出同樣主張的五十年前，呼神派就已經組織了一場不合作運動，以抵制英國的統治、教育、法律以及進口的外國服裝。到了1870年代，這場運動演變成了一場武裝暴動，最終被英國政府鎮壓。

在二十世紀初期，移居到萊亞普爾地區的農民奮起抵制殖民當局強行實施繼承法的不公。當局規定，每個家庭的長子可以繼承當初分配給移民的土地，但如果長子在父親之前去世，這個家族就再也沒有繼承權。當最初的土地所有者去世後，土地就會被政府收回。一個名為「婆羅多母親」（Bharat Mata）的組織動員土地所有者抵制這一不公的法律。鬥爭漫長而殘酷，

在帕帕吉度過大部分童年時光的兩個鎮，即萊亞普爾和古吉瀾瓦拉，都爆發了暴亂，導致很多人喪命。在帕帕吉居住的時期，這些城鎮充滿了反抗氣氛。抗爭最終取得了勝利，這被認為是印度群眾有組織地抵抗英國政府的第一場重大勝利。

在帕帕吉的童年時代，旁遮普僅有幾個小型組織，以武力反抗一些特定的英國目標，但他們未能說服更多同胞加入這條道路。

一個悲慘的事件改變了旁遮普人對英國統治的態度。1919年4月，英軍在阿姆利則（Amritsar）的加利瓦拉園（Jallianwala Bagh）屠殺了數百名手無寸鐵的抗議者。當時，大量平民聚集在該地，以和平方式抗議公開集會的禁令。英軍指揮官戴耶將軍（General Dyer）並無意逮捕或驅散人群，而是直接命令軍隊在抗議者面前列隊，隨後向他們開火。抗議者無處可逃，因為他們所在的空地四周被建築物包圍，而英軍則守住了唯一的出口。軍隊共向人群開了約一千六百槍，直至彈藥用盡才停止。戴耶將軍原本還想運送幾門大炮過來，但由於加利瓦拉園的街道狹窄，因而作罷。

在隨後的調查中，戴耶將軍被問及如果能將大炮運到現場，是否會下令開炮，他回答：「是的，很可能會。印度人需要學到教訓。」這次屠殺在印度各地引起了憤怒，尤其在旁遮普地區，許多年輕人開始採取暴力手段反抗英國在印度的統治。

起初，年輕人通過聖雄甘地當時剛宣導的不抵抗運動來宣洩怒火。這也呼應了呼神派運動的號召，即呼籲所有印度人全面拒絕和行政當局合作以擺脫英國統治。這本該是和平、非暴力的抗議，但在1922年，一群在戈勒克布爾（Gorakhpur）地區、如今的北方邦境內的農民，包圍了綽里楚拉鎮（Chauri Chaura）的警察局並縱火焚燒，二十一名困在警局裡的警察被燒死。甘地對這起暴力行為大為震驚，他取消了不合作運動，以免運動失控。

甘地的決定讓許多旁遮普年輕人無處發洩對政府的怒氣。一些人，包括帕帕吉，走上暴力反抗之路。

帕帕吉開始對這些革命團體產生興趣，就像許多同時代的年輕人一樣，對篡奪國家政權又暴力對待反對者的英國人十分憤怒。在一封1983年寫給弟子拉哲‧普拉布（Raj Prabhu）的信裡，帕帕吉說：「因為加利瓦拉園的屠殺，讓我從和平主義者變成了對抗英國人的殺手。」。

屠殺發生時帕帕吉才六歲，但那次事件在數年後依舊在整個旁遮普餘波盪漾。帕帕吉很可能在十歲出頭時就意識到了這一點，因為那剛好是他轉向好戰時期的開始。

還有一個因素促使他脫離印度的主流政治思想，而進入暴力革命的世界。那是一紙法令，叫做《洛拉特法案》（Rowlatt Act），其目的是壓制國內煽動性言論。警察被賦予了極大的執行權，比如可不經審判而拘留嫌疑人，隨意搜身和搜查財物。雖然這項法令本意只是用來對付恐怖分子，但它被大肆濫用並造成無辜者受到逮捕、搜查、遭受酷刑。帕帕吉讀到政治犯在英國監獄裡備受折磨，於是堅信只有暴力回擊才是最恰當的回應。

英國在印度的統治受到多重挑戰。當時的氣氛讓人覺得，如果我們自己能合理組織起來，向政府施加足夠的壓力，就能終結殖民統治。最著名的自由鬥士甘地正在推動非暴力不合作運動，希望足夠多的印度人拒絕服從英國政府的命令，這樣英國人就會承認印度無法治理，然後讓印度人管理自己的事務。我完全不接受這套理論。我過去和現在都深信應該採取直接的行動。當時我就覺得應該和英國人正面交鋒，給他們點顏色看看。

我想：「如果有人衝進我的屋子，占為己有，對我們指手畫腳，我們該怎麼辦？」

甘地擁護者的回答是：「禮貌地要求他們離開，如果他們不要，那麼便拒絕服從他們的命令。」

我覺得這是懦夫行徑。在我的經驗裡，擅自占有他人財產的人不會聽什麼禮貌的要求，所以當時我更傾向拿起棍棒，用武力把他們趕出去。

後來帕帕吉知道如果自己被捕會牽連所有家人，他那份暴力的態度也就略有收斂。如果他被控以嚴重罪名，比如謀殺英國官員，他父親很可能會失去公職，一旦如此，就沒人養家了。帕帕吉父母知道兒子癡迷於武力革命，就說服他只局限於參加宣傳活動。他們覺得如果他只是因為傳播反英言論而被捕，帕瑪南德可能還保得住飯碗。

於是帕帕吉轉而成為了一名優秀的革命事業倡議者。他還是學生時就充滿熱情，善於公開演講。在鎮裡廣場上的「佛法」佈道已顯露了他公開演講的天賦，這種能力伴隨著他的一生。

蘇蜜特拉對於他要武力推翻英國統治的鬥爭歲月記憶猶新。

大衛：他有哪些政治活動？您對他的革命歲月還記得些什麼？

蘇蜜特拉：他常和其他年輕人在外面，在街上大喊反對英國人的口號。他還參與了好多次這類遊行。他常常大喊「插上我們戰鬥的紅旗」，以及「殺死英國兵，讓白人婊子當寡婦」！

大衛：我還聽說他在萊亞普爾做過反英演講。

蘇蜜特拉：是的，他經常在市集公開演講，許多人都去聽。風聲緊的時候，父母就盡力讓他留在家裡，但他不聽。就算很可能被捕，他也堅持要去。

有一天，他一個朋友來我們家告訴母親：「我們今天要出門，哈利萬什·拉爾要在鎮上發表演說，我們都想去聽。」

當時有很多人被捕，所以母親非常擔心巴伊·撒赫伯的安全。

她把他鎖在屋裡，不讓他出門。巴伊‧撒赫伯很生氣，大喊大叫，試圖破門而出。可是門很結實。於是他跑到房子中間的庭院，找到條繩子，繫在屋頂爬了上去。他再用一條紗麗捲成繩子，從屋子另一邊爬了下去。

逃出家後，他就去了鎮中心的廣場，在下午四點發表演說。警察出動了要逮捕他，但被他逃脫了。警察在後面追，喊著：「抓住他！抓住他！」但卻找不到他。他沒有跑出廣場，而是在舞臺下面藏了起來直到警察離開。

他常常裝扮成苦行僧來演說。隱藏在台下時，他換上了日常的穿著，直到深夜安全了才回家。這些都發生在他還在學校期間，在他結婚前。

二十世紀中葉，許多旁遮普革命者加入了一個名為「革命黨」（The Revolutionary Party）的地下組織。這個組織非常隱秘，名字也鮮為人知。到了1926年，其領導層認為有必要建立一個公開的前線組織來吸引潛在的新成員。這個新組織被命名為「印度青年大會」（Naujawan Bharat Sabha）。帕帕吉成了革命黨和印度青年大會的雙重成員。

拉嘉‧羅摩‧薩斯特里（Raja Ram Sastri）是該組織的創始人。在一本關於旁遮普革命者的書中，他描述了該組織的宗旨：

> 近期，年輕人之間傳播革命思想所使用的是極端主義宣傳材料。但不久之後，革命黨開始認為應該公開地表達他們的觀點，並爭取民眾的支持。為此目的，他們在1926年成立了「印度青年大會」，這實際上是革命黨公開的前線機構。

許多旁遮普革命領袖都是社會主義者，他們的目標是把英國人趕出印度，用本土的社會主義政府取而代之。儘管印度青年大會並沒有宣導任何革命性或暴力活動，但很明顯具有各類社會主義目標，分別為：

一、建立印度工農聯合共和國。

二、對年輕人施行民族主義的愛國主義教育。

三、幫助並推動在經濟、社會及工業領域的各類運動，反對地方自治，幫助達成理想的工農共和國。

四、組織工人與農民。

　　我提醒帕帕吉，他的革命同伴大都是社會主義者或馬克思主義者，問他是否接受這些觀點。雖然他的妹妹記得他在街上走在遊行隊伍最前面，大唱「插上我們戰鬥的紅旗」，但帕帕吉否認自己是共產主義者或社會主義者。他說自己曾加入不同的革命組織，那是因為只有在這些組織裡他才能找到願意參加暴力反英的人。

　　印度青年大會在旁遮普全境都建立了分支，在中學和大學組織集會和演講，目的是在青年人心裡煽起民族主義的火焰，演講中經常談到過去為了爭取獨立而犧牲的烈士。如果發現聽眾中有人對這些話題表示興趣的，就發給他們各類政治社會話題的宣傳冊。而那些表現出強烈意願要採取直接行動抵抗英國的人，就會被介紹進一個或更多小型革命組織。這些組織由此來招募新成員。

　　最大也最具影響力的革命組織是一個包括了巴伽特・辛（Bhagat Singh）和蘇客提婆（Sukdev）兩位旁遮普革命領導人的團體。他們的組織起初叫做「印度斯坦共和聯合會」（Hindustan Republican Association），後來在「印度斯坦」後面加上了「社會主義」一詞。雖然帕帕吉和巴伽特・辛和蘇客提婆都很熟，但他從未正式屬於這個組織。蘇客提婆事實上是在萊亞普爾的帕帕吉家族名下房子的房客。

　　儘管帕帕吉從不直接參與印度斯坦共和聯合會組織的破壞行動，但還是必要簡要總結一下此組織所做的事件，因為這間接導致了帕帕吉自己也參與軍事行動。

1928年英國政府任命了一個名為「西蒙委員會」(Simon Commission) 七人小組，研究在印度進行憲政改革的可能性。七名成員都是英國人。所有的印度政治組織都決定抵制，因為其中一個印度人都沒有。無論西蒙委員會到哪裡，都會遇到大規模反英遊行。同年10月委員會到達拉合爾時，根本寸步難行，遊行隊伍把所有街道都封鎖了。警察局的斯考特警司為了驅散人群，命令部下用名叫拉踢 (lathis) 的警用長棍毆打示威者。示威領袖、著名的旁遮普政治家旁遮普·柯斯理·拉剌·拉吉帕·瀨 (Punjab Kesri Lala Lajpat Rai) 被警察粗暴侮辱，並在受傷幾天後死去。

印度斯坦共和聯合會在巴伽特·辛和蘇客提婆的領導下決定刺殺下令使用警棍的斯考特警司來報復。埋伏安排好，但組織裡負責辨認警司的人認錯了人，巴伽特·辛最終開槍打死了副警司桑德斯 (Saunders)。次日組織公開承認對此負責，在拉合爾城裡的許多牆上貼了佈告，說印度斯坦社會主義共和軍承認謀殺是對旁遮普·柯斯理·拉剌·拉吉帕·瀨之死的報復。

巴伽特·辛認為革命運動需要更多公開曝光，對戰友們宣佈說自己打算往議會裡投擲小型低威力炸彈，然後去警察局自首。他沒打算殺死誰，只是想借助之後的審判作為宣傳革命的舞臺。

這顆炸彈引起了巨大震盪。儘管沒有人死亡，並且巴伽特·辛也立刻去警察局自首，但這起事件嚴重激怒了殖民當局。所有已知的革命者和他們的關係人都被逮捕審訊。其中有人願意配合警察，揭發了拉合爾和薩哈蘭普爾 (Saharanpur) 的炸彈工廠地址。警察突襲這些地方，找到了數千枚炸彈。在巴伽特·辛扔完炸彈自首後，在他的物品裡搜出一把槍，被證實為殺死副警司桑德斯的凶器，而被指控謀殺和其他幾項罪名。

大部分革命者都被捕了，被一起送上法庭，這就是著名的「拉合爾叛亂案」。帕帕吉沒有受此案牽連，但他的許多朋友都被逮捕判罪。我給他看了一張被告名單，請他指出其中哪些是他

認識的。以下是他指出的名字，以及判刑結果：

巴伽特・辛：絞刑

蘇客提婆：絞刑

濕婆羅摩・羅閣古魯（Shivram Rajguru）：絞刑

迦提婆・卡普爾（Jaidev Kapoor）：終生監禁

啟朔里・拉勒（Kishori Lal）：終生監禁

昆丹・拉勒（Kundan Lal）：七年苦役

迦廷德拉納特・達斯（Jatindranath Das）：判刑前餓死在獄中

他還指出了德什羅閣（Deshraj），此人被免予起訴。開始有二十五人被指控，最終有十六人上了法庭。在帕帕吉指出的名單裡的第七人，迦廷德拉納特・達斯，是從孟加拉來旁遮普教革命者製造炸彈的，他和在拉合爾及薩哈蘭普爾發現的兩處炸彈工廠關係緊密。在《躍入永恆》裡，帕帕吉承認他在印度革命黨那裡「受訓學習製造炸彈」。

拉合爾叛亂案有效地摧毀了旁遮普的革命組織，但活下來的成員決定發動最後一次攻擊，作為失去眾多成員的報復。他們決定炸毀英國在印度的最高代表即印度總督乘坐的專列火車。帕帕吉沒有直接參與爆炸行動，但對此事很積極。

我第一次詢問帕帕吉還有誰參與了爆炸行動時，他回答道：「我的良知不允許我說出細節。」最近，他承認有個叫做無線電漢斯拉閣（Hansraj Wireless）的人是積極參與者。此人因在印度第一個展示無線電信號傳播而頗有名聲，後來他用技術和科學知識為革命軍製造了遙控炸彈。

帕帕吉的組織成功炸毀了專列火車，但總督本人毫髮無傷，因為炸彈沒有直接在他所在的車廂引爆。這是旁遮普革命軍最後一次有效行動，因為在監獄外的唯一革命黨領袖──昌德拉色喀爾・阿紮得（Chandrasekhar Azad）在不久之後，就在與警察

的一場槍戰中被擊斃。

帕帕吉的反英活動不僅有製造炸彈和發表演說。他還提過兩件為攻擊英國官員而制訂的怪異計畫。

大衛：您曾對我說您還在上學時，計畫在當地的墓園裡召喚出一些靈體，您覺得如果可以控制它們，就能用來反抗英國人了。

帕帕吉：是的，我對革命黨裡的朋友說過這個計畫，但他們都嘲笑我。可我還是去了。我曾在書裡讀過一個方法，說如果連續二十一天每晚都在墓地上唱誦某個特別的咒，一種很有力量的靈體就會出現，並為我效勞。我想可以用某個靈體來對抗英國人。我知道父母不會允許我連續三周整夜坐在墓地裡，就對他們說之後幾周我都要在朋友家過夜。

我說：「我們必須在一起做功課。」這樣的說詞總很能取悅到我的父母，因為他們知道我是多不喜歡念書。

連續三周，我整夜在墓地裡唱誦咒語。最後那晚，一個非常恐怖醜陋的靈體出現在我面前，問我想要什麼。他長著很多角，有條長長的鼻子，鼻端還有一支角，嘴在後腦勺，長滿了黑色的牙齒，樣子很是嚇人。我汗毛直立，害怕得不能動彈。

這個鬼又問了一次：「你想要什麼？你想要什麼我都能給你。你的靈熱修行，讓我很高興。無論何時候你召喚我，我都能幫你實現願望。」

靈熱修行[28]一詞指的是嚴苛的修行，經常是肉體上的苦行。傳統上練習靈熱是用來獲得神通，或是從神那裡得到恩賜。

當時的我受到這個鬼魂的嚇唬，逃得遠遠的，後來也沒有再

---

28 梵文Tapas原指「熱」，用來指苦行者或瑜伽道的精神狂喜。瑜伽傳統中，靈熱原指瑜伽修行中產生的內部熱燃，為修行成就的標誌。後來引申指各種修行，如禪定、拜懺、瑜伽、虔信等的成就。

回去過。我當時並不知道這個鬼魂是否能用來對抗英國人，但數年後他確實給我提供了幫助。那時我正在喜瑪拉雅山區高處遊蕩，感到非常餓，但附近卻找不到食物。突然間我想起多年前那個鬼魂曾承諾如果我召喚他，他就會帶來我想要的東西。

於是我試試看，召喚了他，出乎意料的，他立刻出現在我面前。這一次，我毫不害怕。

我說道：「我餓了，你能帶些食物來到這個偏僻的地方嗎？」

鬼魂立刻提供了新鮮的水果，這些水果只可能在平原生長。他完成任務後便消失了，之後我再也沒有用這個方法召喚過他。

大衛：您還有另一項計畫——隱身術，這樣就能在英國俱樂部裡向地區法官開槍，又不被發現。這項計畫進行得如何？

帕帕吉：我在當地圖書館找到了一本帕坦伽利的《瑜伽經》[29]。其中一章有關如何獲得八種悉地，或者說八種神通，其中之一就是隱身術。

我想：「這個不錯。這些英國人給我們找了那麼多麻煩。如果我能隱身，就可以找英國人的麻煩。」

當時巴伽特・辛、蘇客提婆和羅闍古魯已經被執行絞刑了。我已經明白我們無法通過常規方法對抗英國人。英國是當時世界最強大的國家之一，擁有強大的陸軍和海軍——成千上萬訓練有素、武器精良的士兵能輕易鎮壓一場幾個武器和訓練都很糟糕的印度人發起的叛亂。在議會遭到一顆小炸彈攻擊後，他們立刻撲滅了我們整個革命運動。

所以我心想，讓我看看是否能隱身。如果成功了，我就帶著手槍走進清耐博俱樂部[30]，擊爆地區法官的頭，此外沒別的方法能

29《瑜伽經》(*Yoga Sutras*)：作者為帕坦伽利(Pantajali)，成書於大約公元前二世紀，以系統化的方式匯總了瑜伽的各類知識，為各種瑜伽修法奠定了理論基礎。

進入英國人開的俱樂部。當時，棕色皮膚的人都被擋在門外。

我還想報復在監獄中虐待政治犯的官員。我在報紙上讀到西北邊境省有名典獄長，他逼迫犯人整夜站在齊脖深的河裡。我知道那片區域，知道那裡的水冰冷刺骨。他不斷讓犯人站出來，審問其他反英行動者的名字。如果犯人不認罪也不交代名字，就會被打一頓再推進河裡。我還想殺掉這個人。

我想：「首先，我會幹掉這裡的地區法官。如果得手了，就去西北邊境省，同樣處理掉這這位典獄長。」

這沒有奏效。悉地不是一個下午就能掌握的，需要年復一年的專修。多年後我在哈德瓦遇見一名可以在恆河上行走的男子。他花了四十年來掌握這門技術。我太急於求成，沒有四十年可等。失敗幾次後，我就放棄了。

最後提到的那件事似乎是發生在1930年早期，除此之外，基本上帕帕吉全部的革命活動都發生於他在校期間。他的童年和青年時期非常多姿多彩：見到黑天、奇妙的深層體驗、革命軍和體育活動都已經敘述過了。下面還需要提到他早年生活另一面，這樣才能拼湊出他年輕歲月的全貌。

他在校時，就發現自己在烏爾都語詩歌上很有天賦。帕帕吉的母語是旁遮普語，但當時的教育系統應對的目標是培養能進入大學、最終能在英國政府裡擔任職員的人。要得到那些職位，必須通過波斯語及烏爾都語的入學考試，因此學校裡廣泛教授這兩門課程。烏爾都語是邦政府的官方語言，而當時受過教育的旁遮普人把瞭解波斯文學視為一種社會成就，可以類比同時期歐洲紳士們必須得熟悉拉丁語及希臘語的情形。

30 清耐博俱樂部(Chenab Club)：二十世紀初英國政府在費薩拉巴德建立的社交俱樂部，當時只對當值或退休的英國官員開放。

我在中學學習烏爾都語和波斯語時，對這兩種語言產生了濃厚興趣。我在當地找到精通這些語言的人，找他們補課。我向幾位詩人和作家求教，他們介紹我閱讀一些這兩種語言的經典文本。

這些早期的文學薰陶，讓我對詩歌產生了濃厚的興趣。我常常參加學校在節假日舉行的比賽，有次朗讀自己為立春薔供[31]所做的詩歌《春》，還獲了獎。我對詩歌的興趣可能是受母親影響，她用旁遮普語寫過好幾首詩歌。我們家充滿文學氣氛，兩個妹妹都用烏爾都語和旁遮普語寫詩。我現在仍喜歡聽詩人富有韻律地朗誦自己的作品，但我不再有興趣自己寫詩。

在旁遮普，詩歌比賽是一種著名的文化活動。參賽者會聚一處，出題人提供一行烏爾都語詩，參賽者必須根據相同的主題和韻律，創作出一首新詩。這些詩歌比賽通常會邀請到作家或詩人擔任評判，而最優秀的詩歌作者將獲得獎勵。帕帕吉使用「廓薩（Kausar）」作為筆名，寫烏爾都語詩，他用這個筆名寫作了多年。

需要指出的是，帕帕吉在童年時期和他的家人都使用「沙爾瑪（Sharma）」這個姓氏，這是所有婆羅門都可以使用的姓氏。畢業後，他更喜歡使用「彭嘉（Poonja）」這個名字。所有的印度教徒都屬於一個特定的細分群體或類別，這些類別被稱為族姓（gotras）。帕帕吉的族姓是彭嘉。他的名字哈利萬什·拉爾，可以翻譯為「神之大家族中的紅寶石」。

帕帕吉十六歲時通過了大學入學考試，但帕瑪南德決定帕帕吉應立刻開始工作。這個人口眾多的大家庭生活需要更多收入來支持。帕瑪南德還決定帕帕吉應當結婚。當時旁遮普男孩很普遍都在十五、六歲成親，而他們的妻子經常是年紀更小的

---

31 立春薔供（Basant Panchimi 或作 Vasant Panchimi）：又稱辯才天女普嘉（Saraswari Puja），是印度教與錫克教節日，在摩羯月（西曆二月初）第十五天舉行，作為春季的開始。印度教徒於此日禮拜學術、藝術女神辯才天女。

女孩。除了少數特例，幾乎所有的婚禮都是由雙方父母操辦的。

帕帕吉對結婚沒有興趣，但還是接受了父親的安排。帕瑪南德在自己曾擔任站長的大鎮木爾坦找到一位門當戶對的婆羅門女孩，名叫維迪雅琶提（Vidyavati）。結婚當天，帕帕吉十六歲，而他的新娘剛剛過了十四歲生日。

我問帕帕吉在婚後早期是如何養家的。他回答道：

中學畢業考試後，父親不能繼續供我在拉合爾上大學，我的弟弟妹妹還都需要受教育，家裡沒錢供我們同時上學。我在《論壇報》上見到一則啟事，有家公司在找人代理銷售醫療外科設備和體育用品，公司位於錫亞爾科特[32]。我去應徵結果上了，做業務表示我能夠在全國到處旅遊。

有次我出差到孟買，在那裡找到一個薪水更好的長期職位，為一家總部在卡拉奇[33]的公司工作。這家公司也雇我當業務。我把妻子帶到孟買，在古吉拉特區安頓下來。那份工作很好。我賺到的錢足夠用來養家糊口，還有節餘寄給萊亞普爾的家人。

當業務前，帕帕吉先是自己在萊亞普爾開店。他當時開了好幾間店鋪。去了錫亞爾科特那家公司後，店鋪就由其他家人接手了。蘇蜜特拉給出了一些細節：

大衛：帕帕吉離開學校後做了些什麼？

蘇蜜特拉：他十六歲時結了婚，但不常在家。他一直外出，不是出差，就是去參訪聖者或聖地。那段日子裡，他妻子對他不常在家也不太抱怨。

---

32 錫亞爾科特(Sialkot)：今巴基斯坦旁遮普區東北部城市，有著上千年悠久歷史。位於喀什米爾山腳，距拉合爾125公里。

33 卡拉奇(Karachi)：今巴基斯坦信德省首府，也是該國最大的城市和港口。位於印度河三角洲西北部，瀕臨阿拉伯海。

巴伊·撒赫伯說過：「能去朝聖，都是因為我的老婆。」

他的意思是，他能想去哪裡就去哪裡，是因為在早些年，妻子對他這方面並不常抱怨。

大衛：為什麼帕帕吉在萊亞普爾工作幾年後搬去了孟買？

蘇蜜特拉：我不知道。我不記得了。

蘇蜜特拉用旁遮普語和我對話，她的回答由帕帕吉的女兒席萬妮（Sivani）翻譯。對話中，席萬妮自己提了個問題：「是不是因為他在孟買遇見了別的女生？他有沒有追過女孩子？」

蘇蜜特拉：不，他不會那樣。他從沒和哪個女生糾纏過。他以前喜歡聽音樂，但不允許放淫詞豔曲，不允許弟弟妹妹聽任何有性暗示的歌曲。

大衛：那麼工作呢？他靠什麼來養家？

蘇蜜特拉：父親退休時，我們在萊亞普爾安頓下來。作為長子，巴伊·撒赫伯必須要賺錢養活我們。他開了一家店叫「孟買百貨店」（Bombay General Stores），賣茶葉和其他東西。生意一點點擴張，最後我們一共有了五家店鋪，在同一條街上緊挨著。後來家裡人越來越多，我們把店都改成了住宅。巴伊·撒赫伯還開了家店賣女性化妝品，在去孟買前，他自己打理這家店。

父親退休時，從鐵路局收到一筆一次性領完的養老金。那時還沒有按月支付的養老金計畫。他把所有錢都給了巴伊·撒赫伯，讓他安排。巴伊·撒赫伯用來投資一些土地，印巴分治後這些地都被沒收了。父親退休後，巴伊·撒赫伯負擔起了全部的養家責任。

父親一直對巴伊·撒赫伯很尊敬。大約在過世前十年，他在日

記裡寫道：「我的兒子哈利萬什‧拉爾是我的上師。」我親眼見過這個紀錄。

帕帕吉兩個還在世的孩子是席萬妮和蘇仁德拉（Surendra），都出生在1930年代：席萬妮在1935年，蘇仁德拉在1936年。另一個叫做羅蜜妮的女兒幼年夭折。我詢問帕帕吉關於她死亡的細節以及他的感受：

我的一個女兒病了，被送進了醫院。她當時三歲。我妻子在醫院照顧她。我常常在早上給她們送飯。過了幾天，妻子坐著人力車回到我們住的地方。女兒和她在一起。

看見她們我很驚訝，問：「她好些了麼？」

妻子說：「沒有，她死了。我帶了她的屍體回來。」

妻子出現時，我從沒想到女兒已經死了，因為妻子完全沒有一點悲傷的跡象。

我接過孩子的屍體，去了火葬場，在鄰居的幫助下親手埋了她。按照我們族群的傳統，五歲以下的孩子土葬，而不是火葬。我心裡沒有一點情緒。

帕帕吉和妻子在孟買住了好幾年。業務員的工作讓他有大把機會在印度各地旅行。除了公務出差，他還進行了幾次朝聖，去參拜一些聖地和著名的師父。有一次是去馬哈拉施特拉邦的納西克[34]訪問薩啟阿南達‧斯瓦米（Swami Satchiananda），另一次去瑞詩凱詩拜訪普魯碩檀阿南達吉‧斯瓦米（Swami Purshottamanandaji），這是位住在城鎮北方數英里外山洞裡的著名上師。帕帕吉當時依然癡迷於黑天的形象，一直在尋找能夠給他建議的斯瓦米，好讓他在想見到黑天的時候就能見到。

---

34 納西克(Nasik)：是印度馬哈拉施特拉邦(Maharashtra)的一座城市，位於戈達瓦利河畔。馬哈拉施特拉邦位於印度中部，該邦首府是孟買。

這些斯瓦米中沒有一個能幫他。他在這段時期做了許多禪修和持誦，但這些修持沒有如他所願那般經常產生黑天顯現的體驗。

有一個人給他留下印象，叫做尼提阿南達·斯瓦米[35]，是穆克塔南達·斯瓦米[36]的上師。帕帕吉在孟買工作的頭兩年，尼提阿南達·斯瓦米就住在附近，在班紮什瓦利[37]。帕帕吉的鄰居帶他去見這位師父。

我第一次見到尼提阿南達是1932年。當時，我的鄰居普魯朔檀（Purushottam）要去班紮什瓦利一睹聖容，我決定和他一起去。由於路程約35英里遠，我們開著他的車前往。普魯朔檀在孟買的金融市場上做投機生意，他想見尼提阿南達，請教理財投資的建議。尼提阿南達居住在班紮什瓦利，那裡以硫磺溫泉聞名，許多人去治療皮膚病、緩解風濕和關節炎等病症。班紮什瓦利距離迦尼薩普利很近，後者是穆克塔南達·斯瓦米幾年後建立的主道場所在。

週日一大早，我們從孟買出發，到達目的地後，每個人都向偉大的師父行禮。我的朋友、他的妻子、女兒和叔叔都恭恭敬敬地在師父的腳下磕頭行禮。但是當我跪下時，師父不准我碰他的腳。

當時大家都以為，師父不讓我跪拜是因為我罪孽深重，都開始擔心我到底犯了什麼可怕的事，會被這樣羞辱。但師父什麼都沒說，我也沒有解釋。

普魯朔檀和我講了他的想法。我說：「我很老實，每天早上九點到辦公室，開始一整天的工作，下午六點回家，努力工作賺錢。

35 尼提阿南達·斯瓦米（Nityananda Swami, 1897-1961）：出生於南印度的喀拉拉。年輕時曾在喜馬拉雅山區做雲遊的瑜伽士，之後返回南印度，以神通聞名，他在喀拉拉建造了一座道場。當地警察懷疑他製造假幣，他當著他們的面跳入了有鱷魚的池塘，然後變出了很多錢幣。他並不太用語言給予教導，往往只是靜坐。

36 穆克塔南達·斯瓦米（Muktananda Swami, 1908- 1982）：印度僧侶，師從尼提阿南達，悉達瑜伽的創立者，寫有多部關於拙火、吠檀多和喀什米爾濕婆派的作品。

37 班紮什瓦利（Vajreshwari）：位於馬哈拉斯特拉邦的城市，城中有著名的班紮什瓦利女神神廟。

而你就是個賭徒。你到這裡就是為了找法子靠賭博賺更多。」

那天有許多人到來，向尼提阿南達跪拜，贈送禮物。到了吃飯的時間，在場人都可以和他一起用餐。

傍晚我們準備離開時，尼提阿南達指著我，說我必須留下。

我抗議道：「明天我要進辦公室。」

他不讓我走。最後我請朋友次日去我辦公室，交一份兩天的請假單。

我說：「這人是聖者。所以他要我留下，我沒辦法違抗。告訴我老闆這裡的情況，我會盡快回去。」

他們問：「你要怎麼回去呢？你沒有交通工具，這裡又是在森林深處。」

我說：「我明天自己會解決的。這人要我留下，我只能留下。」

那時許多來拜訪他的人都是黃金和棉花的投機商。尼提阿南達從不和他們交談，但是常做出奇特的手勢。投機商會詢問黃金未來的價格，然後把他怪異的手勢當成答案來解讀。

我和他坐了一整夜，但沒有說一句話。他從沒告訴我為什麼要我留下。我們只是坐在一起過了一整夜。我們都沒睡。離開前，他給了我一個兩安納（anna）的硬幣。那是面值很小的硬幣，相當於八分之一個盧比。次日早晨他讓一位叫做丁蕭的帕西商人開車帶我回到城裡。

我再次見到普魯朔檀和他家人時，他們都很急切想要知道尼提阿南達和我說了什麼。

我回答：「什麼都沒說。他沒有說話，我也沒有。」

我給他們看從尼提阿南達那兒得到的硬幣，普魯朔檀立刻想要買下來。

他說：「我要是有這枚硬幣，生意一定會興旺發達。你想要多少錢？」

我拒絕割愛。我覺得這是從偉大的聖者處得到的加持品，所以不想放手。

帕帕吉並沒有能力去評估尼提阿南達的真實狀態，但是在1950年第二次見面的時候，他就宣佈尼提阿南達是開悟的。他在好幾個場合說過尼提阿南達屬於特立獨行的印度教苦行僧，有時候被稱作「阿果黎」[38]。這個詞用來指宗教導師以一種非正統的奇特方式行事，常常放棄了一切公眾行為規範。帕帕吉最近在勒克瑙一次薩特桑上談起這類人：

尼提阿南達是一位成就者，屬於常說的阿果黎。阿果黎不教學生。他們四處遊蕩，不說話，不洗澡。有時候赤身裸體，有時候裹著破舊的麻袋當衣服。

我旁遮普的家鄉有位阿果黎。許多有學問的人，律師、教師、商人都去找他。有些阿果黎出了名，尼姆‧卡洛利‧巴巴[39]就是其中之一。許多年後，我住在勒克瑙，常常見到他在貢提河[40]邊遊蕩。他在那裡的哈努曼神廟待了很長時間。在1950年代，從諦魯瓦納瑪萊開車到班加羅爾的路上，我還在克里希那吉里[41]附近見過另一位阿果黎。

帕帕吉與那位克里希那吉里的阿果黎的會面記載在〈礦場經理〉一章中。他家鄉的那位阿果黎，就是能變出硬幣付舞孃錢的苦行僧僧團領袖。

38 阿果黎(aghori)：一類極端的苦行僧，據稱是由十一、十二世紀時的大瑜伽士果讓納特(Gorakhnath)創立的流派，這類修行人會做出奇特的行為，比如飲人血，吃死屍肉，佩戴人骨製成的項鏈，用人的顱骨做飲器。但帕帕吉似乎沒有用這個詞來特指這一流派，而是在寬泛意義上指代那些表現出與世間習俗相悖的舉止的修行人。

39 尼姆‧卡洛利‧巴巴(Neem Karoli Baba，又稱Neeb Karori Baba，生年不詳，1973年離世)：印度靈修上師，修持哈努曼虔敬，主張無私服務眾生。1960-70年代來印度的美國人有不少成為其弟子，如羅摩‧達斯(Ram Dass)、薄伽梵‧達斯(Bhagavan Das)、克里希那‧達斯(Krishna Das)等。印度聖地沃林達文、瑞詩凱詩等地及美國新墨西哥州道沃斯(Taos)都有其道場。

40 貢提河(Gomti River)：為恆河的分支。源自福哈爾吉赫(Fulhaar jheel)，流經北方邦，共九百公里。根據印度教神話，此河是智者瓦西斯塔的女兒的化現，為印度教聖河。

41 克里希那吉里(Krishnagiri)：位於泰米爾納德邦，距離班加羅爾45公里。

帕帕吉在孟買的日子似乎平淡無奇。我問過他幾次在整個1930年代都做了些什麼，但他不記得有什麼難忘的事。不過有一次，他說，他當時完全融入了孟買的文化中，能把自己變成古吉拉特人。在孟買有兩個主要的族群，有各自的語言：馬拉地人[42]，語言通行於城市東部和南部的大部分地區；還有古吉拉特人[43]，主要活動在城市的中心到北部。有一陣子帕帕吉和一位只願意租給古吉拉特人的房東住在一起。帕帕吉的語言水準很高，讓房東完全相信他就是古吉拉特人，直到幾個月後帕帕吉的妻子維迪雅琶提意外到來，事情才戳破。她不懂古吉拉特話，也不做傳統的古吉拉特衣著打扮。但帕帕吉已經和房東結下了很好的關係，所以可以繼續住下去。

　　有時帕帕吉會回憶起孟買到白沙瓦[44]間的火車，他搭乘這些列車，定期回萊亞普爾見家人。

　　那時車票很便宜，火車也不擁擠。我一直很喜歡坐火車旅行，而這一路特別愉快。我喜歡在旅途中和人交談，會坐在某人身邊然後開始聊天。過幾分鐘後，再找些藉口離開。在車上，如果你想停止對話去別的地方，總能找到很好的藉口。我經常整趟旅途中不斷站起、坐下，找個看起來有意思的人聊天。

　　帕帕吉一定是在1930年代中後期回到了萊亞普爾過了相當長的日子，因為他有時會說起自己在萊亞普爾的雅利安社做秘書的事。他以雅利安社名義進行的政治活動始於1930年代中期，

---

42 馬拉地人(Marathis)：雅利安-印度民族，人口約7000至8000萬。主要居住在印度馬哈拉施特拉邦及印度西部，其語言為馬拉地語。

43 古吉拉特人(Gujaratis)：印度民族，人口約6000萬，除印度外，還居住在美國、加拿大、英國、澳大利亞、南非、巴基斯坦等地。宗教信仰有印度教、耆那教及伊斯蘭教。語言為古吉拉特語。聖雄甘地、達雅南陀‧斯瓦米都是古吉拉特人。

44 白沙瓦(Peshawar)：現巴基斯坦鄰近阿富汗邊境的城市，多個世紀以來一直是南亞大陸與中亞之間的貿易重鎮。曾在貴霜王朝時被犍陀羅的迦膩色伽一世定為國都。

在1938年達到高峰。

　　容我在這裡略微岔一下題，談談雅利安社的背景，因為對此社團的信仰和活動的介紹能提供一扇窗口，瞥見帕帕吉於1930年代後期的精神狀態，特別是他當時支持的政治及宗教觀點。

　　雅利安社由達雅南陀‧薩拉斯瓦提‧斯瓦米在十九世紀下半葉建立。雖然其基礎是堅固的吠陀印度教，但它宣揚的是一種淨化後的形式，屏棄了印度教中大部分的流行習俗，反對多神論，尤其反對偶像崇拜，無論是在家還是在寺廟，不承認往世書[45]的傳說和神話可信，反對婆羅門祭司作為人與神之間的溝通角色，不提倡幾乎所有的儀式包括朝聖，反對「不可觸階級」的劃分以及印度教寡婦不可再嫁的傳統。達雅南陀‧斯瓦米在一本題為《真理之光》[46]的書裡闡述了他的觀點，此書之後成為了整個運動的聖經。

　　雅利安社在旁遮普地區影響尤其大。1877年在拉合爾創社後，達雅南陀‧斯瓦米制定了組織的基本原則，新成員必須要遵守：

一、所有知識以及由知識而知道的一切，其第一因就是究竟祜主（Parameswara）。

二、神為存在、有覺、妙樂。他無形、無所不能、公正、慈悲、無生、無終、不變、無始、無與倫比，為一切之支撐，為一切之主宰，遍在、本具、不老、不死、無畏、永恆而神聖，為一切之造者。

三、吠陀經中所載，乃是真實之知。閱讀吠陀，教授吠陀，聽聞受持吠陀是雅利安社員的首要任務。

45 往世書(Puranas)：梵語原意為「古代的」或「古老的」，是一類古印度文獻的總稱，有十八部大往世書和十八部小往世書，以講述印度教諸神傳說故事為主，堪稱印度宗教的百科全書。

46 《真理之光》(Satyarth Prakash)：達雅南陀1875年的作品，闡述其吠陀正統社會改革思想，最後三章對其他主要宗教信仰進行比較。原書為印地語，現已翻譯成20多種語言出版，英譯書名為 The Light of Truth。

四、人必須一直樂於接受真理，放棄非真理。

五、必須依照正法（dharma）之教令而行一切事，即審慎衡
　　量對錯而行。

六、社團首要目標為利益世間，即關注其物質、社會及精
　　神上的福祉。

七、為人處事都應以愛與公正為規範，並符合正法之教令。

八、應推廣真知（vidya），驅散無明（avidya）。

九、不應只滿足自己的福祉，而應於眾生之福祉中尋求自
　　身之福。

十、在遵守社會的種種利他規範時，人應該受到約束；而
　　在追求個人福祉時，應無拘無束。

　　所有入會申請者都要簽一份文件，聲明自己同意這些基本
原則。帕帕吉一定也簽了，但值得懷疑的是他是否真的遵守上
述十點。他當時還是狂熱的黑天虔信者。有關黑天生平和教導
的文本並非出自吠陀，而是往世書，雅利安社認為往世書不是
真正權威可信的來源。

　　創社後數十年裡，雅利安社在整個旁遮普都開辦了學校。
雖然對小學生也進行部分西式教育，以便他們日後勝任政府職
務，接受更高等的教育，但更主要的是廣泛傳播雅利安社的原
則。帕帕吉本人就在1920年代在一所雅利安社的學校就學，所
以幾年的在校生活應該讓他熟悉了其觀念和信念。

　　帕帕吉加入組織的那段時間，正值雅利安社充滿戰鬥情緒
的時期，他們組織了許多運動，致力於讓賤民回到印度教主流
生活，結束種姓區別。為了在全國各地正面對抗那些騷擾當地
印度教徒的穆斯林地方政府，雅利安社新建立了兩個機構：雅
利安防線（Arya Raksha），以及雅利安軍（Arya Vir Dal）。帕帕
吉必然屬於兩者之一，因為他說曾以雅利安社的名義招募並培
訓了數百名旁遮普青年，去對抗海德拉巴（Hyderabad）的尼札

姆（Nizam）政權的歧視政策。

在印度獨立前有許多「土邦」，名義上都是獨立政權。它們有自己的首領，通常是世襲的大君，在內部事務上有一定程度的獨立自主。海德拉巴是最大的土邦，全盛期所控制的土地面積超過大部分歐洲國家。統治者名為尼札姆，是印度最富有的人，也是個狂熱的穆斯林。1930年代，尼札姆試圖在其境內限制雅利安社的活動，他認為雅利安社有意要穆斯林改宗為印度教徒。最後，他禁止勸人改宗的雅利安社成員進入土邦境內。

為回應這次攻擊，雅利安社在旁遮普的諸分支自行動員，派出了數千印度教徒遊行抗議。尼札姆把他們都抓起來關進監獄。在抗爭高峰期，大約有八千名雅利安社的遊行者關在海德拉巴監獄中，其中有數百人是由帕帕吉訓練並派遣的。尼札姆最後妥協了，釋放了雅利安社成員並允許他們繼續在境內活動。這是雅利安社一次重要的勝利。

這次鬥爭結束後，帕帕吉回到孟買繼續工作。他一直留在那裡，為同一家公司工作到1942年。在那年的年初，他換了個新工作，對一個強烈反對英國對印度的統治的人而言，這個選擇是有悖常情的。他申請參加一個培養印度人到英國軍隊裡當軍官的培訓課程，申請通過了。

時值第二次世界大戰，部隊急速擴張。以前，軍官必須要在喜馬拉雅山腳的德拉敦（Dehra Dun）印度軍事學院接受三年的密集訓練，但在戰爭爆發後不久，學院就開設了六個月的緊急培訓課程，以應對戰時部隊對於軍官的龐大需求。

帕帕吉並非突然之間支持起了英國統治。他其實是打算花英國政府的錢，在部隊接受優質的軍事訓練。

我們幾個倖存的革命者決定走另一條路。那時正值第二次世界大戰，英國政府積極招募印度士兵加入英軍。我們認為應該加入英軍當臥底，學習戰爭的戰術戰略等等，待日後時機成熟就可

以發動起義，或者直接調轉槍頭打英國人。有人還認為一旦學到了戰爭兵法，就可以開溜加入印度國民軍，和日本人一起打英國人。我向印度軍事學院申請加入指揮官訓練課程，馬上就被錄取了。看來幸運的是，英國政府並沒有我參加遊擊隊活動的記錄。

　　帕帕吉敏銳地觀察到，1920年代末及1930年代初，旁遮普革命者訓練不足且武器落後。他們缺乏軍事技能來把革命熱情轉化為對英國統治的有效攻擊。印度斯坦共和聯合會作為主要的革命組織取得的成果非常有限。建立伊始，許多成員就在卡廓里[47]一次拙劣的銀行搶劫案中被逮捕。搶劫目的是為革命籌集資金，幾位組織元老在事後被執行絞刑。印共聯曾準備暗殺斯考特警司（Supdt. Scott），但認錯了目標。炸總督專列時，炸彈放在了錯誤的車廂。拉合爾叛國案確實有利於傳播革命運動，但實在不能算是勝利，因為它的最高潮也就是運動最終被摧毀之時。逃出來的幾名領袖也沒活多久。運動的智囊之一，巴伽瓦提查瀾‧沃赫拉（Bhagawaticharan Vohra）在之後製造炸彈時意外炸死了自己，而印共聯的司令昌德拉色喀爾‧阿縈得在1931年和警察的槍戰中被擊斃。隨著他的死亡，革命黨基本已算解體了。

　　還有另一件事可以體現出革命黨在各種行動中都顯得很外行。在1928年，為籌集資金，他們策劃了一起銀行搶劫。昌德拉色喀爾‧阿縈得、巴伽特‧辛、蘇客提婆、羅閣古魯、漢斯拉閣‧沃赫拉等人計畫搶劫在拉合爾的旁遮普國家銀行。他們窮得沒有自己的交通工具，就租了輛車，好在得手後逃跑。準備動手的搶劫犯們先在銀行門口等車，但計程車一直沒來。好一陣子後，一個人坐著輛雇來的通嘎——就是馬拉小車來了，通知大家說沒人能發動計程車。於是搶劫就取消了。

47　卡廓里（Kakori）：在北方邦勒克瑙以北14公里的一個村鎮。

這段經歷教育了帕帕吉：裝備落後的小規模團隊不可能有效對抗英國統治。因此，突然爆發的世界大戰給活下來的鬥士們一個難得的機會，能夠受到正規的訓練，接觸到複雜的武器和裝備。

帕帕吉曾被問到為什麼作為黑天虔信者，他會這般投身於暴力行動。他一般引用黑天的故事以及黑天在俱盧之野戰場上對阿周那的勸誡作答。下面是1995年就為何自己在年輕時選擇了暴力道路他對訪客的回答：

我奮鬥，因為我是黑天的信徒。黑天也是一位傑出的戰士，他告訴他的弟子阿周那必須為真正屬於自己的東西而戰。在《摩訶婆羅多》中，兩軍列陣準備交鋒時，阿周那向黑天表示不想參戰，因為敵軍的領袖是他的親屬和曾經的老師。然而，黑天激勵他作戰。

黑天說：「反對你的人是惡人，他們必須為所作所為付出代價。消滅他們是你的使命和責任，所以不要退縮。」那些人犯了什麼罪？他們用不公正的手段奪走了阿周那的國家。英國人占領了我的國家，難道我不應該反抗嗎？

阿周那仍無法下定決心殺死那些人，於是黑天說：「並非你在殺死他們。而是我。我已經決定了所有這些人必須為自己的所作所為而死。向我臣服吧。你只是我的工具。走出去，摧毀你的敵人。我會保佑你，戰鬥結束後，你的王國將回歸給你。」

阿周那為自己國家的利益而戰，他奮戰是為了在他的土地上重建和平。當羅摩的妻子被不公正地奪走時，他也必須出征。在這種情況下，殺戮並非錯誤。殺死無辜的人是錯，但當有人奪走你的土地和自由，挺身而出去戰鬥，將它們奪回，這就是你的責任。像奴隸般的生活，不如死去。

能生活在和平與和諧中固然美好，但世界並非如此。有時候你必須去戰鬥，才能將公正和和平帶回來。

J營官方集體照，大概拍攝於1942年9月。白圈中是帕帕吉。

　　在西方，源於猶太－基督教的宗教道德，被視為是普適的法則，也就是說每個人都必須遵循同樣的法律。印度教不採取這種態度。每個印度教族群都有其不同的法則與責任。比如說，武士的道德責任就是保衛領主的土地，在其領土內維持法令。而戰士若對抗其「正法」[48]，即其族群的道德準則，選擇禪修而非戰鬥，會被視作犯罪。但僧人若去戰鬥而非禪修也是在犯罪，因為他同樣違背了其特殊族群之「正法」。帕帕吉選擇了武士之路，並且堅持他所選擇的職業之「正法」，奮力為祖國的自由而鬥爭。

　　帕帕吉在1942年4月開始部隊訓練。現存他最年輕的照片就來自這一時期。是一張他在J營，也就是他所在的訓練部隊的集體照。所有之前的照片，以及之後到1947年所拍攝的照片都在印巴分治動亂中丟失了。當時帕帕吉家族的房屋和財產被洗劫一空，他們所有的個人文件和照片也都不見了。

48 dharma，音譯「達磨」，在印度教中通常指道德義務、行為準則，是宗教徒得以採取正確行動的一些原則。本中譯將之譯為「正法」。有些英譯本將之意譯為duty。

雖然部隊訓練非常耗人體力，但帕帕吉似乎樂在其中。他年輕時一直喜歡體力上的挑戰，在需要力量和毅力的環境下，他總能表現卓越。以下是他對部隊歲月的一些回憶：

　　1942年訓練開始了，英治印度在軍事上看來處境堪慮。日本人正在攻打東面，而德國人和義大利人正在威脅西部。義大利人並不是很大的威脅。數千名義大利士兵在非洲的一場戰役裡集體投降，俘虜就關押在德拉敦附近的營地。有一次我被派去看守，發現他們大部分是被徵召入伍的商人，完全沒受過任何軍事訓練。他們在第一時間就會舉手投降。他們一點都不想戰鬥，完全不想死，只想待在安全的地方直到戰爭結束。他們中有些人在營地裡能烤出很好吃的麵包，也樂於和看守分享。

　　軍隊更擔心的是正在從東邊威脅印度的日本人。他們已經打垮了緬甸，當時那裡還屬於印度。日軍準備大舉進攻，全面入侵印度其他地區。

　　日本人被認為是可以不用武器就能征善戰的軍人，所以部隊派來負責訓練的軍士長辛格萊（Sinclair）教我們日本式的徒手搏擊術，用拳頭攻擊敵人，打中對方身體的脆弱部分。在這些練習中，這個來自蘇格蘭的軍士長會打倒每個軍官學員，一個接著一個，好讓我們學會這些特別的技巧。這些課程很暴力、野蠻，好幾位軍校生都受了傷，我也是，有一次和他對打，我的右手拇指和小指都斷了。

　　這人不喜歡印度人。他一直顯露對我們的種族歧視，咒罵個不停。在部隊裡，似乎每句話都不離兩個四字粗口。辛格萊整天對著我們罵，不停地拿他所說的我們種族的劣等之處嘲笑我們。這讓我很憤怒，所以之後在一次他所謂的訓練課上，他問有誰想上來對打，我自願上前。這次打了個痛快，因為我用摔跤技巧讓他無法遠離我。這樣他就沒法使用他特別的攻擊術了。他試圖對我鎖喉，但我攻擊他下三路，成功擺脫。沒有人對這種加諸於我

們的暴力有所抱怨。我們都是為了戰爭而受訓，所以都明白需要變得更強大、更成熟、更冷酷。

在戰爭中搏鬥需要紀律，每個人都需要和他的戰友合作，需要無所畏懼。我們在訓練中被慢慢灌輸進這些優點。如果一個排裡有一人表現不佳或者犯錯，全排人都會被懲罰。這類規則教會我們要對自己在集體中的行為負責。在訓練中他們對我們進行實彈射擊，我們要學會戰勝自己的恐懼，向前而不是後退。這類反應和舉止是要被訓練出來的，因為不是天生就有的。

我們定期進行二十英里長跑，還經常有一些行軍訓練，必須帶著步槍和沉重的背包行走一整天。我們受訓使用303步槍，我很快就發現自己對此很有天賦。我經常在靶場打出全十環。還有一些戰術練習，訓練我們如何在戰場上進行人和裝備的轉移。

有一次我們行軍至亞穆納河的源頭亞穆諾翠（Yamunotri）。那裡海拔大約一萬英尺，非常美麗。我們奉命在那裡訓練。這讓當地的農民大為開心。他們從沒聽說過阿道夫‧希特勒（Adolf Hitler），也不知道外面正在打仗。他們就坐在石頭上，笑呵呵地看著我們這群人背著沉重裝備繞圈跑。

訓練中，一名英國軍官建議休息一下，到河裡游泳。儘管我們知道河水冰凍刺骨，但都想趁此機會休息放鬆，涼快一下。讓我大為驚訝的是英國軍官們把衣服都脫光，光著身子跳進河裡。我穿著內褲進水，因為在眾人面前裸體讓我很尷尬。在印度沒有人裸體洗澡，就算周圍沒有人也不會。

有個軍官發現我的樣子，就開始拿我取笑。

「你有病啊？」他問道：「你在短褲裡藏著什麼見不得人的東西？和其他人的不一樣嗎？」

其他英國軍官就撲到我身上，扯下我的褲子，再把我扔到河裡。

我一直羞於當眾裸露。在1970年代，我和幾個朋友來到法國一個裸體海灘。每個人都光著身體，除了我。

一個小男孩來到我面前，指著我的運動褲問他母親：「他身上這個奇怪的東西是什麼？」

其他人也都拿我開玩笑，但因為已經不是在軍隊裡了，沒有人可以強迫脫掉我的褲子再把我扔進水裡。

嚴苛而粗暴的訓練不能熄滅依然在我內心燃燒的修道之火。我記得有一次我們排外出行軍，一共大約三十人，每三個人一排。我在中間，背著一個大約十公斤重的背包，一把重重的步槍，腰帶左邊繫著防毒面具，右邊繫著水壺。我們一直走著，我發現自己處於一種強烈的狂喜中。行軍的距離、背負的重量都不記得了，我走了一整天，除了一種強烈的內在喜悅之感，覺察不到別的。那天結束後我回到營房，忽然意識到我對當天發生的一切毫無記憶。喜悅完全抹掉了所有一切。

帕帕吉自童年第一次體驗到的極喜而幸福的狀態從沒有真正離開過他，他對於黑天形象的迷戀在他成年後也從未消滅。他其餘所有活動都只發生在這背景之上。

聽起來可能奇怪，在這段軍事生活時期，我對於黑天的迷戀以及對他強烈的愛從未消滅。無論何時我想到他，極喜的波浪就會湧現，我常常發現自己處於狂喜之中，完全無法控制自己的身體。比如有一次，我正走在城中，不經意間聽見有人提到「黑天」的名號。單單是一聲名號就讓我進入一種如癡如醉的狀態，極難控制自己。虔信之波淹沒了我，我幾乎就在路中央入了定。

帕帕吉畢業時被任命為少尉。他第一份職位是軍需官，負責採購和維持補給。他的分部需要補給時，他就向軍隊後勤基地發出申請。如果那裡沒有要訂購的貨物，就會收到一份書面回覆，說「當地採購」。這就意味著他可以在當地官方任命的供應商那裡購買任何他想買的東西。由於第二次世界大戰令部隊

規模在短時間內急遽擴張，大部分非軍事物品都不能從部隊管道獲得，因此軍需官有許多機會從當地店鋪購買補給。帕帕吉利用這個機會讓他家賺取了額外的收入。帕帕吉家人在萊亞普爾擁有的商店變成了供應英軍部隊的小工廠。蘇蜜特拉記得當時製造的一些東西：

在1940年代，巴伊·撒赫伯在部隊時，他會下一些大訂單給我們。他是負責採購的軍官，所以能夠以軍隊的名義安排高額的訂單。在戰爭期間，我們的五家店都會生產大量的肥皂和鞋油，而巴伊·撒赫伯會從我們這裡採購。這些訂單給我們家帶來很好的收入。

帕帕吉當時定然是和當地部隊的某個採購員有了協議，好讓自己家作為供貨商。這是一種違規、非法的安排，如果他的上級軍官發現了他在做什麼，他很可能被送上軍事法庭。

在此期間，帕帕吉對黑天身形的虔信越來越深，成了他生活的中心。

軍隊生活意味著要保持行為規範和嚴守軍隊紀律。要是公開對一尊印度教神明的愛慕的話，會讓別人看不慣，嚴重時甚至會危及到我的職業生涯。於是我過上了雙重生活。白天，我扮演著軍官先生，沉著冷靜，不露聲色。夜裡，鎖上門後，我就變身為黑天的牧牛女[49]。我會遣開我的勤務員，告訴他不要在次日早上五點送茶來打擾我。這樣我就能整晚都和我所愛的黑天在一起。英國的軍官很奇怪，他們讓勤務員替自己做一切。有些人甚至讓勤務員幫自己穿褲子脫褲子。我一向不太使喚我的勤務員，所以當我對他說不需要在晚上和大清早過來時，沒有人對此多想什麼。

---

49 Gopi，意為牧牛女，特指愛慕黑天的一群牧牛女，其中最重要的是拉妲（Radha）。

1942年時的帕帕吉：部隊集體照局部放大。

　　我並不滿足於持誦黑天的名號，或對著一動不動的圖畫或塑像禮拜，我想要黑天本尊出現在我面前，就像我小時候他經常做的那樣，這樣我可以直接向他傾訴我對他的愛。

　　我假裝自己是黑天的伴侶拉姐。我覺得如果自己在各方面都模仿她，黑天就會出現。我穿上沙麗，戴上鐲子和女人的珠寶首飾，甚至臉上也化了妝。我那時把大部分零花錢都用在購買女人的首飾上，這樣我就能妝扮起來取悅黑天了。

　　這般穿戴後，我完全確信自己就是拉姐，因思念著神聖的愛人而憔悴。這奏效了。黑天現身了，我向他傾訴衷腸。在黑天現身後的次日早晨，我的臉上都會洋溢著神聖之愛帶來的幸福。我的一名長官誤以為我是喝醉了，就給食堂的酒吧服務員下了命令，每天給我的酒不得超過三小杯。酒吧服務員照實地告訴他，我從來不喝酒，但是他不相信。他就是想不明白怎麼會有人看起來如此喜形於色，卻不是因為酒精作用。

　　帕帕吉起初從軍是希望能找到足夠多志同道合的同胞，願意利用自己所受的訓練來對抗英國人。當他發現自己的希望並不切實際，就放棄了計畫。

很快我就發現我們的計畫不切實際。我們人數太少，根本不足以形成發動起義的核心力量。並且在嚴謹而等級分明的部隊組織結構中，進行有效的顛覆活動，更是不可能。我對於革命的熱情在現實面前敗退。

儘管在短暫的軍旅生活裡，我的報國志向枯萎死去，而我對黑天的熱情卻與日俱增，以至於我無法再想一點別的了。對於一個只想全身心沉浸於對黑天的迷戀的虔信者來說，軍隊並不是個合適的地方，於是我辭去了職務。在戰爭時期要退伍很難，但我向一位指揮官解釋了我的困境，他深表同情，在他的幫助下，我得以從軍中脫身。

我回到家就看到父親怒氣沖沖。他認為我有妻子和家人要養活，放棄這麼有前途的工作，又沒別的退路，實在不能原諒。這倒是真的——我原本可以在軍隊裡大有作為。我在軍官培訓學校的同學只要是繼續留在軍中的，1947年印度獨立之後都在軍隊裡擔任重要職位。我在部隊裡的職位本來可以給在萊亞普爾店裡工作的許多家庭成員帶來一份穩定的收入，父親對此尤為失望。

我不在乎他發火。當時我要的是神，比世界上其他任何一切都想要。我還需要找到一位真正的上師來幫助我去尋找。我知道留在部隊裡就很難找到這樣一位老師，我離開了部隊，並準備周遊印度來看看是否有誰能幫助我實現所求。

拉瑪那尊者

　　早在帕帕吉離開軍隊之前，他就開始尋找一位能讓他見到神的上師。在1930年代，他拜訪了大部分聽說過的聖者和師父，但沒有一人給他留下印象或讓他滿意的。他最早見過的師父中有一位叫做薩啟阿南達（Satchiananda），在馬哈拉施特拉邦的納西克（Nasik）。帕帕吉五歲時，他的祖父帶他去過納西克，所以也許他是從祖父那裡聽說這位師父的。他滿懷期盼去拜見，但很快幻想就破滅了。

　　我在1930年左右遇見這位師父，他大約八十五歲。我滿懷尊敬走近他，問道：「師父，我強烈地渴望見到神。您能讓我見到他嗎？我走了很長的路來見您，只是因為我想要見到神。」

　　師父對我的求助不感興趣，因為他那時有緊急的事情。

　　「我今天沒法見你，」他回答：「我有些重要的法律事務要處理。坐在我旁邊的這個人是我的律師。我牽涉進了一宗重要的土地糾紛裡。今天全部的時間我都必須用來處理這件事。」

　　我表示了理解，於是在他們兩人討論土地事務時靜靜地坐著。聽著聽著我開始明白這位師父擁有一塊廣闊的土地，他想造圍牆

把地都圈起來。但因為有一塊大約八乘八英尺[50]的區域，上面住著的一位苦行僧拒絕騰出來，圍牆也就沒法完成了。那位苦行僧是位長者，在這塊小小的地上已經生活了大約六十年。起初這個落腳點是國家的土地，不是私人土地。那位年高的苦行僧自己搭了一建小屋，在那裡度過了人生大部分時光。然而薩啟阿南達・斯瓦米最近剛剛說服政府把一大片土地，包括苦行僧的那個落腳點都劃給他。苦行僧則宣稱自己有實際產權，拒絕搬走，於是這宗糾紛鬧上了法庭。

旁聽討論後，我發現政府劃給了薩啟阿南達・斯瓦米十英畝[51]的地，但顯然對他來說這還不夠。他還要那塊別人已經用了六十年的八平方英尺的彈丸之地，並且已準備好為此上法庭。

在整個拜訪過程中，師父一直忙於他的法律糾紛。我連跟他談談自己對見神的渴望的一絲機會都沒有。我回到家，極其失望。隨著我對印度教道場和其他宗教機構熟悉起來，我發現類似的爭執比比皆是。

幾年前，我請帕帕吉列出他尋師之旅時所拜訪過的斯瓦米的列表。他寫了下列名字，還標出了遇見他們時的地點：

一、普魯碩檀阿南達・斯瓦米（Swami Purshottamanandaji），瓦西斯塔山洞（Vasishta Guha），瑞詩凱詩[52]附近。

二、克里希納南達・斯瓦米（Swami Krishnananda），德瓦普拉亞格[53]（恆河與阿勒格嫩達河交匯處）。

---

50 一英尺約折合0.3公尺，這塊落腳點大約5.7平方公尺。

51 一英畝折合4047平方公尺。

52 瑞詩凱詩（Rishikesh）：印度北部最主要的瑜伽靜修聖地，最著名的朝聖中心之一。位於喜馬拉雅山脈入口處，三面環山，恆河就從山間流過。

53 德瓦普拉亞格（Devaprayag）：位於印度北阿坎德邦，是阿拉克南答河（Alakananda River）和巴吉拉希河（Bhagirathi River）河匯合成為恆河的地方，是印度教徒的朝聖地之一。

三、 喬詩瑪特[54]的商羯羅阿闍黎。

四、 德瓦卡辟特[55]的商羯羅阿闍黎。

五、 斯瑞格里瑪特[56]的商羯羅阿闍黎，維迪雅·提爾塔·斯瓦米（Swami Vidya Tirtha）。

六、 馬哈拉施特拉邦，納西克，塔婆梵道場（Tapovan Ashram）的薩啟阿南達。

七、 馬哈拉施特拉邦，龐達爾普爾[57]的一位不知名聖者。

八、 沃林達文[58]，一位毗濕奴派聖者。

九、 瑞詩凱詩，濕婆南達·斯瓦米（Swami Sivananda）。

　　帕帕吉似乎也同樣是在1930年代早期拜訪過普魯碩檀阿南達。他從未講述過這次拜訪，除了說他知道這位斯瓦米是因為那人曾為一個叫做「永恆之法」（Sanantan Dharma）的團體組織的活動，每年都從瑞詩凱詩到帕帕吉的故鄉來一次。

　　這張列表上的大部分老師，似乎都是在他退伍的那次大朝聖之旅中見到的。他提起這次旅行時從不給出細節，只是提到他問每個老師：「你見過神嗎？如果見過，你能讓我看見神嗎？」沒一個人能做到。

　　似乎只有一次相遇給他留下了印象，就是在拜訪濕婆南達·斯瓦米的道場之時。那次拜訪大約是在1942年4月到9月之間，當時他仍然在印度軍事學院接受軍官培訓。

54 喬詩瑪特（Joshi Math）：又稱喬提辟塔（Jyotir Pitha），建立在北阿坎德邦喬提瑪特城的寺院，海拔6150英尺，是喜馬拉雅山的入口，靠近巴德里納特，又稱做北方寺。商羯羅 8世紀於印度東西南北各建一座寺院，而四大寺院歷代主持名號即為商羯羅阿闍黎，表示其從商羯羅傳承而來。其中北方中心就是此處的巴德里那羅衍寺（Badrinarayan），第一任主持為商羯羅弟子托塔卡阿闍黎（Totakacarya）。

55 德瓦卡辟特（Dwarka Peeth）：為商羯羅四大寺院西方中心。

56 斯瑞格里瑪特（Sringeri Math）：為商羯羅四大寺院南方中心。

57 龐達爾普爾（Pandharpur）：馬哈拉斯特拉邦重要朝聖城市，位於畢瑪河（Bhima）沿岸，城市呈半月形，以當地一位開悟的聖者龐達利克（Pundalik）而命名。

58 沃林達文（Vrindavan）：北方邦馬圖拉縣城鎮，為印度教聖地之一。傳說為黑天童年生活的地方，城市裡建有超過四千所供奉黑天的廟宇。

我輾轉數地，一個老師接著老師，一個道場接著另一個道場，一個中心接著一個中心，尋找能讓我見到神的人。我走遍了整片全國，從北到南，從東到西，沒有人讓我滿意。那是個非常嚴肅的請求，但無論我去哪裡，大家總以此來取笑我。

　　每到一處我都會站在師父面前問：「你是否見到過神？如果見過，你能讓我見到他嗎？」

　　那些不嘲笑我的人會讓我和他們坐在一起，並且進行某些練習。他們會說：「如果你不經過一段時間住於神的禪修，你是無法見到他的。留在這裡，加入我們，唱誦他的名號，那麼或許有一天他會出現在你面前。」

　　我不滿意這種答案，我想：「神就如同太陽，見到他不需要練習。我只需要有誰把我的腦袋指向正確的方向，或者有誰能移除我眼中的翳障，這樣他就會立刻出現在我面前。我的神是全然的愛，全然的恩典，全然的威嚴。為什麼他要對我藏起來呢？」

　　當我在德拉敦的印度軍事學院受訓時，聽說瑞詩凱詩有一個人弟子眾多。他的名字是濕婆南達·斯瓦米。緊接著的那個週日是學院的法定假期，我來到四十英里外的瑞詩凱詩，想看這位斯瓦米是否願意讓我見到神。我穿著軍服，這也許不會給正在那裡禪修的師父留下好印象。我那段時間還有種優越感，走進去見他的時候甚至不脫靴子。

　　我走向他，提出我那個問題：「你是否見到過神？如果見過，你能讓我見到他嗎？」

　　他沒有回答我，但我的問題和我的態度似乎令坐在那裡的一些人開始不悅。

　　「你怎麼能就這樣走進來，還問這樣的事情？」其中一人說道。「我們中有些人已經在這裡禪修了四十年。在我們持續的尋神歲月中，鬍子都變白了。你覺得神會對一個靴子上滿是泥巴，還要求立刻得睹聖容的人顯現嗎？」

　　「這是件非常簡單的事情，」我回答：「如果我去一家店買米，

店主就會把米給我。我付錢然後走出去。這樣事情就了結了。如果店主沒有我想要的貨品，他不會要我坐在地板上去禪修這件東西。如果他沒有，就告訴我他沒有，然後我會去別的地方。

「見到神對我來說非常重要。事實上，這是我生命中最重要的事情。我願意為此付出任何代價。如果你們的師父能讓我見到神，我會給他我的命。他可以拿走我的命，或者可以讓我服侍他直至他離世。如果他有我想要的，就應該給我。如果他沒有，就應該如實告訴我，這樣我就不必在這裡浪費時間了。那麼，你們的師父是否見到過神？如果他見過，他是否願意讓我見到神？」

這番話惹怒了他們所有人。當時那裡大約有五百人，他們把我推出大廳，再也不讓我進去了。

尋找能展現神的上師的種種努力都失敗了，帕帕吉回到了在萊亞普爾的家。很快他接待了一位訪客，這改變了他的一生。

我回去後不久，一名苦行僧出現在門口乞食。我請他進屋，供養他一些食品，然後問了他我心中最重要的問題：「你能讓我見神嗎？如果不能，你是否知道有誰可以？」

出乎意外，他給了我一個肯定的回答：「是的，我知道有個人能讓你見到神。如果你去見到他，一切就都解決了。他的名字是拉瑪那尊者。」

我之前從未聽說過這個人，於是問他住在哪裡。苦行僧說：「室利[59]·拉瑪那尊者道場，蒂魯瓦納瑪萊（Tiruvannamalai）。」我從來沒聽說過這個地方，於是繼續詢問道場在哪裡，該怎麼走。

他給了我詳細的指示：乘火車去馬德拉斯[60]，到艾格摩（Egmore）車站。那裡有小火車出發。從那裡乘車去一個叫維魯普蘭（Villupuram）的地方。在那裡換車，再乘坐去往蒂魯瓦納瑪萊的火車。

59 Sri，梵語的尊稱，音譯為「室利」，用在人名、神名之前以示尊敬。本義為光明、榮耀、吉祥。

60 馬德拉斯（Madras）：印度東南部的一座大型城市，不僅是過去英屬印度馬德拉斯省的首府，也是現今泰米爾納德邦的首府和重要行政中樞。該市在1996年改名為金奈（Chennai）。

我心情複雜地記下這些細節。聽到在印度至少還有一個人能讓我見到神，我非常高興，但我也知道自己沒錢去見他。那次失敗的朝聖旅行花光了我在軍隊工作攢下的錢，而且我也知道父親不會資助。他反對我的靈性之旅，認為我該花時間來養家，有這種想法也算人之常情。

當我告訴父親我要去南部，還要再參見一位師父，他大發雷霆。

「你的老婆孩子怎麼辦？」他質問道：「離開軍隊還不夠嗎，你現在要跑到印度另一頭，繼續沉迷放縱，繼續瘋瘋癲癲地找老師？」

顯然，從他這裡是得不到幫助的。

之後不久我去鎮上，偶遇一位老朋友。他經營著一家茶葉鋪。

「好久沒見你了。」他說：「我聽說你退伍了。」

「是的，」我回答：「我徹底不幹了。」

「那你現在做什麼呢？」他問道。

「什麼都不做，」我回答：「我正在找工作。」

「那就坐下吧。」他說：「我給你倒些牛奶喝。你現在沒工作，就不用付錢了。」

我坐下來，眼光瞄到桌子上的報紙。因為剛和他說起我正在失業，我就翻到招聘啟事那一頁。有個空缺看起來就是為我量身訂做的：「招聘退役部隊軍官。地點馬德拉斯。」英國軍方正在尋找退役軍人來管理一家英軍食堂裡的所有商店。我看了一下招聘地點，發現負責招聘的人就位於附近的城市白沙瓦。我寄去了應徵資料，附上一張穿著軍裝的照片，立刻被錄用了。不僅如此，招聘的人還給了我去馬德拉斯的旅費，告訴我可以一個月後報到。於是我有了去見尊者的錢，還可以在開始工作前和他在一起。

那是1944年，我當時31歲。

遵循苦行僧的指示，我乘坐火車來到蒂魯瓦納瑪萊。下車後，我發現尊者的道場位於小鎮的另一端，距離大約三公里。於是，

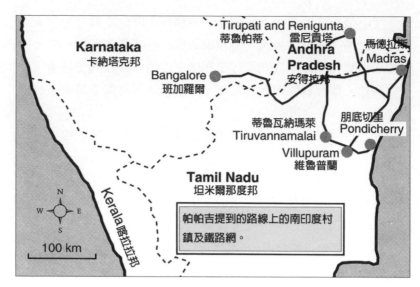

帕帕吉提到的路線上的南印度村鎮及鐵路網。

我雇了一輛牛車，帶著我的行李踏上了道路。一到達道場，我立即跳下車，將行李放在宿舍，然後趕快跑去尋找那位能讓我見到神的人。透我我透過大廳的窗戶，看到正坐在沙發上的人竟然是之前在旁遮普我家出現的那個人。這讓我非常反感。

「這人肯定是個騙子，」我心想：「他先是出現在我旁遮普的家中，告訴我要來蒂魯瓦納瑪萊，然後趕緊搭上火車，搶在我之前到達這裡。」我被他激怒了，於是決定不再踏入他所在的大廳。心中將他列入我第一次周遊印度朝聖時遇到的一大串騙子名單，我轉身離去，回宿舍拿行李。

就在我正準備搭上帶我來道場的牛車離開時，一位常住道場的男子與我搭話，問道：「你不是從北方來的嗎？你看起來像個北方人。」後來，我得知他叫佛萊姆吉（Framji），在馬德拉斯經營一家電影院。

「是的。」我回答。

「你不是剛剛才到吧？」他注意到我正準備離開，於是問道：「你

不打算至少在這裡住上幾天嗎？」

我向他講述了我來到蒂魯瓦納瑪萊的經過，最後說道：「這個人在國內四處遊走，推銷他自己。我不想見他。我來這裡是因為他說有人能向我展示神。如果他真的有這個能力，為什麼在旁遮普我家見我的時候不展示呢？為什麼讓我跑這麼遠？我對見這樣的人沒興趣。」

佛萊姆吉說：「不，不，你弄錯了。在過去的四十八年裡，他從未離開過這個小鎮。要麼是你認錯了人，要麼就是他的肉身還在這裡時，靠著他的神力，在旁遮普顯現出了另一個身影。曾有一個從美國來的女孩也講述了類似的故事。這種事情確實偶爾會發生。你確定你沒有認錯人嗎？」

「沒有，」我回答，對自己非常確信，「我認得這個人。我沒有認錯。」

「既然如此，」他回答：「請留下來吧。我會向道場管理人介紹你，他會幫你安排住宿。」

我聽從了他的建議，大概是因為我的好奇心也被激發了。這事很奇怪，我想要搞清楚究竟是怎麼回事。我想要私底下與尊者面對面，讓他解釋自己奇怪的行為。

然而，我很快發現他從不私下接待客人，於是決定等待見客大廳沒什麼人的時候再去見他。

在道場吃完午餐後，尊者和侍者回到了他的房間，沒有其他人跟隨。當時，我不知道道場有一個潛規則，在上午十一點半到下午兩點半期間，訪客不應該去見尊者。執事認為尊者需要在午餐後休息幾個小時，但因為尊者不願意拒絕人們見他，所以形成了一種折衷方案：他的大門永遠敞開，但訪客和弟子都會被勸阻不要在這段時間裡去見他。我對此一無所知，便跟隨尊者進入大廳，心想這是進行私下對話的最佳時機。

尊者的侍者，一位名叫克里希納斯瓦米（Krishnaswami）的男子試圖阻擋我。「現在不行，」他說：「兩點半後再來。」尊者聽到

了，便告訴克里希納斯瓦米讓我進去見他。

我滿懷信心地走近他。「那個來我旁遮普家中見我的人是你嗎？」我問。尊者保持沉默。

我再次追問：「你是否曾來過我家，然後告訴我來這裡？是你讓我來這裡的嗎？」尊者仍然沒有回答。

既然他不願意回答這些問題，我就講出了我此行的主要目的。

「你是否見過神？」我問道：「如果你見過，你能讓我見他嗎？我願意付出任何代價，甚至我的生命，但是你要拿走的話，必須讓我見到神。」

「不，」他回答：「我不能讓神現身，也不能讓你看見神，因為神不是可被見到的對境。神是主體，是觀者。不要去關注那些能被見到的客體對境。找到觀者是誰。」他還補充：「你就是神。」這就像是在指責我去尋找外在且有別於我的神。

他的話沒有打動我。對我來說，這和我從全國各地的斯瓦米那裡聽到的種種藉口沒什麼兩樣。他承諾過讓我見到神，而現在卻試圖告訴我非但他不能讓我見到神，而且別人也都不行。若不是他說出要我去找這個想要見到神的「我」是誰，而我聽了立即有了某種體驗的話，我早就把他和他的話拋到一邊了。

在他說完那番話後，他看著我，當他凝視我的眼睛時，我整個身體開始顫抖、搖晃。一陣神經能量的顫慄穿過我的身體。我的神經末梢似乎在跳舞，汗毛全都豎了起來。我開始在內覺察到我的靈性之心（Heart）。那不是生理的心臟，而是所有一切存在的源頭和支持。在此「心」之內，我見到並感到有什麼東西就像閉合的花苞。它非常亮，是淺藍色的。在尊者的注視下，在這種內在平靜的狀態裡，我感到這顆花苞綻放開來。我用了「花苞」一詞不是很精準。更準確的說法應該是在我之內，在心之中，有個感覺像花苞一樣的東西綻放開來。而當我說「本心」，並不是說這綻放是發生在身體的某個特定位置。這顆心，這顆我的心之心不在身體之內，也不在身體之外。我無法給出更準確的描述來說明到

底發生了什麼。我能說的只是在尊者的臨在中、在他的凝視下，心打開並綻放開來。那是次非同尋常的體驗，我之前從未有過。我並不是來尋找什麼體驗的，所以當這一切發生時我完全震驚了。

關於這次不尋常的體驗，我只聽帕帕吉說過一次，當時是為了答覆我下面這個問題：

「拉瑪那尊者偶爾說過在靈性之心中有一個非常小的孔洞。他說在本然狀態（sahaja）中，它是開著的，而在其他狀態中是閉合的。是否在薄伽梵（尊者）[61]臨在中，你的心就是這樣打開的？還有一次薄伽梵在描述證悟過程時說過『朝下的心轉為朝上，並且保持如此』，你是否有過類似的體驗？」

帕帕吉繼續說道：

儘管在尊者的臨在中我得到了極其有力的一次體驗，但他所說的「你就是神」和他建議的「找到觀者是誰」並沒對我產生強烈的吸引力。他說的話和我在他身邊所產生的體驗，都沒有驅散我想要尋找身外之神的執著。

我心想：「自己成為巧克力有什麼好的，我想要品嚐到巧克力的滋味。」我想要與神保持分離，這樣就能夠享受和他融合的喜悅了。

那天下午，當信徒們進來的時候，我帶著一名狂熱的黑天虔信者的偏見打量他們。就我所能見到的，他們只是在那裡安靜地坐著，什麼也不做。我心裡想：「看來這裡沒人在唱誦神的名號。看不到有人帶著用來念誦的念珠。他們怎麼好意思認為自己是依教奉行的信徒呢？」當時我對於宗教修行的看法相當局限。這些人可能都在禪修，但在我看來，他們只是在浪費時間。

---

61 薄伽梵（Bhagavan）：印度對神祇的尊稱，在某些教派中也用於尊稱已經全然證悟的聖者，比如人們常稱拉瑪那尊者為薄伽梵。

我又把挑剔的目光轉向尊者，升起了類似的念頭。

「這個人應該為他的追隨者樹立一個好榜樣。他卻只是靜靜地坐著，也不給予任何關於神的開示。他自己似乎並不唱誦神的名號，也不用任何方法專注繫念於神上。這些弟子們這麼懶懶散散地坐著，就是因為師父本人也就這麼坐著，什麼都不做。這個人自己對神沒有表現出任何興趣，他又怎麼能讓我看到神呢？」

這樣的想法飄蕩在我腦海中揮之不去，不久之後，我就開始對尊者和他身邊的人生起了反感。去馬德拉斯報到之前我還有些時間，但我不想在道場裡和這些懶於修行的人一起度過。我出發去了慧焰山的另外一邊，大概幾公里之外，在山丘北麓的森林裡找到一處安靜的好地方，在那裡安頓下來，獨自一人做我的黑天持誦，不受打擾。

我在那裡待了大約一周，沉浸在虔信修行中。黑天經常現身在我面前，我們一起玩了很久。最後，我感到是時候返回馬德拉斯準備就職了。離開城鎮的路上，我再次拜訪了道場，一方面是去告別，另一方面是要告訴尊者我不需要他的幫助來見到神，因為靠我自己的努力，我每天都能見他。

當我出現在尊者面前時，他問：「你去了哪裡？你住在哪裡?」

「在山的另一邊。」我回答。

「你在那裡做些什麼呢？」他問。

這打開了我的話匣子。

「我一直和我的黑天一起玩。」我洋洋得意地說道。

我對自己的成就非常驕傲，覺得自己比尊者厲害，因為我非常確信在那段時間黑天肯定沒有出現在他面前。

「哦，是這樣嗎？」他評論道，看起來有些吃驚也有些感興趣，「非常好，非常好。那現在你能看到他嗎？」

「不，先生，現在沒有。」我回答：「只有我有淨觀的時候我才見到他。」我仍然對自己很滿意，覺得我被賜予擁有這些淨觀，而尊者卻沒有。

室利‧拉瑪那尊者的一幅照片，拍攝於1940年代中期，正是帕帕吉參訪拉瑪那道場時期。儘管關於拉瑪那尊者及其弟子幾百張照片留存下來，但沒有任何一張照片當中有帕帕吉。我找不到帕帕吉攝於1942年到1948年的照片。

「所以黑天來和你玩，然後他消失了，」尊者說道：「一個出現又消失的神有什麼用？如果他是真的神，他必然一直和你在一起。」

尊者對我體驗到的境界缺乏興趣，這讓我有些洩氣，但還不至於讓我願意聽從他的建議。他告訴我要放棄對外在之神的尋找，而要去找到是誰想要見到神，找到這個源頭。我對此實在消化不了。我用了一生時間來崇信黑天，這使得我除了尋求人格化的神之外，無法接受別的求道方式。

儘管我對他的建議並不熱衷，但尊者身上還是有些東西啟發了我、吸引著我。我請他給我一句咒語，希望藉此得到他對我自己這種求道方式的認可。他拒絕了，不過在我回到馬德拉斯後，他倒是在夢中傳了我一句咒語。於是我問他是否願意幫我剃度出家做雲遊僧，因為我對馬德拉斯的新工作沒啥興致。我接受這份工作只是因為為了有機會來見尊者。他也拒絕了。於是在我帶著偏見的眼中，除了有過一次不錯的體驗和收到了一些糟糕的建議，我從尊者那裡一無所獲，我就這樣回到馬德拉斯開始了新工作。

我找到一處不錯的房子，大得足夠住下我們一家。我開始工作。我對工作本身沒有興趣，但還是盡責盡力而行，因為妻小要

我撫養。所有閒暇的時間和精力我都用來親近黑天。我在家裡佈置了一間普嘉房[62]，告訴妻子當我在裡面時，絕對不要打擾我。每天清晨我2:30起床開始修行。有時候我讀一些黑天的故事、奧義書或《薄伽梵歌》，而大部分時間是在持誦名號。我把持名和呼吸同步起來。我算出自己每天大約呼吸兩萬四千次，於是決定每次呼吸至少要重複一次神的名號。我開始有個想法，覺得沒有用在憶念神之名號上的呼吸都是浪費。我發現這是個比較容易達到的目標。

然後我又產生了一個想法：「之前有好幾年我完全沒有唱誦名號。那些年所有的呼吸全都白白浪費了。如果我把每日持誦增加到五萬聲，我就能彌補年輕時浪費掉的那些呼吸。」很快這個新目標也達到了，每時每刻我都能做到念誦和呼吸保持同步。

我待在普嘉房裡，從凌晨2:30起一直開始唱誦名號，直到早晨9:30必須要離家去辦公室。工作從早晨十點開始。我總是隨身帶著念珠。走去車站的路上或者坐在去上班的電車裡時，我都繼續持誦名號。甚至在上班時，如果沒什麼事情需要我關注，我也會偷偷地撥動自己的念珠。在我家附近的洛亞貝塔（Royapettah）有一座黑天寺廟，我經常在早上去上班和晚上下班回來的路上去那裡。工作結束回家後，我把自己鎖在普嘉房，繼續唱誦黑天名號直到入睡。我睡在普嘉房裡，這樣就有效地切斷了我和家庭之間的所有互動。我甚至不再和他們說話。

在馬德拉斯過了一段日子後，帕帕吉有了一個淨觀，強迫他去重新審視自己之前對尊者帶偏見的看法：

從我童年時期，大約六歲開始，我就一直愛著黑天。我瞭解黑天虔信者，熟悉他們的行為舉止，但我從未聽說過有只是靜靜

---

62 普嘉（puja）：供奉、敬拜儀式。普嘉房就是安置有神龕、坐墊、法器、供養品等的房間，用以修持這些儀式。參見書末詞彙表。

坐著的聖者。在旁遮普，大家以唱誦拜讚歌來表達虔信愛慕，而不是靜靜坐著。因為這種經歷，我並不欣見第一次參訪尊者時的情況。

雖然第一次參訪時我也有了一些好的體驗，我感到某種程度上被尊者所吸引，但我並不足夠愛他，對他也沒有信心。

然而有一天，這一切都改變了。在馬德拉斯，尊者自己出現在我面前，並且說：「惟有黑天虔信才是真實。惟有虔信黑天才是真實。」這個時候我已經知道他從不可能離開蒂魯瓦納瑪萊，所以我必須要承認那是某種淨觀。

我回到蒂魯瓦納瑪萊，去確認是他的顯現。我想要問他是否真的現身在我面前，並且說了那些關於黑天虔信的話。在我第一次參訪時我確實和他有分歧，而這一分歧不知怎麼在我心頭揮之不去。如果一個人總是同意你的觀點，你不會經常想到他。但是如果你和某人有爭執，那個人和那個爭執就會一直浮現在你心裡。我在馬德拉斯時就是如此。我經常想到尊者，因為我不同意他對於神的見解。

我回到拉瑪那道場，問尊者：「那個在馬德拉斯出現在我面前並且告訴我『惟有黑天虔信才是真實』的人，是不是你？」他聽見我的問題，但是沒有回答。

在我等著答案時，有一群訪客從沃林達文來。他們正在南部進行朝聖之旅。他們參拜蒂魯帕蒂[63]時聽聞在蒂魯瓦納瑪萊有一位斯瓦米值得參訪，於是就一路來此求睹聖容。領隊向尊者展示了一張黑天為拉姐吹笛的圖片。那是一張很美的圖片。尊者看著圖片，淚水緩緩從臉頰滴落下來。當你對黑天有強烈的虔信時，你就能輕易看出其他也有著同樣熱情的信徒。我能看出那是真正的虔信之淚，它是從心中湧出，而不是源自頭腦。眼看著淚水滑落他的臉龐，我也感到那些淚水滴進了我心中。這神聖之水沐浴了

63 蒂魯帕蒂 (Tirupati)：印度安得拉邦奇特拉庫特地區重要朝聖地，距金奈150公里。

我的心，使之充滿了愛。他看著照片時是那麼幸福，我看著他欣賞照片時也感到非常幸福。

我暗忖道：「這個人一直對我隱藏著他的虔信。他不喜歡將之公諸於眾，但現在我發現了他的秘密。他和我一樣是個不折不扣的虔信者。」

鳥兒若無雙翼則無法飛翔。發現這點後，我見到尊者以虔信及智慧之雙生翼而高高飛翔。從那一刻起，我的種種疑惑煙消雲散，並對他生起了無比的信心。

回到馬德拉斯後，帕帕吉繼續他的密集持誦，並且確信自己走在正確的道路上。很快他就有了一個不同尋常的淨觀：

有天淩晨大約兩點，我聽到門外有說話聲。我知道那不是我妻子，因為我告訴過她，我在普嘉房時絕對不要來打擾我。於是我想到，可能是我旁遮普的一些親戚過來看我們。從旁遮普出發的火車通常在傍晚時分到達馬德拉斯，但我覺得很可能火車誤點了幾個鐘頭，所以他們這個時間才來到我家。我好奇心起，決定開門看看來的是誰。想像一下我多驚訝吧。一打開門，我沒有見到自己的親戚，卻看到了羅摩、悉塔、拉克什曼和哈努曼[64]閃閃發光站在門外。我不明白他們在那裡做什麼。我一生大部分的時間都在呼喚黑天，從沒覺得對羅摩有什麼依戀和興趣。儘管如此，我還是懷著極大的敬畏和虔誠向他們行禮。

我匆忙跑去喊醒睡在隔壁房間的妻子。「醒醒！醒醒！」我大聲喊，用力地搖她。「羅摩、悉塔、拉克什曼來見我們了。去廚房為他們準備些吃的喝的。我會在普嘉房裡招待他們。」

她看著我，好像在看個瘋子。「你是在做夢吧，」她說：「回床上再睡一會。你明早還要去上班。」

---

64 這些都是史詩《羅摩衍那》中的人物。羅摩是男主角，為毗濕奴化身，悉塔是他的妻子，拉克什曼是他兄弟。哈努曼為神猴，幫助羅摩打敗了魔王。

「不！不！」我堅持，把她拉下床。「他們真的都在。你不相信我的話，就過來自己看看。」

我拉著她進了普嘉房，但她什麼都沒見到。我能夠非常清晰地見到他們，但我的妻子卻一位都見不到。她回房睡覺，邊走邊抱怨著我的幻覺和瘋狂。

我再次單獨和諸神在一起。悉塔舉起她的右手，作出祝福的手勢，然後開始說話：「我們來自阿育提亞[65]，來此拜訪你，因為哈努曼告訴我們在馬德拉斯有一位非常了不起的黑天虔信者。」

我看著她舉起的手，不經意間注意到她手掌上所有紋路。這副畫面永遠刻進了我的記憶，每次我回憶這個場景，都清楚地見到掌上的紋路，就像她出現在我面前的那天一樣。我所能肯定的是他們的身體並非尋常的人類色身，我能透過他們隱隱地看到他們身後的東西。他們都極其精緻美麗。過了一會，我發現毗濕奴的坐騎大鵬金翅鳥[66]站在外面的陽臺上，後面拉著一輛戰車。諸神坐上車，動身飛向遠方。我看著它穿越天際，飛得越來越遠，變得越來越小。這一切發生時沒有任何時間流逝的感覺，我覺得這似乎只持續了幾分鐘。

所以當我聽見妻子用力敲門時感到很驚訝，她說：「快點，很晚了！如果你現在不走就會遲到了。」

我看了下時間，發現已將近9:30。這一淨觀必然是持續了大約七個小時。我出門上班，而夜間訪客的神聖形象依然縈繞在腦海中。我沒有向同事談及這件事，我已習慣在那裡只維持最低限度的談話。只有當有工作要交接時我才開口，否則我只保持安靜。

由於是哈努曼帶羅摩和悉塔來到我家，我對他升起了深深的感激之情。幾天後，我決定去敕特拉庫特[67]朝聖，以具體的方式來

---

65 阿育提亞(Ayodhya)：印度古城，位於北方邦。字面意義為「不可戰勝，不可奪取」，是《羅摩衍那》中拘薩羅國的首都，羅摩是拘薩羅國的王子，出生於此城。

66 大鵬金翅鳥(Garuda)，音譯「迦樓羅」。一種類似鷲鳥、性情猛烈的神格化巨鳥，毗濕奴的座騎。

67 敕特拉庫特(Chitrakoot)：又名卡爾維城(Karwi)，位於中央邦境內，意為「奇觀之山」。在這座茂密的叢林裡，羅摩和悉塔度過了他們十四年流亡生活中的十一年。

表達我的感恩。那裡是羅摩和悉塔被放逐出阿育提亞後住過的地方。

我請假後就立刻動身出發，長途旅行後來到了敕特拉庫特。到達後我住在加爾各答達蘭薩拉[68]，靠近曼達齊尼河（Mandakini River）。我之前從未去過，所以不知道要做什麼，或者去哪裡。第一天我只是外出散步，想要在河裡沐浴一番。

我剛從河裡出來，就注意到有一個人站在岸邊，穿著一條破舊的裹裙和庫爾塔[69]。他非常禮貌地問我是否能讓他帶我在喀瑪德吉黎山繞山[70]。

我沒有回答，因為我之前就已決定在敕特拉庫特期間不開口。我發誓只唱誦羅摩之名，還決定一直禁食。我向這位多事的傢伙作了個手勢，要他走開。我以不同的手勢和示意，我表明自己想一個人待著、不想交談，繞山時也不需要他的幫助。

他對我的拒絕毫不在意，提議在繞山時讀《羅摩衍那》給我聽。這就引發了我的好奇心，因為我之前從未聽過唱誦的《羅摩衍那》。我大部分的修行閱讀都是年幼時在旁遮普完成的，而那時當地找不到能讓我順利閱讀的《羅摩衍那》譯本，所以我也從未費神去通讀此書。我在旁遮普見到的大部分書是都是烏爾都語，那是當地的官方語言。我很熟悉烏爾都語，但那時我的印地語或梵語程度還不足以好到能直接閱讀此書。

我打破了止語的誓言，因為我覺得和這位唱誦《羅摩衍那》的男子一起遍歷所有的聖地會很不錯。我告訴他，如果他願意接受幾個條件，我會很樂意聽他唱誦。我說，首先，他不能帶我去任何寺

68 達蘭薩拉（dharamsala）：指朝聖路上的庇護所，朝聖者可以在此過夜，免費或者只是收取少量費用。在主要朝聖路線上這樣的房子很常見。

69 裹裙（dhoti）和庫爾塔（kurta）：皆是印度男性傳統服飾。男性的裹裙是將一塊大約4.5公尺長的長方形布繞在腰間、裹住雙腿，用腰帶在前面打結固定，就成為裙子。庫爾塔則是褶皺的長袖及膝襯衫。

70 喀瑪德吉黎山（Kamadgiri）：山名意思為「滿足一切所願所欲」，據傳羅摩、悉塔、拉克什曼被放逐時居於此山。繞山（parikrama）之路長約五公里，幾乎終年綠蔭覆蓋，路上有許多朝聖點。

院。我還是認定他是一名導遊，意圖帶我去逛寺院，好從寺裡的僧侶手裡賺取傭金。其次，他得徹底不和我交談。他可以唱誦《羅摩衍那》，除此之外他必須保持安靜。他同意了這兩個條件。

我們開始行走。我請他走在我前面幾步，因為我無論如何都不願被打擾到。他以一種甜美的嗓音，富有旋律感地開始唱誦。我仍然認為他想從我這裡賺錢，但我對他誦讀的方式大為驚嘆。他唱的每一個字都沉入我心，縈繞不去。我加快腳步追上他，想看看他正在朗讀書的哪一部分。出乎意料的是我見到他雙頰上淚流不息。他被那些語言深深打動，處於一種狂喜狀態。

那些詞句浸入我心，而伴隨著的強烈情感也以同樣的方式感染了我。我的毛髮豎起，身體顫抖，開始流淚哽咽。

走了幾里之後，他停在一口古老的井邊，讓我喝點水。我一點都不想喝。

我向他解釋：「我繞山時從來不喝水吃東西。這不合傳統。」

「這是非常神聖的水，」我的嚮導說：「這個地方叫巴拉特庫譜（Bharat Koop）。巴拉特[71]曾在此處飲水，你必須要喝一點。」

我放棄堅持，喝了一口。不知怎的，在他身邊，我的不食不飲不語的誓言似乎沒有那麼重要了。

我赤足行走。路上遍佈荊棘，儘管我非常小心躲避，還是踩到一根大刺，扎進了我的腳底。我喊住嚮導，說我必須要停下來幾分鐘把刺挑出來。

我坐著時他從附近的井裡取了些水來。他就著一柄隨身帶著的小壺（lota）喝水。短暫休息後，他繼續那旋律優美的唱誦。與此同時，我正為腳上的刺煩惱。我沒法把刺弄出來。當我的嚮導看見我不怎麼成功時，就從地上撿起另一根刺，用手握住我的腳，輕柔地把刺挑了出來。

然後他從毛巾裡拿出兩塊巨大的糖球[72]。每塊肯定有一公斤重。一見它們，我的胃就湧起了一些反應。雖然我許諾過在旅途

71 巴拉特（Bharat）：羅摩的弟弟，來到敕特拉庫特奉迎羅摩回國即位。

中不會進食，可是想到能吃到這些糖球，我就改變了主意。

　　我吃了起來，但糖球對我來說太大了。我不認為我能吃完一半。於是我用他的毛巾把剩下的包好，還給他。我們起身繼續行走。整個繞山總共花了八個小時，我們最終回到了早晨啟程的地方。

　　旅途結束後，我發現在河邊有一間糖果店，就想給這位博學的嚮導一些東西，因為他的陪伴和深情的唱誦讓我非常快樂。我請他等上幾分鐘，我要去商店買些東西。我買了兩公斤盒裝的糖，並且在綁盒子的繩下塞了五十一盧比。我把這些放在他面前，向他禮敬並表達我對他的謝意。出乎我的意料，他拒絕接受。當時我仍然認為他給我做嚮導、陪我遊歷聖地是期盼獲得一些報酬，所以就只是認為他想要更多的錢。而我給出的金額在當時已算非常豐厚，所以我不想再加錢了。

　　「我不能給你更多錢了，」我說：「我所給的已經遠超過你對我提供的服務了。」

　　我有點失望於他不接受我提出的報酬，因為我對他的印象很好。

　　他搖搖頭：「我從不接受陪伴繞山的錢。我不是導遊。我在這裡，是要幫助所有我在這發現的優秀羅摩虔信者。我是出於對羅摩的愛才這樣做，不是為錢。」

　　我說：「好吧，至少為了你的家人收下吧。如果你不想把它當作個人的禮物，你至少可以帶回家，給你的家人。」

　　他再次拒絕，說他從不從羅摩虔信者那裡收取服務費。

　　他的拒絕讓我久久地、深深地看向他。我無法理解他到底在這樣的地方做些什麼。我第一次注意到他的眼睛並非通常的形狀。人類的眼睛是杏仁形的，而他的眼睛更圓。我之前從未見過這種形狀的眼睛。

---

72 糖球(laddhu)：印度地區常見的甜點心，由油、麵粉、核果碎片等做成丸子狀，經油炸而成，最後沾上糖漿。通常是節慶、供奉時的食物。

然後我突然產生一個念頭：「這是猴子的眼睛，不是人類的。普通人類看上去不會這樣。」

　　我沒有告訴他這些。對一位剛剛一起愉快地度過幾個小時的人說他看起來像猴子，這實在不禮貌。我繼續研究他的臉，忽然意識到這和某些熟悉的東西有關。

　　「這看起來像是在馬德拉斯來見我的那位，他帶著羅摩和悉塔來到我家。他可能就是哈努曼嗎？哈努曼會來見我，並且帶我環繞聖地？」

　　我沒有大聲說出來，這只是劃過我腦海的一個念頭。

　　我的嚮導立刻笑著大叫：「你認為我是哈努曼？」

　　他帶著孩童般的歡樂拍著手，然後化成稀薄的空氣消失了。我當場就非常確定我是和哈努曼度過了一天，也是他為我唱誦《羅摩衍那》，帶領我環繞聖地。我第一個念頭是後悔，而不是高興。我希望在我們一起行走的時候就能知道這點，而且還希望我應該保留一些他給我的糖球，而不是還給他。

　　我在那裡坐了整晚，無法入睡。我太興奮了，除了興致勃勃地回憶前一天的事情外，什麼都做不了。

　　我在敕特拉庫特又逗留了七天，但再未遇見哈努曼。馬德拉斯的辦公室批了我二十天假期，所以並不用急著回去。之後我又拜訪了當地其他著名景點：阿納蘇雅·阿特利雅道場[73]、古普特·喬達瓦黎洞穴寺[74]、哈努曼瀑布[75]以及在喜剌的悉塔廚房[76]。我在杜

73 阿納蘇雅·阿特利雅道場（Anasuya Atreya Ashram）：在曼達齊尼河上游的密林中。傳說在此處阿特利仙人及妻子阿納蘇雅和他們的三個兒子（分別是梵天、毗濕奴和濕婆的化身）在此生活修行。《羅摩衍那》中記載在敕特拉庫特十年乾旱無雨後，阿納蘇雅修苦行令曼達齊尼河之水降落。

74 古普特·喬達瓦黎洞穴寺（Gupt Godavari cave temple）：距敕特拉庫特十八公里遠的兩個洞穴之一，內有寺廟。洞穴入口處有濕婆、毗濕奴及梵天的雕塑。洞頂懸有一塊巨石，據信為魔王瑪央克（Mayank）的屍體，此魔王趁悉塔沐浴時偷取她的衣物而被拉克什曼殺死。邊上有池清水，悉塔曾在此沐浴。又有兩塊巨石形如寶座，羅摩和拉克什曼曾在驅逐期間以此作為審判之所。

75 哈努曼瀑布（Hanuman Dhara）：傳說在羅摩登基後，哈努曼要求在羅摩的王國裡有一塊定居之處，好治療尾巴上的燒傷。羅摩則向敕特拉庫特山頂射箭，令水流下成小瀑布以讓哈努曼休息。山頂建有神廟。

76 在喜剌的悉塔廚房（Sita Rasoi at Sila）：位於敕特拉庫特喀瑪德吉黎山。

爾希伽特[77]也停留了幾個小時。杜勒西達斯·斯瓦米[78]曾在這裡寫下《羅摩功行錄》[79]。據說他常常飽含深情唱誦《羅摩衍那》，羅摩也會來聽。對此有一句諺語：

Chitrakoot ke ghat par bhai santan ki bhir,
Tulsidas chandan ghise tilak deit Raghubir

意思是：「諸上善人會聚救特拉庫特的伽特，諦聽。杜勒西達斯製作著檀香膏，而羅摩則把提拉克[80]抹在慕道者的額上。」

某天我在哈努曼瀑布附近的一個瀑布裡沐浴。當我離開走下小徑時，遇見幾名朝聖者告訴我應該和他們一起去悉塔廚房，她曾在那裡做飯。我和他們一起去了，並且立刻被生長在那裡的杜爾希草[81]吸引。當我走上前想細看時，我見到悉塔顯身給植物澆水。她繞著植物行走，在做繞行禮，然後消失不見，一如她神秘顯現那般。

我回到馬德拉斯，心情愉快。對我而言，這是一次非常棒的旅行。

儘管羅摩、悉塔和哈努曼的出現令人驚喜，但也造成一種不尋常的效果：帕帕吉發現他無法再唱誦神的名號了。

77 杜爾希伽特 (Tulsi Ghat)：瓦拉納西河邊的伽特 (Ghat，通往水邊的階梯建築) 之一，之前名為羅拉克伽特 (Lolark Ghat)，後因杜勒西達斯在此寫作《羅摩功行錄》而改名。
78 杜勒西達斯 (Tulsidas, 1532-1623)：古印度詩人，生於婆羅門家族，失祜後乞討為生，15歲時隨師學習梵文與教典。成家生子後出家為僧，著有《羅摩功行錄》等。
79 《羅摩功行錄》(Ramcharitmanas)：杜勒西達斯以梵語史詩《羅摩衍那》和一位無名氏作者的《神靈羅摩衍那》為藍本加工以工整格律詩寫成，結構與中心故事大體相同，篇幅大致相當史詩的一半，共七篇。是印地語文學史上影響最大的作品之一。
80 提拉克 (tilak)：印度教徒以粉或膏抹在前額或身體其他部位上的標記，其形狀、顏色以種姓、教派有所不同。例如毗濕奴派的提拉克就是以檀木粉從髮際起至眉心的豎條，中間再畫一U形。而濕婆派則以聖灰於前額化三道橫線，中間再以檀木粉點一明點。
81 杜爾希草 (Tulsi plant)：又名聖羅勒，印度教中的聖草。印度教徒視之為毗濕奴的配偶吉祥天女在大地的展現，是一種草藥。供奉此草是在對毗濕奴的禮敬儀式中的一環。

當我試著繼續唱誦，卻發現無法再重複黑天的名號。不知怎麼，我的心拒絕合作。我也讀不進任何修行的書。儘管我的心自由而平靜，但卻拒絕專注在任何我設立的修行對境上。這實在讓人迷惑不解。整整二十五年，無須任何努力，神的名號一直在我心中流淌，現在我卻連說一次都做不到。

我立刻去見馬德拉斯的羅摩克里希那傳道會[82]的領袖，卡伊拉薩南達·斯瓦米（Swami Kailasananda），並且告訴他我修行中遇到的問題。我解釋說我數年來一直在唱誦神的名號，也閱讀了許多修行方面的書籍，但現在無論我如何努力，我的心都沒辦法集中在任何與神相關的事物上。

卡伊拉薩南達·斯瓦米回答我說，基督教神秘派稱這種情形為「靈魂的黑夜」。他說這是修行的一個階段，修行者發現經過數年用功之後，修行突然變得非常困難或者毫無回報。他請我不要放棄嘗試，讓我來參加傳道會舉行的定期薩特桑，因為他覺得在那樣的氣氛裡，我也許會覺得更容易繼續繫念於神。我對他的建議並不十分滿意。我再沒回去過，也沒有參加過集會。我見了馬德拉斯其他幾位著名的師父，但是他們多多少少說的都是同樣的東西：「不要放棄嘗試，來參加我們的薩特桑，我們保證問題會很快消失。」

我從沒參加過這些集會，部分原因是我不認可這些建議，另一部分是因為我不認為這些人有資格給我建議。儘管我知道他們都是很好的修行人，我還是覺得他們並不曾有過對神的直接體驗，而在我看來，有過這樣的體驗會讓他們更有資格來判斷我的情況。

帕帕吉也曾找過麥拉坡[83]的毗瑪拉南達·斯瓦米（Swami

---

82 羅摩克里希那傳道會（Ramakrishna Mission）：由十九世紀室利·羅摩克里希那（Sri Ramakrishna）及其大弟子辨喜（Vivekananda）在印度創立。致力於不分宗派的普世靈性運動，普及吠檀多教授以及各種形式人道主義和社會服務活動，促使人類靈性復興。

83 麥拉坡（Mylapore）：印度泰米爾南都城市，位於馬德拉斯（今金奈）南部，又名提魯瑪依籟（Thirumayilai）。

Vimalananda）和當時馬德拉斯的喬棣雅寺[84]的住持尼提阿南達‧斯瓦米，向他們諮詢。兩次會面都不能讓他滿意。

　　我再次想到蒂魯瓦納瑪萊的尊者。

　　「這個人，」我想，「以某種形象一路來到旁遮普，出現在我家門前，指引我去蒂魯瓦納瑪萊見他。我去了那裡，而且坐在他身邊時得到一次極好的體驗。這個人肯定有資格給我指引。他還在馬德拉斯向我顯現。我們之間必然有很強的連結，他才如此兩次出現。我應該去見他，聽聽他怎麼說。」

　　之後的那個週六下午我安排了半天的假日，而週日自然是每週固定的假日。我週六乘火車，又一次來到了尊者所在的大廳。如同上一次拜訪，我覺得要處理的是私事，所以還是要找一個沒有旁人在場的機會和他交談。像上次會面一樣，我故技重演，繼續在午飯後去見他。我知道那個時候大廳裡幾乎沒有人。如同上次那樣，侍者試圖勸說我稍後再來，而再一次，尊者告訴侍者允許我進來和他說話。

　　我坐在尊者面前，開始訴說我的故事。

　　「過去的二十五年來，我一直在重複持誦黑天的名號。直到最近我還計畫每天持誦五萬聲名號。我還經常閱覽諸多修行讀物。然後羅摩、悉塔、拉克什曼和哈努曼出現在我面前。他們離開後，我就無法修行了。我無法再持誦名號。我無法讀書。無法禪修。我感覺到內在很安靜，但不再有任何渴望專注於神。無論怎樣嘗試，我都做不到。我的心拒絕繫念於神。我到底怎麼了？我應該怎麼做？」

　　尊者看著我，問道：「你是怎樣從馬德拉斯來到這裡的？」

　　我不明白他這個問題的意義，但還是禮貌地回答：「乘火車。」

　　「當你到達蒂魯瓦納瑪萊車站時發生了什麼？」他問。

84　喬棣雅寺（Gaudiya Math）：math是寺院的意思，這是喬棣雅毗濕奴派的主要寺院之一。

「這個，我下了火車，交了車票，然後雇一輛牛車帶我來到道場。」

「當你到達道場，支付了車夫工錢，然後牛車怎樣了？」

「它離開了，應該是返回鎮上了。」我說道，仍然不明白這一系列問題意指何處。

然後尊者開始解釋他的用意所在：

「火車帶你來到了目的地。你下車是因為你不再需要它了。它帶你來到你想要到達的地方。牛車也是如此。它帶你來到拉瑪那道場時，你就下了車。你不再需要火車或牛車了。它們都是帶你到此的工具。現在你就在這裡，它們對你就沒有用處了。

「你的唱誦亦是如此。你的持誦、你的閱讀和你的禪修帶你來到靈修的目的地。你不再需要它們了。並非你自己放棄了修行，是修行離開了你。因為它們已完成了使命。你已經到了。」

接著他專注地看著我。我能感覺到我整個身體和心靈正在被純淨之流洗刷，被他平靜的凝視所淨化。我能感覺到他專注的目光看進我的心。在那種無法言喻的凝視下，我感覺身體每一顆微粒都被淨化了。就好像有一具新的身體正在被創造出來。轉變的過程還在繼續——舊的身體正在一個微粒接著一個微粒地死去，而新的身體正在被創造出來。忽然，我明白了。我知道，這個和我說話的人，實際上就是我本來的樣子，就是我一直以來的樣子。在我認出真我的剎那，我感受到了猛烈的衝擊。我有意使用「認出」一詞，因為當這體驗向我揭露的一剎那，我就知道，絕對沒錯，這就是那個六歲男孩在拉合爾拒絕芒果飲料時所沉入的那種平靜而喜悅的狀態。尊者沉靜的凝視讓我重回原初的狀態。尋求身外之神的那種渴望，消亡於尊者向我所揭示的對真我的直接了知與體驗中。我無法準確描述當時或現在這體驗是什麼，書上說得很對，這是語言不到之處。我只能說一些周邊的東西。我能說每一個細胞、每一顆粒子都猛然警醒，因為它們全都認出並體驗到了那個驅動並支撐它們的真我。但對於體驗本身我無法形容。我知

道我的求道之路已徹底走到盡頭，但那「知道」的源頭永遠都不可描述。

我起身，感激地向尊者禮拜。我終於明白他之前和這次的教法了。他曾告訴我不要執著於任何人格化的神，因為所有的形象都可被消解。他看到我主要的障礙就是關注於神之莊嚴形象及我對神之愛。他曾建議我忽略那些倏忽即逝的神之顯現，而是要去參問誰想要見到這些顯現，參問其本質和源頭。他曾試圖開示我何為真實而永恆，但我自大而愚蠢，沒有留心他的建議。

事後看來，我現在能明白「我是誰」是一個我幾年前就該問自己的問題。我六歲時就對真我有了直接體驗，但沒有珍惜或珍視。母親讓我相信這是體驗到了黑天，並且以某種方式給我洗腦，讓我相信應當尋求外在之神，她說外在之神能賜予我極其渴求的那個體驗。在我一生的修行求道中，我曾遇見數百位苦行僧、師父和上師，但沒有一位能如尊者一般告訴我這個簡單的真理。

沒有一位曾告訴我說：「神就在你之內。他並不有別於你。你就是神。若你問自己『我是誰』來尋找心念的源頭，你會體驗到他就在你心中，就是真我。」

如果我早幾年遇見尊者，聆聽他的教誨並且付諸於實修，我也許可以免於在這些年裡做無用的外在尋覓。

對尊者的偉大，我必須還要再說一點。在我見到羅摩、悉塔和哈努曼後的那幾天裡，我踏遍了馬德拉斯，尋求建議如何才能再開始唱誦修行。我見到的斯瓦米們都嚴肅認真地重複著陳詞濫調，因為他們不能像尊者那樣看進我的本心和頭腦。幾天後，當我坐在尊者面前，他沒有告訴我要繼續努力，因為他能看出我已經達到了無法再繼續唱誦的狀態。「你已經到了。」他說。他知道我處在什麼狀態，就算我自己也不知珍惜。他把他神聖的目光投向我，僅就那加持的一瞥，他向我展示並且讓我明白了我本來的面目。

真正的上師能看進你的頭腦和本心，看見你在何種狀態，然

後給出的建議永遠都貼切適用。還沒有安立於真我的人，給出的建議只是基於他們自己有限的體驗或聽聞到的東西。這樣的建議通常很愚蠢。真正的老師永遠不會用壞的建議誤導你，因為他永遠知道你需要什麼，永遠知道你的狀態是什麼。

尊者教導我不應再追逐神祇們的色身形象，比如黑天，因為這些都是倏忽即逝的。他向我指出了我是誰，我也聽從了他的教導。儘管如此，神的身形仍然繼續出現在我面前。即使是現在，在我的修行探求已經結束了數十年後，黑天仍然時常對我顯現。無論他何時出現，我依然感到對他有著深切的愛，但是他不再有力量能讓我尋找任何在真我之外的東西了。

容我解釋一下。當我還是個小男孩時，我認為黑天的身體是真實的，因為我碰得到。現在我知道這並不是安立「真實」的標準。真實應該是永遠存在並且永遠不變的，唯有無形的真我才符合這個定義。現在我能說，當我還是男孩時，在我臥室出現的黑天形象只是短暫的、不真實的幻影，是從覺性這唯一的真實中展現出來的。我一生中遇見的所有黑天顯現都可歸為此類。如今我安住於真我，就算諸神現在就出現在我面前，我也不會再被莊嚴的形象欺哄，因為我知道無論這些顯現是多麼有力、多麼美麗，都是幻覺。力量和美麗都在我之內，是我的真我，我不再需要去別處尋找這些了。

我記下的這一系列事件主要是基於已經出版的《躍入永恆》中的紀錄的擴充。在那本書出版前，我交給帕帕吉過目，收到的回覆是：「我通讀了你寄來的故事的稿子……我沒有發現須改動的地方。謝謝。」

儘管我收到了他對文稿的認可，後來也是這樣出版的，但我必須承認我從未完全確定我真的恰當描述了他數次參訪拉瑪那尊者的情景。我聽聞到數個有關他的經歷的版本，其中有幾個是互相矛盾的。我交給他的手稿，我自認為僅僅是一份初稿。

只是把材料按照我覺得最說得通的順序整合起來，交給他提意見。然而他卻非常欣賞，完全沒有改變字句就允許出版了。我就一直沒再去處理那些有矛盾的記錄，直到我開始編寫這本書。

對我來說，主要的問題是：「帕帕吉究竟是什麼時候真的開悟的？」在許多場合他談到他的生平以及他如何親近拉瑪那尊者，他曾說他在初次參訪尊者時就經歷了終極體驗，也就是當尊者告訴他「會顯現消失的，都不是真實的」之後就發生了。事實上，這是當我在1993年勒克瑙植物園訪問他時他給出的版本。這一說法同樣在《躍入永恆》一書中出版了，這是當他被要求描述開悟時刻最常給出的版本。採訪時，為了回答我對他的提問：「您能描述一下在您最終得到它時發生了什麼嗎？它是怎樣發生的？」他講述了初次參訪時的故事。

但初次相遇就是故事的高潮，這是我無法理解的，因為他曾在許多場合說過他後來離開尊者回到馬德拉斯，是因為當時他對於尊者這個人和他的教法都不滿意。而且在他回到馬德拉斯後，開始密集的黑天持誦修持，如果是發生在徹底的覺悟體驗之後，這一系列行為就完全說不通了。然而，在1995年初的一次訪談中，他似乎並不認為這是什麼問題：

問：在您經歷過和尊者的第一次重要體驗後，是什麼讓您繼續在禪修中定於祜主黑天的？

答：禪修一直都是有益的，即使在覺悟之後。不然還能做什麼？禪修意味著你不再對非恆常的東西有所執著了。

問：但最終您無法再繼續那種禪修了。在羅摩和悉塔拜訪過您之後，您無法再定於黑天了。

答：如果說我不再定於黑天，那只是因為我現在感到我就是他。

因為這個理由，我不需要做他的信徒，他也不是我的祜主。我們是同一個。

當帕帕吉談起他遇見印度教諸神的情景時，他的語調虔誠而恭敬。當他談到遇見羅摩、黑天和濕婆時，這一態度尤為明顯。他有過的這些境界顯然給了他強烈的平靜而妙樂的體驗。而另一面，他偶爾也會說起儘管眾神具有無比的力量和生命，卻並非證悟者。這種態度很有趣，因為這是對他那些神聖淨相的不同看法。他說，眾神在他面前顯現並不是要讓他得睹聖容而加持他。反而，是他們想要見他，因為他們知道帕帕吉的境界更高。

在之前記錄的那則問答的訪談裡，帕帕吉對此話題有些延伸。

問：為什麼當您密集唱誦黑天名號時，諸神會來拜訪您？我是指當您在馬德拉斯時，羅摩、悉塔、拉克什曼現前那次。

答：覺悟者比諸神更高。為什麼？因為諸神還有未滿足的欲望。看看印度教諸神的故事吧。他們還迷戀著美麗的女子。黑天迷戀拉姐，羅摩迷戀悉塔，濕婆迷戀雪山神女，諸如此類。這些神祇並沒有證悟，因為他們還沒有放棄自己的執著。為了消除執著，他們來見證悟者。

我經常會說一個故事，一位證悟的智者在樹下入睡。當他醒來時發現他被來自天界的諸神圍繞。他問為什麼他們要來見他，眾神之一說道：

「我們來參加你的薩特桑。在所有的天國裡找不到這樣的薩特桑。那裡沒有覺悟者。」

「但我睡著了，」智者說：「我只是做我自己的事，在樹下睡覺而已。」

「我們知道，」諸神說：「但即使在你沉睡時，在你身邊我們還是體驗到了平靜，而那種平靜是在天界怎樣也無法找到的。」

就是這樣。縱然諸神有強大的力量，漫長的壽命，但他們找不到覺悟的永恆平靜。天界之中沒有覺悟。為了得到它，諸神必須要重回地球，在此轉世。

有許多不同的星球或世界，每一處都有不同類型的生命。在所謂更高的世界裡有像神的生命，在較低的世界裡有惡魔般、動物般的生物。我曾去過這些世界，親眼見過那裡是怎麼回事。高層的世界很美麗。住在那裡的生靈色身呈半透明，很漂亮。而低層世界裡看起來充斥著奇形怪狀的生物。我見過一些醜陋而殘缺的身體：獨眼、獨鼻，還有形狀古怪的長鼻。一些是同類相食的生物，似乎依靠互相吞噬而生存。那是個可怕的地方，所以我沒有停留很久。

死後我們可以在其中任意一個世界轉世，但解脫只有在這個世界才可能。眾神在天國能夠享樂成千上萬年，但最終他們還是要再度轉世。

你的問題是「為什麼這些神祇出現在我面前」？答案是：「他們想要最終的解脫，並且他們知道在天界無法得到解脫。」

有人可能覺得很容易解決帕帕吉何時覺悟的問題，只要直接問他就好。但不幸的是，他通常拒絕承認那是一件在某個特定時間發生的事情。

「覺悟，」他說：「並非到了某個時候或在某個特定時間發生的事情。而是明白時間不是真的，是一種徹底超越時間的明白。覺悟和束縛都只是概念，只有當時間還存在時才有。時間消失時，這些概念也一同消失。」

還有一種可以確定他何時開悟的方法，就是去問某些事件

是發生在他開悟之前或之後。比如像那位採訪者試圖明白帕帕吉數次參訪尊者時到底發生了什麼時所提的問題。但這些問題也常被他認為是毫不相干的，他往往置之不理。

問：這是在您覺悟之前還是之後發生的？

答：沒有之前或之後，因為那不是取決於時間的事。我甚至不能說「我開悟了」。我從沒這麼說過，因為那也只不過是另一個會被執取的概念。一個人說「我開悟了」，表示他承認存在另一種稱作「束縛」或「無明」的狀態，並且承認我們可以從一個狀態來到另一個狀態。那還是一種概念。我不再接受任何這樣的概念了。

　　我自己從未試圖強迫帕帕吉給出一個確定的說法，因為這個問題不是靠確定他在起初幾次參訪尊者時到底發生了什麼就能解決的。而無論看起來是多麼不同尋常，真相應該是當帕帕吉大約六歲時，當他在拉合爾忽視那杯芒果飲料時，就已經「覺醒」明白他的真實本質了。他說，從那刻起，這個體驗一直都在。他從沒失去過，並不是在尊者的臨在中重新獲得它。尊者只是讓他知道他已經擁有的那個是多麼寶貴，並且讓他明白這遠比看見轉瞬即逝的神祇們要來得寶貴且持久。在1995年6月，一次勒克瑙的薩特桑上，我就這個全然不同的生平版本向他提問。首先，我問起了他在1994年寫給我的書面回覆。縮排的段落是我1994年的提問和帕帕吉在同年的回覆。其他齊頭的段落來自1995年6月對他1994年所寫內容的討論。

大衛：這是您對我去年十二月提問的回覆。對此，我想再提一些問題。

　　問：您一直都說對真我不可能有暫時的體驗。您說如果一

種體驗有來有去，就不是真我之體驗，因為真我從無來去。如果一種體驗有來去，則必然是頭腦的體驗。

然而，當您談起你還是小男孩時在拉合爾的體驗，您經常說那是直接體驗真我，之後這又離開了您。您花了二十五年時間試圖重新找回來。當您在尊者座下得到究竟體驗時，您說您當時立刻認了出來，那和您在六歲時有過的是同一個狀態。您經歷過的這些事，難道不是表示我們可以有暫時的對真我的體驗嗎？

帕帕吉在把他自己的回答讀出來之前，先對這個問題中幾個假設作了質詢。

帕帕吉： 在提問中你說「您還是小男孩時在拉合爾的體驗……」是「直接體驗真我，之後這又離開了您」。我完全沒有這樣想過這件事。首先，我不知道那到底是不是體驗，無所謂是直接的或間接的。我能知道的是，我完全不能說那是體驗。

我那時對真我一無所知。我不知道是否有真我，並且我很肯定地對於體驗真我一無所知。我從未聽過諸如解脫、了悟、解放、自由等詞，而且就算我聽過這些詞，對我來說也沒有意義。

然後你說：「您花了二十五年時間試圖重新找回來。當您在尊者座下得到究竟體驗時，您說您當時立刻認了出來，那和您在六歲時有過的是同一個狀態。」

當我去見尊者時，我見到來自全世界的許多人，不僅僅是來自印度的。他們和他坐在一起，和他交談，享受著他的陪伴。我們為什麼都在那裡？因為我們都在這位長者身上認出了什麼特別的東西，在別人身上都找不到的東西。一開始我自己並沒有認出來，但很快他向我展示了他是誰，並且推著我去認出並且瞭解他的偉大。

在他身上有什麼東西吸引著我。我很快就發覺這個「什麼東

西」就像是我在六歲時的體驗。但當時我才六歲，無法欣賞它的價值。我那時不知道這種體驗、這種自由是極其罕有的，世界上只有非常少的人才有的。它不請自來，而我沒有瞭解它真正的價值。

如果你讓一個小孩在一百美元紙幣和棒棒糖之間作選擇，他會選擇棒棒糖而不是錢，因為他不明白錢的價值。他不知道用那張紙可以買到一千根棒棒糖。

我六歲時也沒有能力估量那次體驗的價值。只有後來遇到了尊者時，才讓我有了正確認識。當我坐在他面前，我終於明白早年這種不經任何努力而發生的體驗是多麼珍貴的寶藏，而我之前從未明白它的價值。

現在我來讀一下幾個月前我給你的答案，看看是不是一樣：

> **回覆：** 在六歲經歷這個體驗時，我並沒有認為它有什麼特別的價值。我認為每個人生來都有這種平靜、幸福且天真的本然狀態。作為孩子的我很快樂，並且相信所有的孩子都有和我一樣的幸福。我年輕時見過幾位旁遮普和其他地方的聖者。直到那個時候，我才發現我曾在的那種狀態和其他人的有很大不同。其他人都是引用書裡的話而說，但他們自己沒有體驗。

你去任何道場就會是這樣的。一些看起來很權威的師父會讀念經文，但他念出來的話不會是他自己的體驗。不管你去哪裡——瑞詩凱詩、哈德瓦、塔婆梵[85]，你都會發現師父們讀著書裡面的東西，還進行開示，但他們對此沒有過直接的體驗。

你能在印度各地每一所道場裡都找到這樣的人。他們能做非

---

85 塔婆梵(Tapovan)：意為「靈修之林」。在印度傳統中，任何修行者曾經閉關苦修過的地方就可稱為塔婆梵，就算沒有樹林。比如瑞詩凱詩附近的聖者們曾住過的山洞和隱居所。

常美妙的開示，但他們所說的話是從他們讀的書裡，而不是自己的體驗中來的。

當我去拉瑪那道場參見我的上師時，我發現這個人和之前見過的其他聖人很不一樣。我見到他時，我發現了我在六歲那年有過的體驗，而尊者就在同樣的體驗中。但我當時只有六歲，我沒有珍惜或意識到那有多罕見。我六歲時，它只是就這樣發生了。遇見尊者後，我懂得了它的價值。我明白這是非常罕見的體驗，有這樣體驗的人鳳毛麟角。

你說到我用了二十五年時間把它找回來。更準確的應該是說我只是無法描述我當時體驗了什麼。因為它無法被描述。無論什麼要被描述，那必須是一種可見、可聞、可觸的對境。我所體驗的平靜與喜悅無法被描述，或者說不是任何頭腦的活動。能在事後描述的必須是過去發生的某種對境，而不是當下的。

我六歲時有的體驗是恆常的。它就在當下，而我一直活在其中。

只有是關於對境的種種體驗才可被描述。頭腦的體驗可以被描述，因為這類體驗是一種對境，會被另一個主體所體驗。一切頭腦的體驗都是這樣。但那個超越頭腦，所以要怎樣描述？沒有體驗者時，你怎樣來描述？

這個體驗從未被描述過，從未被談論過，從未被揭露過，從未在經典中被描述過。你在經典中讀到的都不是這個真理，不是這種體驗。奧義書和吠陀中充滿了神奇的故事和哲理，但廣博仙人[86]在最後也必須承認他從未描述過真理本身。對於這個最終真

帕帕吉傳・一切從未發生

---

86 廣博仙人(Vyasa)：音譯作毗耶娑，又名島生黑仙人，傳說為往世書及史詩《摩訶婆羅多》的作者。其孫輩即《摩訶婆羅多》中戰爭雙方持國族和般度族的主要人物。

理、究竟體驗，他所能說的就只是「非此—非此」。

如果你見到母親親吻她的孩子而樂在其中，如果你之前從未曾親吻過任何人，你要怎樣才能體驗那種親吻的感覺以及隨之而來的快樂？如果你問這位母親，親吻自己的孩子是什麼感覺，她會怎麼回答呢？我想她能給你唯一誠實的回答就是「先有孩子吧，然後你自己就能知道這是什麼感覺了」。這就是我所說的「直接體驗」。

這種超越了一切頭腦概念的體驗是怎樣的呢？它有一種特質。如果你靠近一位直接體驗真理的人，你會感覺「在此人身邊，有什麼東西讓我平靜。我無法描述它是什麼，但它就在那裡」。

這種力量、能量，這種體驗會吸引你，並且讓你越來越想體驗。尊者擁有這種力量，但即使是他也無法加以描述。他只是靜靜地坐著。甚至對於大多數的提問，他也不做回答。很長一段時間，他忽略每個人、每件事，只是安靜地坐著，睜著眼睛，卻沒在看任何東西。但坐在那裡的人們都知道，坐在他身邊就能找到那種平靜。這就是為什麼人們會從世界各地匯聚而來，圍繞在他身邊。

大衛：您似乎一直提到這種在六歲時有過的平靜體驗從未離開過您。如果是這樣，為什麼您還會不滿足呢？為什麼在此之後，您依然會去尋覓外在之神？為什麼您走遍印度尋找能讓您見到神的上師呢？

帕帕吉：因為我的無知。在童年時，別人就告訴我可以自己親眼見到神。我沒有理由不相信這種說法，因為黑天經常出現在我面前，和我一起玩。

我母親給我的說法讓我確信這些境界在修行生活中都是很正常的。

她會說：「納拉辛哈[87]見到黑天還和他說話。杜勒西達斯直接和羅摩交談，而羅摩也向他顯現；蜜拉柏[88]和黑天說話，和他跳舞，和他唱歌，和他遊戲。」

我對這類故事毫不懷疑，因為我自己就有黑天顯現並和我遊戲的經歷。和神一起遊戲，對他們的愛與日俱增，都是非常有誘惑力的。我體驗得越多，就越渴望他們出現並和我一起玩。我對面見黑天現身（darshan）上了癮，以至於我的整個生活都是圍繞著要找到什麼方法讓他在我面前出現。

這種希望神隨時出現在我面前的渴望從未完全滿足過，於是我開始尋找一位老師或一位法師，他本人必須見過黑天，並且能讓我見到黑天。我想要從這樣一位老師那裡學習如何令黑天在我想見到他的時候就能出現。我走遍了全印度尋找這樣一個人，但沒有人能滿足我。

想要見神的渴望促使我走南闖北。每一處我都提同樣的問題：「你能讓我見到神嗎？」人們要麼朝我發火，要麼就加以譏笑。

但當我去見尊者時，我得到了一個全然不同的回答。當我問他：「你是否見過神？你能讓我見到他嗎？」他只是保持安靜。他拒絕回答我。我對這種平靜很不滿。如果我提出這樣的問題，答案要麼為是，要麼為非。他完全無視這個對我來說是世界上最重要的問題，我既生氣又反感。

我去到慧焰山另一側，在那裡住了幾天，因為我不想再和尊者及其弟子待在一起了。最後我回去時經過道場，告訴尊者我要離開城鎮到馬德拉斯開始新的工作。他的侍者試圖阻止我進去，因為那並不是適合的時間，但尊者揮手讓他離開，同意我進入他的房間。

---

87 納拉辛哈（Narasimha）：字面直譯即人獅，為毗濕奴的化身之一，即半人半獅。

88 蜜拉柏（Mira Bai，又記作Meera）：生於1498年，印度黑天虔信派的女詩人，是毗濕奴虔信運動中最有影響力的聖者之一，共留下一千三百餘首拜讚歌，流傳於全印度。她瘋狂熱愛黑天，在狂喜中從「一城跳舞至另一城，舞遍了北印度」。傳聞她融入黑天的畫像中而消失。

我再一次對他提出這個問題：「你是否見過神？你能讓我見到他嗎？」

這一次他給了我回答。

「任何你能見到的都不可能是神。無論你見到什麼，都必然只是你感官的對境。神不是感官對境。神是獨一的，通過他一切才得以可見、可嘗、可觸等等，但他自己無法被見到，因為他就是觀者，而不是所觀的對境。」

這對我來說是非常新鮮的。我不只是思考，而是立刻就體驗到他所說的了。我明白「我是觀者，而不是我所感知的種種對境」。

這種體驗和我在拉合爾孩童時有過的是同一個。在拉合爾那次也不是通過禪修才出現的。那只是在傍晚時分，我們都坐著，喝著涼爽的飲料。我因這種內在幸福的顯露而完全癱瘓了，兩天之內都無法動彈。

當我最後能又正常活動時，我無法描述發生了什麼。我的家人想要知道我所體驗的，但我無法告訴他們，因為沒有任何人能描述。我想要知道到底發生了什麼。我想要知道「這種體驗是什麼」。但是我身邊似乎沒有人對此有任何瞭解。因此，當我年齡足夠大時就開始四處奔波，想找到有誰能知道它的含義，有誰也曾有過這樣的體驗，有誰能夠把它展示給我來作證明。當我遇見尊者時，我一生中第一次感覺到「這個人見到的和我見到的是同一個。他無法描述，我也不能」。遇見尊者時我滿意了，因為我知道終於找到有人對這種無法解釋的體驗有直接的了知。

大衛：您經常說如果弟子有了某種體驗，他必須告訴上師，讓上師來評估。您遇見尊者時，是否就是這樣呢？

帕帕吉：是的，類似於此。我自己無法去評估，因為我還不夠資格。我之前說孩子會選擇巧克力而不是一百美元，因為他們不知道紙幣的真正價值。我就像是孩子。我體驗過境界和狂喜。神在我面

前跳舞，和我一起遊戲。這些都是我的巧克力。而正是尊者向我直接開示了我自始至終一直帶在身上的一百美元要比所有棒棒糖加在一起都更有價值。他為我做出了評估，但不是以一種我或者他能夠描述的方法而做的。

大衛：在您一生中，您一直有種能力，能夠體驗到詞語所指的真實含義，而不只是想想而已。在孩童時期，您想到黑天時，黑天就顯現了。您閱讀約翰·伍德羅夫關於拙火的那本《靈蛇之力》[89]時，您就有了拙火體驗。您遇見尊者，並且他告訴您要找出誰是觀者時，您立刻就體驗了觀者。您具有這種特殊的體驗詞語的天賦，您只需要有人來告訴你看著「我」，這樣就能立刻體驗到其真實本質了。這樣描述是否合適？

帕帕吉：這個，當然，真的是這樣的。無論何時我聽到一個詞，就能立刻明白這個詞的含義。我能體驗到這個詞，而不僅僅只是思維著它。剛才我正在說巧克力。當你聽到「巧克力」時，那只是個詞，是穿過空氣的噪音。但如果你之前吃過巧克力，就會在你嘴裡引發一種味道，一種滋味。如果我說「酸檸檬」，你嘴裡或喉嚨裡也許會有一種苦澀、刺激的感覺。但是當我說出類似神、黑天、耶穌、安拉或耶和華這樣的詞，在你身上什麼都不會發生，因為你之前從未真正體驗過他們。這些詞只是某種無法被語言描述的東西的符號，並且如果你從未體驗過我所指的，詞語本身不會帶來那真實無偽的東西的觸動和滋味。

　　第一次讀到《靈蛇之力》時，我還在礦場工作〔1950年代〕。我們汽車行的負責人的叔叔有一本，但是他讀不懂，就帶來給我看，讓我解釋一些他不明白的地方。

89 約翰·喬治·伍德羅夫(John George Woodroffe, 1865–1936)，筆名亞瑟·阿瓦隆(Arthur Avalon)：英國人，印度哲學家及瑜伽修行者。翻譯了大量印度教哲學及修行書籍，所著《靈蛇之力：怛特羅及莎克蒂瑜伽的秘密》(*The Serpent Power： The Secrets of Tantric and Shaktic Yoga*)，為西方世界最初了解拙火修行的一本重要著作。

114
帕帕吉傳·一切從未發生

我對他說：「我沒有讀過這本書，但如果你把它留下，我會好好讀一遍。那麼你再來的時候，我就可以回答你的問題了。」

我通讀了全書，並且立刻在身體裡體驗到了拙火。我讀著字句，看到圖示並且立刻體驗到了它們所指的。我不需要進行任何書中所描述的練習。只要讀到那些文字就足夠了。我無法說出這是怎麼發生的。我只能說書上的字句成了我的體驗。

你問我是否在尊者將我的注意力導向觀者的時候我就體驗到了它。回答是肯定的。

當我說到檸檬時，你知道我在說什麼。你已經見過檸檬，作為在你眼前的一種對境，所以你能告訴我它看起來是怎樣的，你甚至能夠去描繪它的味道是怎樣的。但是「我」這個字是不同的，沒有人見過它。你可以找遍你的身體，從頭至腳，但你是找不到的。你能夠看遍你身體中的每個角落：雙腳、鼻子、雙腿、雙手、頭等……但是你永遠找不到它，因為「我」不是一種對境。不是屬於你的什麼東西。它就是你自己，而你永遠不可能在屬於你自己的東西中找到你自己的。

在你尋找時，所有你看到的這些東西，誰是它們的主人？那個主人無法被描述。但是你不需要任何描述就能知道你是誰。你直接知道它。你對你自己說「我在」（I am），然後你立刻知道這就是你是誰的真相。你不必到什麼地方才能找到它，因為它是你自己的直接體驗。你有必要去問你的真我是誰嗎？你是大衛·高德曼。你旁邊是巴拉特·密特拉（Bharat Mitra）。如果他就坐在你身邊，你還會問「巴拉特·密特拉在哪裡」嗎？而你距離你的真我甚至要比你和巴拉特·密特拉的距離近得多。你會問「大衛·高德曼在哪裡」嗎？

我想要說的是這個：問「神在哪裡」很傻，因為你就是神。你就是那個。明白這點，並且說「我即我是」。你不需要去問，而且它也無法對你展示。

大衛：當我第一次遇見您時，您對我說：「如果我在六歲時就問自己我是誰，我那個時候就在那裡就大功告成了。但是沒有人告訴我去看『我』，直到在二十五年後遇見尊者。」

帕帕吉：是的，真是這樣。沒有任何人告訴我「看著你的『我』。看著你念頭的源頭」。

如果你在這片國土上尋求修行指導，有人會告訴你：「去哈努曼神廟，然後告訴他你想要什麼。如果你向他好好做番供養，他就會滿你的願。」

這就是人們認為的對待神的方式。沒有人會說「我」。沒有人告訴你「我」的源頭。在這個國家，唯有尊者才明確開示了這個訊息。他說：「去看你真正的真我，直接體驗你的本來面目。」這就是為什麼有那麼多的人去參見他。

別的老師都在說：「避開你的家庭生活。做一名瑜伽士。去喜馬拉雅山。改變你衣服的顏色，在山洞裡坐上幾年，進行刻苦的靈熱修行吧。」

尊者卻說：「繼續你平日的工作，因為放棄工作去住山洞並不會對你有所幫助。如果你想要完成某些靈性修持，先問你自己『我是誰？』。找到這個你自我認同的『我』是從哪裡出現的，從而找到你的本來面目。」

我做過軍人。大部分人認為這不是一種很靈性的職業，但是在部隊裡的大部分時間我都處於狂喜中。我的心都在神上，所以身體在做些什麼根本無關緊要。如果你的態度是正確的，工作不會成為一種障礙。因為當時我完全專注於神，就算是世俗的軍事活動對我都有靈修上的意義。

我剛進入德拉敦的軍事學院時，被訓練要保持「立正，注意」，每次我聽到這個詞，都會關注到在我內在發生的事。下一個口令是「稍息！」聽到這個指令，我就讓心靈放鬆，離於所有念頭。每次我聽到這個命令，就只是放下所有念頭，並且於內在的靜默中

休息。

　　之後，他們帶我們進行氣槍打靶，教我們如何打303步槍彈。我們必須要從後視鏡中看前方，使前面的瞄準器和被瞄準的目標處於中心位置。然後我們被告知：「開槍時要摒住呼吸，因為呼吸時你的身體會移動，那就無法穩定瞄準目標。」

　　我一聽就立刻明白必須要保持內在絕對的穩定、毫不動搖，才能準確瞄準目標並且射中靶心。射擊時我會專注於視野中正確的位置，身心都絕對平穩，然後扣下扳機。我是非常優秀的射手。每一次我都能射中全部十個靶心。在我們部隊中有些人甚至不能打中靶子，因為他們不明白指示的真正意義。

大衛：您是否真的在六歲時，沒有上師的肉身在場時就有了最終的體驗？

帕帕吉：是的。即使沒有上師的肉身在場，我也有了同樣的體驗。不需要上師親臨在場，每個人都有同樣的體驗。上師只是指導你來自己找到。

　　空中的新月也許很難看見。但已經見過它的人就能對那些還沒有見過的人說：「看啊，在樹枝上有一隻烏鴉。看看我手指著的地方。在烏鴉的腦袋後面你能見到月亮。」

　　聽從這樣的建議你就會見到月亮，但你的注意力一直在那根手指上，或是烏鴉又或是樹枝上，你就錯失了指給你的那個點。各種宗教的創立者留下的種種書籍，以及闡明其義理的老師，都是指向那個點的手指。人們卻聚焦在這些手指上，而不是將視線順著轉到手指所指上。沒有書、沒有人、沒有文字能夠揭露真相。你必須要自己看並且自己見到它。它必須是你自己的體驗，而不是你從別人那裡撿到的什麼東西。

大衛：您難道不是需要那二十五年密集的黑天虔信來燒盡所有殘

餘的欲望嗎？

帕帕吉：用我自己的雙眼見到黑天，這曾是我的欲望。這個欲望並非來自這一世，而是來自上一世。我在上一世就一直努力要見到黑天。我在這一世去過我上一世住的地方。我見到我曾建造的寺廟和安置在寺廟裡的黑天神像，但我舊日的靈祠[90]已被通嘎巴德拉河（Tungabhadra）沖走了，那一世中這個渴望還沒有完結，所以我需要再次轉世來完成它。在死時還帶有未滿足欲望的人會再度轉世，用另一副身體來繼續嘗試滿足那種欲望。這會一直持續發生直到不再剩下任何欲望。當不再有任何欲望時，就稱作自由、解脫、無拘無束。這就是生死輪迴的終點。

大衛：您是否命中註定要在1944年遇見尊者，並且在他座下經歷最終體驗？還是說這本來可以發生得更早？

帕帕吉：如果你讀過我的生平，你會明白這必然要發生，明白我命中註定要遇見他。我被安排好了要遇見他。但同時，我也能說我並不相信命運，因為大部分人說的命運表示一種聽天由命的宿命論。內心軟弱的人會把發生在自己身上的所有事情都歸咎於命運。我的心從不是軟弱的。我從不認為我的生活要遵循某種特定的模式。我當時就知道我想要什麼，並且會去努力爭取。

　　不需要把發生在你身上的一切都歸咎於命運。如果你想要解脫，為什麼還要問這是否是命中註定的呢？只要做個決定：「我今天就想要解脫。我現在就想要解脫。我拒絕再拖延了。」當你拒絕接受任何拖延的藉口或理由，那種體驗就會出現。

　　你們能在勒克瑙是極其幸運的。那種體驗現在就有，在這裡

---

90 靈祠：原文為samadhi，是印度為紀念聖者而建造的陵墓建築，有的葬有過世者的遺體，有的並沒有。之所以叫samadhi（三摩地）是因為人們普遍認為聖者辭世時是安住於三摩地中的，死亡也被稱為「大三摩地」（mahasamadhi）。

就可以有，就在勒克瑙。你怎麼能說「當下」不在這裡？「當下」永遠都在。不在下一剎那，不在上一剎那，不在明天，不在昨天。下一剎那和上一剎那之間的並不是人人都能見到。為什麼？因為你必須就是它，而不是見到它。這樣你就找到了這個間隔，並安住在那裡。那個存在對誰都是無時不在。但是，如果你想和它同在，你必須要很認真。你必須下決心不再拖延。你們現在的時機非常好。不要錯失這個機會。在如今全球六十億人中，只有大概一百人在這裡。你們是多麼多麼幸運啊！我是不會讓你們打退堂鼓的，它自會出現，因為它已經在了。你不需要去努力。正是這種努力給你帶來了麻煩。不要努力，甚至不要想。想還是多少要用到腦子。不要想，也不要努力。然後你將看到會出現什麼。

我第一次把帕帕吉的生平故事寫出來，也就是後來在《躍入永恆》中出現的那個版本，我是預設了他的修行事業有開始、發展和結束，而高潮則是發生在他最初與尊者的某次會面中。我將各種事實加以整理，以符合這一預設，那個時候我卻不知道他對自己人生的種種事件有一個截然不同的視角。在1995年10月，為了回答我在薩特桑上對他提出的另一個問題，他幾乎是堅決地確定了他的最終體驗是發生在拉合爾——當他還是個小男孩時。

〔當芒果飲料遞過來的時候〕我有了一個直接的體驗，但那時沒有人能告訴我：「這就是真相。你不需要其他的了。」

反而，每個人都對我說：「你在那個狀態中感受到的平靜是因為黑天。如果你開始禮拜他，他就會在你面前現身，讓你快樂。」

我已經是快樂的了，但是不知怎的，這些不知情的人異口同聲地讓我去做修行功課，因為他們認為我需要新的體驗。因為沒有人能權威地告訴我「你不需要其他的。就如你所是（Stay as you are）」，所以我後來就花了多年時間尋求外在的諸神。

從六歲開始我的認識、我的體驗和我所確信的沒有改變。從六歲那年直到今天，我已經八十多歲了，都沒有改變。但這個真相、這種認識，一直到我遇見尊者時才向我全然揭示出來。這就是真師的職責：向你指出並且告訴你，你已經是那個了，他以一種權威的方式指出，你永遠不會懷疑他的話。

這則對話的全文將會出現在帕帕吉傳記最後一冊〈上師與弟子〉中。現在，我將重新回到帕帕吉的生平故事。我岔開了之前的敘述，插入了這樣一番關於帕帕吉的確切證悟的日期的題外話，這個時候帕帕吉正在拉瑪那道場，敘述著他去告訴尊者自己無法再繼續持誦那天發生的事。在這次重要參訪之後，他回到馬德拉斯的英國部隊工作。

在尊者的座前有過那次最終體驗後，我的外在生活基本上和之前一樣沒有變化。我回到馬德拉斯，繼續工作，盡我所能掙錢養家。在週末或當我攢夠假期時，我就會回到蒂魯瓦納瑪萊，坐在上師的腳邊，盡情沐浴在他的光輝之中。那個在第一次拜訪時曾激烈質問尊者的刻薄狐疑的尋道者已徹底不見，剩下的只有我對他的愛。

那次參訪後的最初幾個月裡，我沒有起過一個念頭。我可以去上班，履行完所有職責，而頭腦中卻沒有一個念頭。我去蒂魯瓦納瑪萊時也是如此。在大廳裡和尊者坐在一起，在山上散步，或者在鎮上買東西，我所做的每一件事都完全不帶任何心念活動。那是一片內在的寂靜之海，從不泛起一絲念頭的漣漪。沒過多久我就了悟到在世間行事並不需要頭腦和念頭。當人安住於真我時，某個神聖的力量會照料他的生活。一切行為就都是自行發生的，非常有效地被執行出來，不用任何頭腦的努力或活動。

我通常在週末會帶家人和同事去道場。在所有我帶去的人裡，尊者似乎特別喜愛我的女兒。她在馬德拉斯的時候泰米爾語學得

很好，所以她能用尊者的母語和他交談。每次我們到訪，他們總是一起笑著遊戲。

有一次，她坐在尊者面前，然後進入到一種似乎是甚深的禪定狀態。當午餐鈴聲響起時，我也沒法喚起她。尊者讓我不用管她，於是我們就自己去吃午飯了。回來後，發現她還在原地，處於同樣的狀態中。又過了幾個小時，她才回到日常清醒的狀態。

查德威克少校[91]興致盎然地觀看了整個過程。她出定之後，他去見尊者說：「我在這裡已經超過十年了，但我從來沒有過這樣的體驗。這名七歲的女孩似乎毫不費力地就做到了。為什麼會這樣？」

尊者只是微微一笑，說：「你怎麼知道她不如你年長？」

在這次強烈的體驗後，女兒愛上了尊者，並且開始非常依戀他的身形。我們離開之前她告訴尊者：「你是我的父親。我不想回馬德拉斯。我要在這裡和你在一起。」

尊者微笑著說：「不，你不能待在這裡。你必須和你真正的父親一起回去。去學校完成學業，然後如果你想來的話就再回來。」

這次體驗深深影響了她的生活。就在幾周前〔1992年9月〕，我偶爾聽見她在廚房裡跟別人說話，說自那之後她沒有一天不回味那次體驗。但如果你問她，她無法做出任何回答。如果有人問她：「那天你坐在尊者面前，在定中發生了什麼？」她的回答永遠是一樣的。她只是開始哭。她沒辦法形容或解釋到底發生了什麼，就算是對我也說不出來。

在室利·拉瑪那道場時，我會坐在尊者所在的大廳裡，聽他處理弟子們的各種問題、疑惑。有時候，如果某些答案不甚清晰，或和我自己的體驗不符，我就會發問。軍隊裡的訓練教會我有疑惑要一問到底，直到完全明白。對於尊者的教法、教授，我也貫徹了同樣的原則。

91 查德威克少校(Major Chadwick)：常住尊者道場的一位英國弟子，後出家。

比如說有一次，我聽見他告訴一位訪客靈性之心位於胸腔右側，「我」之心念，從中升起並沉沒於此。這和我自己對心的體驗不符。在第一次拜訪尊者時，我的心打開並且綻放，我知道它不在身內也不在身外。而基於我自己對真我的體驗，我知道不能說心是受限於身體，也不能說是位於身體之內的。

於是我加入談話並且問道：「為什麼您把靈性之心〔本心〕安放在胸腔右側，並且限定它在那個位置呢？對於心來說是沒有左右的，因為它不在身內或身外。為什麼不說它無處不在呢？您怎麼可以把真理限定在身體內的一個位置呢？與其說心在身體中，難道不是說身體在心中才更準確麼？」

我發問時氣勢豪邁，毫不畏懼，因為這是我在軍隊所受的教育。

尊者給出的回答完全讓我信服。他轉向我，解釋他這個說法只針對還把自己視為身體的人：

「當我說『我』是從身體右側，從胸部右邊某處升起，這一說法是給那些依然認為自己是身體的人的。我對那些人說心的位置在那裡。但是，說『我』是從位於胸部右側的心中升起沉沒，這個說法確實不正確。心只是實相的另一個名稱，它不在身內也不在身外。對於它，無法有內外，因為唯它即是。用『心』一詞並不是指什麼生理器官或神經叢一類的東西，只是如果人還把身體認作是真我，還認為自己就是這副身體，就只能建議他去看『我』的念頭是在身體哪裡升起又再沉沒的。此外，又因為每個人，無論他的種族宗教，無論他用哪種語言說『我』之時都是指向胸部右側來表示自己，這應該就是在胸部右側的心了。全世界的人都會這樣，所以位置就應該是在那裡了。通過每日專注觀察『我』的念頭在醒來時升起、睡眠中消融，可以見到『我』的念頭就在右側的這個心裡。」

我喜歡當只有尊者在場或只有很少人在周圍時和他談話，但這種機會不常有。大部分時間他都被人們圍繞著。就算當我向他

提問時，我還必須有一位翻譯在場，因為我的泰米爾語不足以應對一場哲理性的談話。

夏天是能和他安靜相處的最好時節。因為天氣實在糟糕，很少有訪客到來。有一次在五月炎夏鼎盛之時，大概只有五個人和尊者在一起。五人之一的查德威克開玩笑說：「我們是您可憐的弟子，薄伽梵。有錢去山裡避暑的都走了，只有我們這些窮人留了下來。」

尊者笑著回答：「是啊，夏天待在這裡，沒有遠遠的跑開，這才是真正的靈熱（tapas）。」

修行靈熱，指的就是遵從一些嚴酷的戒律，而在修行上得到進步。靈熱一詞是從原義為「熱」的梵文詞中衍化而來，薄伽梵很可能語帶雙關。

帕帕吉繼續說道：

有時我會陪尊者繞著道場散步。這讓我能和他單獨談話，並且現場觀察他是如何對待弟子和道場工人的。我看到他監督食物分發，確保每個人都得到同等的分量。我看到他勸誡工人不要停下工作向他禮拜。他所做的每一件事都是給我們上的一堂課。他所走的每一步本身都是教導。

尊者更喜歡低調而平常地對待周邊的人。他不會大張旗鼓地展現神力，他的加持只是持續而微妙地散發出來，無法阻擋地滲入每個和他接觸的人的心裡。

我親眼見過一件事，很好地顯示了他對待眾人的那種微妙而間接的方法。有個女子帶著死去的兒子來見尊者，把屍體放在尊者的榻前。男孩顯然是因蛇咬而身亡。女子央求尊者將他復活，而尊者故意忽略她，對她一再的哀求不加理會。過了幾個小時，道場執事讓她把屍體帶走。女子離開道場時遇見一位像是弄蛇人的男子，他聲稱能救活她兒子。男子在男孩的手上被咬的地方做

了些什麼，男孩就立刻活了過來，儘管他已經斷氣了好幾個小時。

道場裡的弟子將這奇蹟歸功於尊者，紛紛說：「有難求於智者前，自發神行予以解」。

按照這個說法，尊者並不是有意識地做了什麼來救這個男孩，但在更深層的無意識層面，他知悉這一問題就能讓應該出現的人出現在應該在的地方。尊者當然完全否認和此奇蹟有關係。對於男孩戲劇化的痙癒，「是這樣嗎？」是他的唯一回應。這是典型的尊者。他從不表演神蹟，對於那些似乎是因為有他在場或由於弟子對他的信心而發生的奇蹟，他也從不承認和他有什麼關係。他唯一縱容的「奇蹟」是那些內在的轉變。一句話、一個眼神、一個動作，或僅僅是保持沉默，他讓他身邊的人心念寂然，令他們能開始覺察到自己究竟是誰。沒有比這更偉大的奇蹟了。

在這段時期，帕帕吉遇見了另一位偉大的聖者，一位來自巴格達的穆斯林辟爾[92]。帕帕吉在拉瑪那道場遇見的一位來自阿拉哈巴德[93]的教授對他談起這位辟爾。

我在馬德拉斯工作時，收到阿拉哈巴德的希耶德博士（Dr. Syed）發來的電報，請我去找是否有一位穆斯林辟爾正住在馬德拉斯的林吉切提街（Lingi Chetty）。希耶德博士是我在拉瑪那道場結識的朋友。他同時既是穆斯林，又虔信黑天，這是一種極其少見的組合。電報告訴我應該去找可汗·巴哈杜·阿布杜爾·拉希德（Khan Bahadur Abdul Rashid）問些訊息，他是部隊的分包商，為當時駐紮在阿瓦迪（Avadi）的英國柴郡軍團（Cheshire Regiment）工作。後來，我發現希耶德博士是從一名他在白沙瓦認識的蘇菲教徒[94]那裡聽說這位辟爾的。他的蘇菲派朋友告訴他，

---

92 辟爾（Pir）：指穆斯林蘇菲派大學者、聖人。

93 阿拉哈巴德（Allahabad）：北方邦的一個城市，位於恆河、亞穆納河（Yamuna）和傳說中的薩拉斯瓦蒂河（Saraswati）的三河交匯處。

這位辟爾屬於最高層的密契者。博士感到一陣強烈的渴望要見到這位聖者。

　　我自己當時就在為部隊工作，所以我認識這位知道辟爾訊息的可汗·巴哈杜。可汗有一間工廠，是雷尼貢塔（Renigunta）駐軍基地的承包商。

　　我到他工作的地方見他，聽他說起了與那位辟爾相遇的奇事：

　　「我當時正坐著貨車旅行，注意到有一位法啟爾[95]走在路邊。我向他提議可以載他一程，並且帶他到我在林吉切提街的家裡。他看起來似乎沒有落腳地，於是我告訴他可以把我的屋子當作他家。我覺得自己在對他做善事，但他拒絕了，說他從不和別人同住。看起來他喜歡徹底獨處，待在見不到人的地方。我住的房子邊上還有一間別院。當時有幾個為廠裡做工的裁縫正在那裡，除此之外，房子是空置著的。我對法啟爾解釋說我可以安排那些裁縫去別處工作，這樣一旦他們離開，整棟房子就歸他住了。他接受了，但有一個條件：不經他允許，誰都不准進屋。一旦他搬了進去，即使是我也不准進入。這是個奇怪的要求，但我還是接受了。不知怎麼我感到很依戀這個人，並想要侍奉他。每天我都把食物放在他門外。他會接受。但實際上從他搬進去那天起，我再未見過他。他只在周圍沒人的時候才會開門取食物。」

　　我解釋了自己的來意：「我在阿拉哈巴德的朋友讓我來問問，他想來見這位辟爾。他到底見不見人？我應該給我朋友回信讓他過來嗎？」

　　「我說不上來，」可汗·巴哈杜答：「如果你朋友運氣夠好，法啟爾也許會給他開門。他之前就同意坐上我的貨車，還同意住在我的房子裡。我想那是因為我運氣夠好。但迄今為止他都沒有同意見誰。他甚至不允許我進去參拜他。

94 蘇菲派（Sufism）：是伊斯蘭教中的密契（神秘）主義派別。蘇菲派修行者也被稱為「蘇菲」（Sufi）。
95 法啟爾（fakir）：又寫作faqir，穆斯林蘇菲派的苦行修行人，四處漂泊，教授伊斯蘭教義，乞食為生。

「幾周前，我受邀參加馬德拉斯省省長馬勒柯姆‧尼耶爵士（Sir Malcolm Nye）組織的耶誕節特別晚宴。其間，他太太問我城中是否有聖人，她想去參訪。我告訴她有位辟爾住在那棟屋子裡，但也提醒說辟爾可能不願意見她，因為他從未對任何人開過門。她仍然想試一下，所以我們約了時間一起拜訪法啟爾。

「到了約定那天，我們一起走到他的門前。我先敲了一下，表明我是誰，並告訴他馬德拉斯省省長的太太想要拜見他幾分鐘，想觀睹聖容。沒有回答。我向尼耶夫人致歉說道，有些法啟爾就是這樣。由他們來決定見誰或不見誰。

「你可以給你阿拉哈巴德的朋友寫信，把這些全都告訴他。如果他還是想來，他就知道敲門之後會遭遇到什麼了。」

　　我給希耶德博士寫信，告訴他整個故事。我認為我所寫的會打消他來此的念頭。然而，還沒等到我的信件寄到他就過來了。他自己早已探明那位辟爾住在那裡，我的信還沒寄達他家之前，他就從阿拉哈巴德啟程了。次日清晨他來到我家，急切地想要和我一起去見辟爾。他到時我恰好不在，所以我太太給他送上了早餐，告訴他我大約要下午一點才能從辦公室回來。然而他不願久等，逕自來到了我的辦公室，請我立刻就帶他去見辟爾。

　　我怎麼能在上午工作到一半時就這樣離開外出呢？我告訴他，我的老闆不會允許我在工作時間走開。而希耶德博士毫不氣餒，直接去見我老闆，並且不知怎麼說服了他讓我外出幾個小時。

　　我去可汗‧巴哈杜的辦公室，向他介紹希耶德博士是來自阿拉哈巴德大學的教授，專程來此拜訪那位辟爾。可汗對我們能進門並不抱樂觀態度。他又說了一遍省長太太的故事，希耶德博士可是第一次聽說這事。可汗還補充說開門的概率很低。

　　可汗‧巴哈杜帶我們來到門前就走開了。希耶德博士敲了門，並且用波斯語作了自我介紹，他覺得這樣可以建立可信度。他在阿拉哈巴德教授東方語言，而且是一位伊斯蘭教的專家學者。門的背後沒有傳來應答。

「讓我們等一會吧，」希耶德博士說：「現在是乃瑪孜[96]的時間。他應該在念頌祈禱文。」

二十分鐘後他再一次敲門。這一次辟爾表示他知道了，在門內大聲要希耶德博士走開。

希耶德博士聽了就不太高興。他長途跋涉就特意為了見見這個人，卻連門都進不了。

「這個人不像尊者，」他開始抱怨：「尊者對每個人都是敞開的，誰想見他都能見到。而這個人呢，哪怕連一個人進去見他都不讓。如果聖者都不允許我們走近，我們又怎麼能從他們那裡受益呢？我們回你家去吧。在這裡只是浪費時間。」

可是沒有見到辟爾，我還不想走。

「你回我家吧，和我太太吃個午餐，告訴她我在這裡。我來見這個人，見不到面我不會走。」

我有感覺，這樣一個非常堅決拒絕與人為伴的人必然值得一見。

希耶德博士在街上還沒走出幾碼，辟爾就給我開門了。我指著教授遠去的身影，解釋說他是專程從阿拉哈巴德過來拜見的。

「我應該叫他回來嗎？」我問。

「不，」辟爾態度堅決地說：「他來的動機不佳。他想要我幫他解決一宗土地糾紛，讓他獲利。我沒興趣見這樣的人，而你，是印度的辟爾。我很高興見到像你這樣的人。」

他邀請我進門，並且讓我坐在他的乃瑪孜毯（sazenamaz），也就是他個人用的禮拜毯上。我們一起靜靜地坐了一段時間。之後響起了一聲敲門聲。

「那是我的午餐，」辟爾說：「可汗·巴哈杜的侍者每天中午都會放在臺階上。你必須得和我一起用餐。」

我們坐在一起分享了他的午餐。用餐間，他對我說了他的人

96 瑪孜（namaz）：伊斯蘭教的日常禮拜儀式。

生經歷。他是一位來自巴格達的教授，但忽然感到一陣強烈的渴望，要來印度拜會幾位尚在人世的大師。

「我知道古代有像木爾坦的山斯·塔布利茲[97]、卡比爾[98]等偉大的大師，」他說：「我感到有強烈的渴望來這裡看一下，印度如今是否還有那樣偉大的大師。」

我於是提到了拉瑪那尊者，還提到在家鄉旁遮普遇見的一位蘇菲。他對尊者很感興趣，特別是知道他就在馬德拉斯附近後。

大約下午三點時，我告訴他我必須回家，我那位來自阿拉哈巴德的朋友還在等我。我問辟爾是否還能來見他，但他沒答應。

「你不用來了，」他說：「無論你何時想見我，我都和你在一起。」

我回家時，我太太告訴我希耶德博士已經去火車站了。

「他只從大學請了三天假，」她說：「他的回程票是今天下午的。他等不及見你了，不然就要耽誤在阿拉哈巴德的工作。」

我給他寫了封信，告訴他在他離開辟爾的屋子後發生了什麼。他回信說，辟爾所說的他的情況完全屬實。他正深陷在阿拉哈巴德的一宗土地糾紛中。他之前在英國一所大學裡謀了份教職，在那裡工作了幾年。他不在阿拉哈巴德時，幾個親戚占了他的房子，雖然他們起初都同意只會當希耶德博士在英國時才住一下，但當他回來時，親戚們拒絕搬走。博士想得到辟爾的加持好讓他拿回房子，這就是辟爾拒絕見他的原因。

希耶德博士寫道，他很遺憾沒能見到辟爾，但他補充了幾句，說我能夠又見到一位偉大的聖者，這讓他非常快樂。

儘管辟爾並不鼓勵我再去見他，我還是說服他在某個週末和我一起去見尊者。在蒂魯瓦納瑪萊，我們一起在大廳坐了會兒，

---

97 木爾坦的山斯·塔布利茲（Shams Tabriz of Multan, 1185-1248）：波斯人，穆斯林，為蘇菲派詩人、教魯米（Rumi）的導師。

98 卡比爾（Kabir, 1440-1518）：印度著名靈性詩人及聖者，他的詩作極大影響了印度教虔信派運動（Bhakta Movement）。生於卡舍（今瓦拉納西），屬於身為僕役的穆斯林織工階層，後成為毗濕奴派聖者羅摩難陀（Ramananda）的弟子。他不會寫字，但隨口唱出的道歌廣為流傳。去世後，他成為了印度教、伊斯蘭教、錫克教共同尊崇的聖者。

注視著尊者。才過了幾分鐘，辟爾就站起身，向他致敬後就走了出去。

我追上他，問他為什麼走得那麼突然，他說：「我已在印度教的花園裡嗅到了這朵殊勝之花，我不再需要去聞別的花了。現在我此行圓滿，可以回巴格達了。」

這個人是智者，一個真正了知實相的人。這樣的人是非常罕見的。在和尊者相處的短短幾分鐘裡，他就能完全明白印度教的智慧之花與伊斯蘭聖人們達到的至高體驗沒有區別。

在頻繁拜訪拉瑪那道場期間，帕帕吉和尊者的弟弟建立了友誼，後者去馬德拉斯出差時常常去見帕帕吉。帕帕吉的家也成為眾弟子來往拉瑪那道場路上的一個中心。

尼倫伽那南達·斯瓦米（Niranjanananda Swami），又叫秦南·斯瓦米（Chinna Swami），是尊者的弟弟，也是道場的管理人。他非常喜愛我。每次他來馬德拉斯為道場辦事，都會來我在洛依茲路（Rd. Lloyds）的公寓稍作停留。大部分時候都是來為道場作些印刷工作，但有時也會為些別的小事，比如給道場的小牛車買輪胎。我總是請他和我一起共進午餐，但他一直因為要趕下午的火車回道場而無法答應。在他返程時，我通常盡可能陪著他直到麥拉坡。有一次在送別途中，他告訴我尊者只將他全部的祝福給過我，就連他這個尊者的小弟，也沒有得到過。

我通常每個月去道場兩次。我工作的部隊商店在週六和週日休假，所以我常在週末過去。我會坐週六下午的火車出發，在週日傍晚回來。這就讓我能在道場住上一天一夜。

有次我和一位班加羅爾的老朋友一起去道場，他常到馬德拉斯看我。他瞭解我的經濟狀況，因為我太太常向他抱怨我把一半的薪水花在了每月兩次去蒂魯瓦納瑪萊的旅費，以及邀請來自室利·拉瑪那道場的修行人和訪客來我家上面——他們中許多人在等

候去孟買、德里等地的火車時會到我家來過夜。

　　有一回發薪日，我沒有先給我太太留下任何房租錢、孩子的學費和其他家庭開支，就動身去了室利‧拉瑪那道場。所有錢都在口袋裡，但我離開前完全忘記要給她了。我到了火車站取錢買票時才發現要給太太的錢還在我身上。我就把這事對和我一起旅行的班加羅爾的朋友提了一下。

　　我在道場過了週末。週日下午當我準備離開回馬德拉斯時，我想：「為什麼我要把所有錢都帶回去呢？」於是就把錢交給秦南‧斯瓦米以供養道場。

　　我的朋友和我同時離開，他給了十盧比的捐贈。當他看到我把錢全拿出來的時候，就知道我把所有薪水都給了道場，而那筆錢是要支付我在馬德拉斯全部家用的。他把這事告訴了秦南‧斯瓦米，後者隨即拒絕了我的供養。他說只會從我這裡接受和我朋友一樣的金額，也就是十盧比。他把剩下的錢給我時提到當時道場並沒有那麼多開銷。

　　「我們現在只需為大約二十個人提供食物，」他說：「日常開銷並不大。每天只花大約八十盧比，所以不需要你的錢。」

　　許多人都和秦南‧斯瓦米不太融洽，而我和他一直處得非常好。他的兒子，後來曾做過好幾年拉瑪那道場董事會主席的室利‧文卡塔拉曼（Sri T. N. Venkataraman），在我每次去道場時都對我說，說我是他父親唯一的弟子。我和道場所有董事的關係都非常好。

　　帕帕吉的太太還有別的理由為他這種對錢漫不經心的態度而煩惱。

　　週六晚上，如果我沒準備參訪尊者，就會去馬德拉斯的瑪黎納海灘（Marina Beach），在那裡禪坐整夜。在那段時間，我想是1945年，我讀到了來自孟加拉的偉大聖者羅摩克里希那‧波羅摩

漢薩[99]的故事。

　　他常常坐在加爾各答的恆河岸邊，一側是一堆石頭，另一側是一堆硬幣。他會輪流把石頭和硬幣扔進河裡，想要看看兩者是否有什麼不同。最後他得出結論兩者沒有任何不同，就把剩下的所有錢都扔進了水裡。我非常喜愛他這種出離心，喜愛他對金錢徹底的漠視，所以就想在海邊時也效仿他。我每次去那裡，都會把口袋裡的所有東西都扔進海中，甚至連回程的車費都不留。清早我就必須走上很長的一段路回家。

　　某個週六傍晚，我的妻子和孩子們決定和我一起去海邊。到達時我告訴她：「每次我來這裡，我都會被偉大的出離心所感染，把擁有的一切都扔進海中，然後空手走回家。既然你來和我一起過週末，你也必須這麼做。把你所有的首飾——戒指、項鏈、耳環、鐲子都摘下來，扔進海裡吧。」

　　我太太覺得我瘋了，她也這麼直截了當地回覆了我。可她也沒能留住那些首飾，因為大約一周後，我們的房子遭了賊，所有她拒絕在海邊拋棄的首飾都被偷了。

　　我們那時從一位學校教師那裡租了一套公寓。房東就住我們樓下。他有六個女兒和一個患有小兒麻痹症、無法行走的兒子。對一個印度家庭來說，這是無法想像的災難：男孩無法工作，也討不到老婆，而父親，一個收入微薄的男人，必須要攢起六筆豐厚的嫁妝，好把女兒們都嫁出去。

　　某天我們在一家寺院參加完黑天聖誕慶典[100]，傍晚時分從寺院走回家，接近屋子時，注意到房東正沿著梯子從我們陽臺爬回他住的那層。我們走進屋子，發現我太太的首飾和幾件紗麗被盜了。

131

拉瑪那尊者

99　羅摩克里希那·波羅摩漢薩(Ramakrishna Pramahamsa, 1836-1886)：近代印度宗教改革家，生於孟加拉貧窮的婆羅門家庭，虔信伽梨女神(Kali)。辨喜尊者是他的弟子。

100　黑天聖誕(Krishna Janmastami)：為每年慶祝黑天降生的慶典，在印度曆Shraavana月(公曆8-9月)第八天(ashtami)的前半夜進行。

我想：「我們是命中註定要失去這些首飾。她沒扔進海裡所以賊進來拿走了。」

我很同情樓下的男人。他的生活中有那麼多的麻煩，那麼多女兒要撫養、要出嫁，還要照料生病的兒子。

「把那些珠寶換了能得到些錢，就讓他留著吧，」我想：「他需要這些錢來照顧家人。」

幾天後我收到一封來自房東律師的威脅信，說如果我不支付欠他的房租，就會被驅逐出去。他聲稱我欠了十二個月的房租，而我明白我全都付了，包括提前支付了接下來三個月的租金。我去找房租收據，發現那些也被盜了。沒有這些收據，我完全不能證明我已經付過房租了。

由於我拒絕再付錢，房東最終把我告上法院。我對法官說明發生了什麼，說實際上收據丟失那天我看見房東從我的公寓裡爬出來。

「你可曾向警察局報案？」他問。

「沒有，」我回答：「他是個可憐人，生活艱難，我不想讓他惹上更多麻煩。他需要錢嫁女兒，所以我當時沒有報案。」

法官相信我的話，並且駁回了起訴，但在讓我走之前他提醒我說：「彭嘉先生，要小心。這種正直並不會幫助你，只會給你帶來更多麻煩。」

之後我從鄰居那裡得知，這並非是教師第一次試圖對房客耍這種花招了。這事發生後，我們也沒法再住下去，就儘快搬走了。七天後，案子撤訴，教師的獨子也死了。不久教師自己被蛇咬了，也死了，當時才五十歲。如果你欺騙了別人，天網恢恢，你是要承受後果的。

我問他的太太和孩子，是否認識到家庭的種種不幸是自己不誠實的生活所導致的結果，他太太一臉茫然。我提醒她我們公寓丟失首飾的事。那個傍晚她為她丈夫扶著梯子，所以她肯定知道他做了什麼。但她否認一切。我試圖幫助他們，沒有去報案，但

他們卻起訴我，把我告上法庭。而後來當他們的案子被駁回後，他們卻依然撒謊。世間事就是如此。

這世界是個巨大的輪迴。無論誠實與否，每個人都身陷其中。極少數的人意識到這點，努力並成功地逃脫出來。這讓我想起我曾坐在海邊，看著漁夫網魚並拖上岸。兩艘船中間拉著一張大網，緩緩駛向岸邊。魚群被網圍住但毫不在意，尚有足夠的水域讓它們遊來遊去。這就是世上每個人的境遇：我們已被死亡之網包圍。如果聽之任之，那就難逃一死。可是誰在乎呢？誰想要逃脫呢？真的沒人。

我那時正在讀羅摩克里希那的一本書，裡面有一則故事，說到發覺自己困在網裡的魚會有不同的反應。當我目睹著漁夫收網之時，意識到書中的描述是多麼精準恰當。

有一些魚極其警覺，疑心重重，完全不會靠近網。牠們直覺上就不相信那張網。有一些聖人就是如此，從孩提時就完全拒絕讓世界觸碰自己分毫。他們認出了無常之事的危險，將之拋在一邊。「昨天這裡可沒有網。它只是種暫時的存在。我要避開。」戍羯天[101]就是這一類，從不會讓塵世影響到自己。

其餘的魚只有在網開始收攏時才意識到危險。剛開始的時候，還能相對容易地逃脫掉。在網合攏前，只要離開網所圍攏的區域也能游離危險。一旦感受到網的壓力，你就必須開始朝著自由衝刺，否則就太遲了。在生命早期就意識到輪迴之網在收緊的，是那些迅速游離並逃脫的人。羅摩·提爾塔就屬於這一類。他結了婚，是一位數學教授，但他感到網在向他收緊，於是在被抓到前就遊到了安全地帶。

而那些不管為了什麼理由，總是拖延著不去爭取自由的魚，很可能就會發現自己最終淪落到別人的餐桌上。當網合攏收緊時，

---

101 戍羯天（Sukadev）：即戍羯（Suka），廣博仙人之子，為《薄伽梵往世書》的主要敘述者。根據《摩訶婆羅多》所載，廣博仙人修行百年後，戍羯從火把中誕生，師從闍那迦國王終至解脫。他是不二論上師傳承（Guru Parampara）的智仙傳承（Rishi Parampara）的第五位也是最後一位。

有些魚會牢牢靠緊網，認為那能帶來安全感。抓著輪迴中的任何東西都不可能幫到你。對家庭、朋友或宗教概念的執著幫不了你，它們只會讓死亡能更容易地抓住你。有些魚只有在網在身邊合攏時才意識到巨大的危險，會在網徹底合攏前作最後一搏，奮力跳開。大部分都沒法成功。在跳起時，要麼被漁夫抓住，要麼在半空中被捕食的鳥抓住。只有極少的幾條能成功跳脫。這些就是被家庭、工作、生活責任糾纏數十年後，醒悟到輪迴危險的人。當到了四十、五十或六十多歲時，有很少數的人會意識到自己的困境並且勇敢地奮力逃脫。一部分人能做到，但大部分都不行。而餘下的絕大多數人卻什麼都不做，直到最後一刻來臨。他們只有在被拉出水面的最後幾秒鐘才做一番掙扎，這就是想拖到退休之後，認為自己要先專心世間事務的那類人。孩童和少年時期是最容易逃脫的時候。在此之後，就變得越來越困難了。

某天晚上，我見到一位漁夫把捕來的魚拖到岸邊。他站在岸邊，從網裡裡起一、兩條魚拋回海中。他的妻子也在幫忙。我不明白他是在做什麼，就走過去問他為什麼要把魚放回海裡。

「為了對提供食物給我們的大海表示感激。」他答道。

有些人一直等到最後一刻，希望有奇蹟發生來救他們。這也許會發生，但更可能不會發生。最好還是趁你還有力量、還年輕、還有意願去做的時候，通過自己的努力來解決。

帕帕吉本不打算再回到萊亞普爾見父母，但是在1947年中，印度政局的變化促使他離開拉瑪那道場。在講述自己戲劇性的回家之旅前，他先描述了當時的社會背景。

1947年英國政府在穆斯林的壓力下決定在印度獨立後實行分治。在穆斯林為主要族群的地區新建巴基斯坦，其餘地區成為獨立的新印度。在西北，邊境線大致是南北走向，位於拉合爾市以東。這就意味著我的家人會在八月獨立後歸屬巴基斯坦。在獨立

前幾個月，許多穆斯林從印度移居到萌芽期的巴基斯坦領地。同時，居住在即將歸屬巴基斯坦的許多印度教徒也移居到印度。兩邊都情緒洶湧。試圖離開巴基斯坦的印度教徒被穆斯林襲擊、搶劫甚至殺害，而試圖離開印度的穆斯林也遭到印度教徒的同樣對待。暴力不斷升級，搭載印度教徒離開巴基斯坦的有些火車整車被穆斯林劫持、槍擊，而印度教徒也襲擊運載穆斯林的火車，殺害所有乘客。我當時對此一無所知，因為我沒興趣讀報紙，也從不聽廣播。

1947年7月，獨立前一個月，《日處真我》[102]一書的編者德瓦拉吉·穆達利爾來找我，問我是從旁遮普哪裡來的。我說是拉合爾以西數英里外的地方，他告訴我印巴即將分治，並強調我的家人和我父親的房子都要歸屬巴基斯坦了。

「你的家人現在都在哪裡？」他問。

「據我所知，」我會這麼回答是因為我不太和他們聯絡，「他們都還在老家。他們住的地方不在未來的印度國土之內。」

「為什麼你不去把他們接出來？」他說：「那裡很不安全。」他告訴我正在發生的屠殺，並且堅持我有責任照看家人，要帶他們搬去安全的地方。他甚至建議我帶他們來蒂魯瓦納瑪萊。

「我不去，」我告訴他：「我不能離開尊者。」

這不是藉口。我是確確實實這樣感覺的。我和尊者的關係已經到了我愛他愛到視線無法離開的地步，我無法想像自己要去國土另一端，還不知道會去多久。

從帕帕吉1994年對我說的這番話中能看出他的眷戀。

在尊者一生的大部分時間裡，人們都可以不受限制地接近他。求道者能在任何時間走去見他。但在他晚年每天都有大批人來到

---

102 《日處真我》(*Day by Day with Bhagavan*)：節選自德瓦拉吉·穆達利爾 (Devaraja Mudaliar) 的日記，記錄了自1945年3月16日至1947年1月4日拉瑪那尊者的言行教導及在拉瑪那道場的生活。

道場時，他就被安排好每天有幾段休息時間，在此期間不允許任何人和他同在大廳。我發現離開他身邊實在太難受，所以當大廳的門鎖上時，我常常坐在窗外，凝視廳內。從窗外是看不見尊者的躺椅的，但如果他略微移動或伸展一下，有時候也許能瞥見一下他的腳或手肘。這種期盼能讓我在窗外駐留數個小時。一般而言我什麼都見不到，但偶然老天也眷顧我，讓我能短暫見到他的手腳移動。帶著這種得見聖容的期待足以讓我在窗外待上整天。有時我甚至睡在窗外過夜。我如此熱愛他的色身形象，即使有最微小的機會能見到其中一小部分，我都不願意錯失。

當被允許進入大廳時，我的注意力總是停留在他的臉上。我無法去看別處。有時他的眼睛半閉著，但大部分時間雙眼圓睜，空空如也。我在任何別的生命體上都沒有見過這樣的眼睛。只有過一次他直接回視我。他直接看進我的眼裡，眼遇見眼，如同愛人看進愛人的眼裡。我的整個身體震動顫抖。我甚至完全感覺不到身體的存在。淚水從眼中流出，喉嚨好像梗住了。整整幾個小時我無法和人說話。

德瓦拉吉·穆達利爾沒能成功勸說帕帕吉離開，於是就把事情向尊者彙報。

那天傍晚，我們陪尊者在道場外散步，德瓦拉吉·穆達利爾對他說：「彭嘉的家人似乎還在旁遮普西邊。他不想去那裡。他也似乎沒興趣接家人出來。最多還有一個月就要獨立了，如果他現在不走，可能就太遲了。」

尊者同意他的觀點，認為我應該和家人在一起。他對我說：「你家鄉會有很多麻煩。為什麼你不立刻去那裡？為什麼不去把家人接出來？」

儘管這就相當於是命令了，我還是在猶豫。自從尊者開示「我是誰」的那天起，我感覺到對他深深的愛和深深的依戀。我真切

地感受到除了和他的聯繫外，我和這個世界再無牽連。我試圖向尊者解釋我的立場。

「過去種種如同幻夢，」我說：「夢中我有妻子家庭。當我遇見您，您結束了我的夢。我不再有家人，我只有您。」

尊者反駁說：「如果你知道家人是場夢，那你留在那場夢裡完成你的職責又會有什麼區別呢？如果那就是場夢，你為什麼要害怕去那裡呢？」

於是我解釋不想去的主要理由：「我太眷戀您的身形。我無法離開您。我如此愛您以至於無法把視線從您身上移開。我怎麼走得了？」

「無論你在哪裡，我都和你同在。」這就是他的回答。

從他對我說話的方式，我看得出他很堅定要我必須離開。他最後的這句話事實上是對我的旅途和未來人生的祝福。

我瞬間明白了他話中的深刻含義。這個「我」是上師的真實本性，也是我自己的內在實相。我怎麼可能遠離這個「我」？那就是我自己的真我，我的上師和我都知道，除此之外再無其他。

我接受了他的決定。我向他禮拜，第一次也是最後一次觸碰他的雙腳，以表達崇敬、愛慕和尊重。通常他不讓人觸碰他的腳，但當時是個特別的時刻，所以他沒有反對。我起身前搜集了一些他腳底的塵土，放在口袋裡留作神聖的紀念。我還請求他給我祝福，因為我直覺到這是我們最後的告別。不知怎地，我知道自己再也不會見到他了。

我離開道場趕到了拉合爾市。那裡的氛圍完全和別人告訴我的一樣糟糕。到處可以看到憤怒的穆斯林叫囂著：「殺了印度佬！殺了印度佬！」還有人喊著：「巴基斯坦輕易就到手了，讓我們打進印度征服它！讓我們用劍取下印度！」他們有些人真的手裡拿著劍，喊著口號在空中揮舞。

我到火車站買了一張回老家的票，在一節幾乎無人的車廂裡坐下，放下我的行李，走到月臺的茶攤上買東西喝。

因為我沒料到車子那麼空，於是就問一位過路人：「怎麼回事？為什麼車子那麼空？」

他告訴我原因：「印度教徒不再旅行了。他們不敢乘火車出門，因為在這裡他們已經是少數。許多乘客都被殺了，沒人願意搭火車了。」

在那些暴動的日子裡，印度教徒和穆斯林分坐不同的車廂，這樣如果出了什麼事，可以保護自己人。我見到的那節幾乎無人的車廂是屬於印度教徒的。

這時內心有個聲音，是我上師的聲音，對我說：「去穆斯林的車廂和他們坐在一起。在那裡你不會有事的。」

看起來這倒像是個好主意，但我懷疑自己是否有能力騙過同車的穆斯林乘客，讓他們相信我是他們其中的一員。除了我的穿著和他們截然不同，我的耳朵還打了洞，這在穆斯林社群中是不被接受的行為。此外，我的手背上有一個非常醒目的「唵」字刺青。作為來自印度教婆羅門地區的人，我知道當地的人們認為穆斯林因為吃牛肉而被視為不潔。在我們的家裡，任何人進入前必須先展示手背，當地的印度教徒會在手背上紋一個「唵」字，而穆斯林則不會。因此，印度教徒可以進入，但穆斯林則不行。

我聽從那個聲音的建議，和穆斯林乘客一起坐了下來。沒有人對我有所反感或質疑我是否有權坐在那裡。我們互相交談，隨意閒聊，偶爾他們喊起口號時，我也加入其中。但當火車開到鄉村時，印度教車廂中的乘客都被穆斯林攔下，慘遭槍殺。雖然我覺得我明顯是一個印度教徒，但沒有人注意到我。

到達萊亞普爾站後，我下了火車，從車站租了一輛通嘎。但當我發現司機是一名穆斯林時，我不敢告訴他我確切要去哪裡，所以只好讓他載我到伊斯蘭集居地。之後我步行了一里路，穿過空曠的街道回到家。然而，我到達家門時，卻發現大門深鎖，沒有人回應我的敲門聲。最後，我父親從屋頂上出現，問我是誰。

「是你的兒子，哈爾班斯！」我回答：「你看不出來嗎？你認不

出我的聲音了嗎？」〔帕帕吉的父母叫他哈爾班斯。〕

他認出了我，驚訝我竟回來了。他知道我從來不以家庭責任為優先考慮的東西。「你回來做什麼？」他問，帶著些許不解。「旁遮普正在戰火中，到處都是印度教徒被殺。好了不說了，你怎麼到這裡的？火車還在運行嗎？」

「是的。」我回答：「火車還在運行，這就是我來的方式。」我父親想了一會兒，然後做出一個重要的決定。「在這種情況下，你必須帶著家人離開旁遮普，安置到印度去。如果火車仍然運行，我可以為你們辦理鐵路通行證。」

在隨後的對話中，我父親提到了這區的警察局副局長，他是我在部隊時的戰友。我們兩人都認為他有能力幫上一些忙，所以第二天一起去見他。我向他介紹了我父親，並告訴他我們的情況和計劃。一些搶劫團夥在我們住處附近遊蕩，我的朋友同意在我們房子外派一名警衛保護。我們是印度教婆羅門，會成為這些團夥的首要目標。

第三天，我帶著全家三十四口人（大多數是女性）和相關通行證，離開了西旁遮普，前往印度。一路上，我們目睹了許多殺戮。一直到拉合爾，印度教徒都在被殺害。而在拉合爾之後，錫克教徒開始殺穆斯林。到處都是可怕的慘狀。

尊者送我來旁遮普履行我的責任。這是典型的尊者，因為他從不允許弟子放棄自己的家庭責任。

在他告訴我「無論你在哪裡，我都和你同在」之後，他送我離開去完成我的責任。起初，我對這句話只是抱持著哲學層面的理解，並未意識到在實際生活中，他一直在保護和關懷著我。但是這次，我真正體驗到了這句話的意義。他指引我坐在火車的哪個車廂，即便我身上有印度教徒的標誌，卻未被識破。在無政府狀態下，我成功保護了一大家子的人，帶領他們搭上最後一班從拉合爾開往印度的列車，逃離了那片危險的地區。祖師的保佑和庇護使我們平安無事，未遭受傷害。

到了勒克瑙，我找到了當時在部隊的朋友，期望獲得幫助。在勒克瑙的第一個月，我們全家和他一起住在查巴格車站附近的納卡印多拉（Naka Hindola）。然而，這樣的安排太擁擠了，於是在1947年9月，我帶著家人搬到了納希（Narhi）的一所新房。雖然如此，仍然很擁擠：三十多個人住在四間屋子裡。後來，我的親戚們漸漸搬到其他房子和城鎮，但我和家人一直住在那裡，直到1990年。

我父母在印巴分治後仍留在巴基斯坦，但當地的生活情況卻逐漸惡化。我們家在古魯納納克區的一條街上擁有多套房子，但很快就被穆斯林避難者占據。父母只被允許在一所房子裡保留一間屋子，他們抗議卻被告知一間屋子足夠兩個人居住。占領者知道穆斯林政府不會趕他們離開，父母無可奈何。最終，父母求助於當時曾經提供保護的警察局副局長，並安排他們乘飛機前往印度。然而，在登機前，巴基斯坦官員搶走了他們所有財產，甚至連母親的珠寶也被奪走了。到達勒克瑙時，他們身上只剩下衣服。由於我之前已經離開萊亞普爾，他們不知道我住在哪裡，甚至不知道我是生是死。最後他們在政府機構難民姓名地址的記錄裡找到了我們的蹤跡。我留下的是在納希的地址，為的就是在這種情況下他們能找到我們。起初，他們和我們一起搬進了納希的房子，但那裡太小了。很快，我在布特勒路上為他們找到了一間房子，那裡在城鎮外面，靠近貢提河（Gomti River）岸邊，讓他們能夠獨立居住。

兩年後，我的家人們開始分開住，散佈四方。我的妹妹和妹夫們其他一些家庭成員搬去北印度其他城市。我的妻兒、父母和兩個弟弟繼續和我一起住在勒克瑙。我的兩個弟弟在勒克瑙念大學，直到畢業。

我完全沒可能回到尊者身邊了，因為我是家庭成員中唯一在印度有過工作經驗的人。我有責任去照顧這一大群貧困無依的避難者的衣食住用。聽聞了尊者的開示數年之久，我從心底知道他

給一家之主的建議從來都是：「安住真我，履行你的世間職責而不帶任何執著。」接下來的幾年中，我有足夠的機會來實踐這一理念。

我不得不日以繼夜地工作來維持家人的開銷。我一直是個高大而強壯的人，但即便如此，那段時間我也精疲力盡、舉步維艱，我們流落在一片陌生的土地上，要盡力維持依靠於我的三十四口人的需求和期許著實不易。不巧的是，我的家人沒覺得有任何節儉度日的必要。每次當我難得回到家，就會看到滿滿一屋子婦女，喝著茶，做了許多油炸小吃，堆積如山。我記得那時幾乎每週都要給她們買十八公斤的食用油。

帕帕吉最早的工作之一是在一家體育用品店做業務員，商店在哈茲拉特‧甘吉（Hazrat Ganj）大街，是勒克瑙的主要商業區。之後他在一家名叫阿利斯‧查樂麥（Allis Chalmers）的外商公司獲得了更好的職位，負責推銷農業機器。他那時主要在位於勒克瑙的東區中心巴斯提（Basti）上班，但這份工作讓他走遍了北方邦。他必須帶著公司生產的機器設備走訪負責區域的城市，向當地農民展示產品的使用。對他而言這是份很輕鬆的工作，在英國軍隊學習期間，他也知道了很多重型機械的知識。

某次出差途中，他經歷了一場異乎尋常的相遇。一名完全陌生的男子來找他，要求見到神。

我當時在巴斯提工作，推銷耕地機、拖拉機和其他在地上開動的機器。我的公司想把這些機器賣給種甘蔗的人。有一天，我的主管叫我去參加在勒克瑙的會議。我途徑阿育提亞，也就是祜主羅摩的出生地。薩爾裕河（Saryu）流經整個城鎮，但當時連一座橋都沒有，行人渡河必須坐船。當我剛下船到了河的對岸，就見到一名年輕的男子站在岸邊。他朝我走來，說他在這裡等了我整整一天，非常高興我終於來了。我看看他，但他一點都不像是我曾經見過的人。他自我介紹說是從古吉拉特邦來的醫生。

他開口說道：「我修習羅摩虔信道，蘇拉特[103]有個星象師告訴我，只要來到阿育提亞，並連續六年每年在此用一個月持續唱誦羅摩咒，都將會見到羅摩以人身的形象出現。」

他把我拉到一邊，請我坐在一張木頭長凳上。這類長凳是祈禱者用來在河邊舉行宗教儀式的。

「今天是最後一個月的最後一天，」他說：「六年來我一直到這裡唱誦羅摩咒。今天我必須要見到羅摩。如果我見不到，我也沒什麼可做的，只有把這副身體獻給河水。我已經決定，如果今天羅摩不在我面前出現，我就自沉到河中赴死。」

我實在不明白這和我有什麼關係，於是對他說：「我只是個機械工程師，為一家巴斯提的公司工作，被叫去參加在勒克瑙的會議。我沒法幫你。我對羅摩一無所知。這不關我的事。我沒法呼喚羅摩出現在你面前。在阿育提亞有許多聖人和師父，這是一個很大的朝聖中心，也許你應該去找找看有誰能幫你。」

我甚至給了他幾個名字和地址，但是對於我說自己對修行之事一竅不通，他完全不接受。

「我心裡有個聲音告訴我，在這輛汽艇上會有一個人能讓我見到羅摩。那個聲音還說此人會穿著卡其布衣服，駕著一輛摩托車。您是唯一一個符合描述的人。那聲音告訴我，我必須要等到這個人，因為他就是讓我見到羅摩的人。」

我站起身就走，邊走邊解釋說我必須在天黑前上路。他見我要走，就跳進了河裡，直直往河中心走去，直到河水淹沒了頭部，他開始在水裡掙扎。我意識到如果自己什麼都不做，不去幫他，他極有可能就這麼淹死了，於是我衣衫完整地跳進河裡游向他。來不及脫衣服了，因為他的頭都已經沉到水中了。我抓住他，試圖把他帶回河岸，但他不想被救。

他拚命掙扎，想從我手裡掙脫，並且衝著我大聲喊叫：「您必

---

103 蘇拉特 (Surat)：古吉拉特邦的第二大城市。

須讓我見羅摩！您必須保證讓我見羅摩！如果您不答應，我絕對不會回到岸邊！您會是我在這個世界上見到的最後一個人！如果您不讓我見羅摩，我就淹死自己，然後到毗恭吒（羅摩居住的天宮）去見他！見不到他，我活不下去！」

「你這是自殺，」我說：「如果你這樣死了，是去不到毗恭吒的。如果你真的這麼做，來生轉世會非常糟糕。」

「我不在乎！」他大叫：「今天，就是今天！如果幾分鐘內您不讓我見到羅摩，我就淹死自己！您是唯一能幫我的人。要麼讓我見羅摩，要麼讓我去死！」

我答應了他的要求，因為沒別的方法能夠把他帶上岸了。

幾分鐘後，我們回到岸邊，渾身滴水，大口喘氣。他看著我說：「現在您必須履行承諾，否則我就回河裡去淹死自己。」

面對這種極端情況，我知道必須要努力幫他見到祜主羅摩。我讓他坐下。他坐好後，我看著他說：「羅摩就站在你面前。難道你見不到他就在這裡嗎？」

突然之間，他見到了。他的臉色一變，因為見到了淨相而發亮。他撲倒在地，向我以及他見到的羅摩形象禮拜不停。最後他起身，說他的餘生都要用來服侍我。他說自己一生夙願得償，而作為感恩，他想獻上餘生來服侍我。

我不要他的服侍，並且我也不想有什麼人跟著我共度餘生。於是我建議他可以做一些儀軌來表達他的感激之情，之後我們就各自上路了。

他隨身帶有一個小包、一把煮東西的壺和一本《羅摩衍那》。我問他在阿育提亞住在哪裡，他指給我看在空置著的沐浴伽特[104]附近的一座廢棄寺院。河流略略變了流向，使這座伽特高於水面，保持乾燥。

我允許他用取自薩爾裕河的水行上師普嘉（Guru puja）。在儀

104 伽特（ghat）:河岸邊通往河流的階梯建築。

式最後他跪拜了三次，再一次問我是否能在我身邊服侍我。我再度拒絕了。

「我沒法帶你在身邊，」我說：「留在這裡慶祝吧。你長久的願望終於得到滿足了。請一些婆羅門和窮人來，向他們佈施些食物來表達你的感激吧。在這裡再留幾天，在這所寺院裡禮拜羅摩。然後回家，告訴你的家人羅摩是如何在阿育提亞對你顯現的。」

我準備動身，但那人抓住我，傷心地說：「可是我甚至不知道您是誰。您住在哪裡？我怎樣才能再次找到您？」

我不想後半輩子都有這個人到處跟著我，就對他說：「我從不給任何人地址。如果你想要服侍誰的話，就服侍羅摩吧。」

我留他在那裡，找到我的摩托車，繼續前往勒克瑙。

類似這樣的奇遇在未來幾年成為帕帕吉教學事業的一種特徵。求道者會被指引去見他，並且在他身邊會有一些異乎尋常的體驗。那些想要見到神以某種形象顯現的人會在某種境界中見到神，而那些對靈性解脫有著強烈渴望的人就經常直接體驗

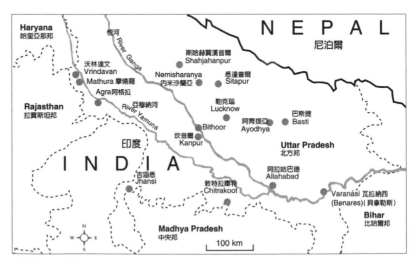

中央邦(印度中部一邦)

帕帕吉照片，可能攝於1950年左右，
在勒克瑙

真我。帕帕吉從來不給出任何修法或功課。因為求道者在帕帕
吉身邊，這類非凡的體驗就只是這樣發生了。

在阿育提亞的這次相遇是此類事件中最早發生的，所以我
打算記錄下來。我問帕帕吉他是從什麼時候開始從事上師這一
事業的，本來預期他會說是1940年代的某個日期。而他的回答
大大出乎意料之外：

我成為上師可以從我還是十四歲的男孩時算起。我們鄰居裡
有個女人問我母親：「為什麼你兒子的臉發光像瑜伽士那樣？」在
那些日子，就有人能見到年紀輕輕的我並不尋常。這個女人很有
智慧，猜到了我外貌有異的原因。她還問我是否在做某些持誦，
以及我如此容光煥發是否就是修行的結果。如果你進行一些瑜伽
修行，你的臉會開始發光。過了一段時間，這就無法掩飾了。

有次我學校的校長家訪，從學生家長那裡募資。在我家時，
他坐著對我端詳了一番。他說我看起來像個瑜伽士，想知道我正
在進行哪種練習。

印巴分治後，這個人也來到勒克瑙定居。幾年後有天我走在
哈茲拉特·甘吉路上時遇到了他。我在街上向他禮拜，因為這是我

們向以前的老師致敬的方法。他對我的舉止非常驚訝，特別是他之前就已聽說我成了有名的瑜伽士了。

他告訴我：「當我和朋友們說起曾教過的學生時，他們想知道多少人事業有成。我說：『有些做了地方法官，兩人成了外交官，但我也很自豪教出了一名瑜伽士。』然後我會對他們提起你。」

當年我在學校聽到早晨祈禱唱頌的「唵，善提，善提」而進入深度體驗時，就是此人沒有對我施以藤鞭體罰。

在達雅南陀盎格魯—吠陀學校的傳統中，學生每日早晨觸碰教師的雙足來問好以示尊敬。帕帕吉所做只不過是遵循常例向舊日師長問好。

帕帕吉說他在十幾歲時就開始了上師的事業，就此我詢問了帕帕吉的女兒席萬妮的看法。

她回答：「我對他最早的記憶，要追溯到1940年，當時我五歲。那個時候就絡繹不絕地有人來找他尋求修行指導或開示薩特桑。無論他住在哪裡，白天黑夜每時每刻都有人湧進屋子。他的整個一生都是如此。」

在1995年2月，回答芬蘭電視臺記者睿希提問時，帕帕吉也確認了這點，說他的教學生涯從他很年幼的時候就開始了。

睿希：您開悟後，似乎繼續過著平常的生活。為什麼您沒有立刻開始幫助那些還在受苦的人呢？

帕帕吉：我繼續過著我尋常的生活，但對此有種不一樣的態度。我知道一切所做的都只是自動進行著的，知道一切都不是我在做的，心無罣礙。當不對未來結果有所期待而做種種行為時，一種慈悲和光芒就會傳遞給周圍的人。這樣的人所感到的喜悅和平靜會自動地傳達給其他人。做事的時候，不需要帶著「我要去做這個或那個來幫助正在受苦的人」這樣的想法。這種想法要求的是

結果和回報，這麼做事是幫不了誰的。

你說：「為什麼我沒有立刻開始幫助其他還在受苦的人？」當我還是小男孩時，鎮上的女人來我們家唱頌黑天拜讚歌時，我就已經開始這麼做了。你不必穿上橙色的袍子，留起長長的鬍子來給人幫助。可以非常低調地進行。我身上世俗人的著裝和所做的世俗職業提供了很好的掩飾，可以讓我不被很多人認出，能不受打擾地做事。

帕帕吉在十幾歲時就給出過修行教授，可能這是他把教學生涯的開端追溯到這個年齡的理由之一。然而除了他父親，直到1940年代，似乎沒有別人把他視作上師。我發現他最早的弟子是穆斯林教授哈菲茲·希耶德（Dr. Hafiz Syed）博士，帕帕吉和他在1940年代中葉於拉瑪那道場相識。就是這個人希望帕帕吉能帶他去拜見馬德拉斯的那位穆斯林辟爾。他們的緣分開始於一次不同尋常的命定相遇：

那時我和妻兒待在室利·拉瑪那道場。孩子們在尊者所處的大廳外面玩，希耶德博士走出大廳見到了他們。

他問孩子：「你們的父親在哪裡？」

他們回答：「他回我們的屋子了，在郊區，是租來的。」

博士問：「你們能帶我去見他嗎？我不知道他在哪裡。我想要見見他。」

幾分鐘後他走進我的房門。我請他喝茶，邀請他留下來共進午餐。但他沒有答應，說他的廚師已經在自家別墅裡準備好了，所以他要準時回去吃飯。

「不過你可以下午過來一起喝茶，」他說：「五點來吧，因為我有些有意思的話題想和你討論。」

我接受了邀請，幾個小時後我帶著全家人去了教授家。

喝完茶，希耶德博士說起了正題。「你相信占星嗎？」他問。

我回答：「不相信。」

他接著對我說穆斯林也不應該相信這個，但最近發生了些事，改變了他的觀念。

「現在，我不那麼確定了，」他開口說：「也許在某種程度上我是相信的，但還沒有徹底確信。」

向我展示他的占星結果時，我看到它是用梵語書寫的，並已由拉達克里希南博士[105]翻譯成英語。拉達克里希南博士是一位著名的哲學家和教育家，後來成為了印度總統。希耶德博士在英國大學工作期間結識了拉達克里希南博士。希耶德博士是一位波斯語專家，而拉達克里希南博士當時正在教授比較宗教學。這份占星結果來自一套名為布黎哈特納迪的葉子[106]，這是占星學中一個非常神秘而古老的流派。

幾個世紀前，由著名智者布黎哈特（Brihat）為首的一群印度賢人，書寫了數千份關於遙遠未來出生個人命運的占星結果。這些手稿都寫在貝葉棕的樹葉上。據說，印度有幾個地方藏有這些預言的副本。每個人都可以去這些地方查找是否有關於自己的占星結果。在旁遮普的霍斯希亞而普爾（Hoshiarpur）有一個已確認的藏書地點，但如今許多聲稱擁有這些納迪葉的地方都是欺詐行為。希耶德博士顯然找到了稀有的真正納迪葉，因為那天他給我看的預言準確得非常驚人。

預言一開始就提到希耶德博士在前世是一位印度教徒，曾是一位著名古老上師的弟子。然而，他犯下了一些過錯，使得他的上師非常憤怒。

上師詛咒他說：「你下一世會生為穆斯林，但你對印度教的愛

105 薩瓦帕利‧拉達克里希南（Sarvepalli Radhakrishnan, 1888-1975）：印度哲學家、政治家。生於泰米爾納德邦，曾擔任邁索爾大學和加爾各答大學的哲學教授、安得拉大學和貝納勒斯印度教大學的副校長、牛津大學斯波爾丁東方宗教和倫理學講座教授。印度獨立後，他擔任印度駐蘇聯首任大使，以及第一任印度共和國副總統，1962年當選為總統。

106 Nadi：音譯「納迪」，是印度南方泰米爾南都及周邊地區所流傳的占星術，所基於的星相解讀都依於古代智仙所留下的預言。這些預言寫在了貝葉棕的樹葉上，被稱為「納迪葉」。

以及你對黑天的愛都會延續。」

　　這就解釋了希耶德博士奇怪的混雜信仰。他生為穆斯林，並且對一切和伊斯蘭傳統有關的都很喜愛，但他也同樣虔信黑天，在胸前口袋裡揣著一本小巧的《薄伽梵歌》。他成了拉瑪那尊者的弟子，而正統的穆斯林是不會這麼做的。

　　占星預言指出，在這一生中，希耶德博士將前往沃林達文，並從一位名為巴巴·哈利達斯（Baba Haridas）的斯瓦米那裡獲得傳法。據占星所述，哈利達斯在前世是希耶德博士的同門師兄弟。當希耶德博士看到這個預言時，他已經去過沃林達文並得到了這位斯瓦米的傳法。此外，還有另一個與他前世有關的事情。預言提到他的另一位師兄弟將轉世為希耶德博士的同代人，名叫尼克森（Nixon），後來會改名為克里希那·普燃（Krishna Prem）。那時，確實有一位名叫尼克森的英國人是著名的黑天信徒。他來到印度，在阿爾莫拉（Almora）定居，改名為克里希那·普燃，後來成為了一名教師。希耶德博士也認識他，因為曾經有一段時間他們在同一所大學工作。

　　驚人的精確預言並未止於此。占星還提到，1932年希耶德博士將會遇到拉瑪那尊者，並接受他作為自己的上師。就在那一年，希耶德博士第一次遇見了尊者。然而，還有一個預言尚未實現。納迪葉記載，1944年，希耶德博士將會遇到一位名叫「哈利萬什拉爾」（Hariwanshlal）的男子，這位男子將成為他的最終上師。希耶德博士對這個預言感到有些困惑。當時正是1944年，但他不知道「哈利萬什拉爾」是誰，也不知道在哪裡找到這個人。此外，他並未在尋找新的上師。他覺得能夠跟隨尊者是一件非常快樂的事情。

　　當我看到我的名字「哈利萬什拉爾」出現在紙上時，我什麼都沒說。我沒有告訴希耶德博士這就是我的名字。在那段時間裡，道場裡的人只知道我是來自旁遮普的彭嘉先生。我從未告訴過道場的人，我的名字是哈利萬什拉爾。

這個預言最終也成真了。希耶德博士開始非常依戀我，最終成為我的弟子。在尊者於1950年圓寂後，博士經常來卡納塔克邦的森林找我，我也經常去他位於阿拉哈巴德的家。他住在阿拉哈巴德的悉維爾街2號（Allahabad, Civil Lines No.2），離我另一位弟子的住處很近。那位弟子是一名地區公務員（PCS），當時在吉涵悉（Jhansi）擔任地方法官。他在阿拉哈巴德時住在一個叫做安瀾甘吉（Allen Ganj）的社區。

在1950年代，我曾在卡納塔克邦的幾個地點工作。希耶德博士每六個月都會去班加羅爾，詢問我公司的主管我的去向。由於希耶德博士認識許多印度的重要人物，他一直被視為貴賓。因此，我的主管總是派一輛車帶他到森林，來到我工作的營地。他甚至還派一名廚師帶著一些食物過來，好讓我能以禮待客。希耶德博士通常會和我一起住上一個月，然後回阿拉哈巴德大學繼續教學工作。

希耶德博士在尊者尚在世時，就宣稱我是他的上師。拉瑪那道場裡的許多人對此表示不滿。其中有一位來自孟加拉的博斯先生（Mr. Bose），對此特別反對。希耶德博士通常用一句波斯諺語回應：

Tifale Maryam hua kare koi, mere marz ki dwa kare koi

意思是說：「任他是耶穌，是聖母之子，若他不能親自幫到我，對我又有何用？」

尊者的一些老弟子也會來勒克瑙或卡納塔克邦森林找我：科恩（S.S. Cohen）、迪黎普・庫瑪・羅伊（Dilip Kumar Roy）、奈都（B.M.S. Naidu）等等。但是希耶德博士是聯繫最緊密的一位。

我從萊亞普爾到勒克瑙時，我會寫信給希耶德博士，告訴他我的所在。他會立刻過來，還帶著沙拉金尼・奈都（Sarojini Naidu），她是印度最著名的女詩人之一，時任聯合省[107]的省長，

後來這個地區改名為北方邦。在接下來的幾年裡，希耶德博士定期來勒克瑙拜訪我，而每次我到阿拉哈巴德時也會和他約定相見。

帕帕吉在1940年代末開始定期舉辦薩特桑，立刻就有了名氣，被譽為一位充滿力量的老師，效果立竿見影。一些勒克瑙當地人定期來見他，甚至一些外國人也開始登門造訪。

從1940年代末期開始有外國人來見我，但最初來的那些並不太會說英語，也不會我懂的那些印度語言。我記得在1948年有個完全不懂英語的荷蘭人到來。有名奧地利婦女和他用德語溝通，來翻譯他的提問，但他對德語也不甚了了，要明白他需要些什麼是件難事。

在1950年左右，來了一名西班牙男孩。他也完全不懂英語。那段時間我搜集了一些字典，因為工作期間我學了許多種語言。我在藏書裡找到一本西英語字典給這名男孩。有了字典的幫助，他才能非常緩慢地交流，但仍不免詞不達意。

我不在房間時，一名印度弟子問他：「如果你和上師之間沒有共同語言，你怎麼能和他說話、怎麼能從他那裡有所收穫呢？」

他用平時那種費勁的方式回答道：「即使我懂得他的語言，他也懂得我的，他也不能通過語言來把我需要的傳遞給我。我來這裡是尋求一種不同的交流。我來這裡感受他的平靜和愛，這不需要共同的語言。即使我們之間不能很順暢地交談，我也能感受到這些。」

弟子們都被答覆中的含義震驚了。西班牙男孩繼續用這種方式說話，大概一個月後他的英語就足以表達自己了。

---

107 聯合省 (United Provinces)：全稱為「英屬印度聯合省」，1937年建立，面積大致覆蓋了今日北方邦及北阿坎德邦。印度獨立後於1950年改名為北方邦。

首批來找他的外國人中有一名叫做托妮（Tony）的德國婦女，她只是那一長串試圖與帕帕吉糾纏不清的女子中的第一個。

1947年印巴分治後，我帶著一大家子離開萊亞普爾來到勒克瑙。不是所有家人都來了。一些女眷和我父母留在了巴基斯坦。到了9月15日他們也來和我們一起住了。我找到了工作，給他們準備好住處。在那段日子裡，來自巴基斯坦的難民會被優先安排上工作，還分配一定的衣服、糖和其他用品的補貼。我父親非常幸運，得到了一份在資訊傳播部的臨時工作。他辦公室隔壁有一間百貨商店，店主的人生閱歷非常有趣。

他的父母送他去柏林學習法律，但他畢業時發現儘管這是非常有前途的行業，自己卻對此沒興趣。他在柏林培訓時，愛上了一位叫做安朵奈特（Antoinette）的女子。他叫她托妮。

我父親在某次去商店時遇見了托妮，和她談起我，說我是南印度上師拉瑪那尊者的弟子。托妮很好奇想見我，於是她請我父親帶她去我在納希的家。

她來到我們家，坐在前廳一張沙發上。父親因為要出門工作，就留下我們倆獨處。我們開始談話，她的英文非常流利。她請我允許她抽菸。我沒有拒絕，儘管我們家有條規矩是不准在屋內抽菸。寒暄過後，她問我是否能向我提問。她跟我挨得非常近，手還搭上了我的膝蓋。我相當驚訝，因為那段時間我還不太熟悉外國女子的舉止。她沒有問我問題，而是給我看一本叫做《長青哲學》[108]的書，由阿道斯·赫胥黎編輯。

我打開書，讀了一些埃克哈特大師[109]的話，這是數百年前的

---

108 長青哲學 (Perennial Philosophy)：也被稱作長青主義，是宗教哲學的一種觀點，將世界上的各個宗教傳統視為分享一個單一的、普世的真理，而所有宗教的知識與教義便在這樣的基礎上成長。該詞語是由義大利學者奧古斯丁·斯圖科 (1497-1548) 借新柏拉圖哲學而首先使用。19世紀初期，超驗主義者將此概念普及化。19世紀末期，再由神智學協會以「智慧宗教」或「古代智慧」的名義更進一步廣為宣傳。到了20世紀，經由著名英國作家阿道斯·赫胥黎 (Aldous Huxley, 1894-1963) 所編寫的《長青哲學》及一連串思想的推動而更為流行，並在新世紀運動中達到高潮。

一位德國聖人及神秘學家。之前我從未聽過這人的名字，但才讀了幾行，我就可以說他看待世界和自己的視角是印度式的而非西方的。

我讀完後有點驚訝，對她說：「他所寫的來自奧義書。」

我能看出她非常嚴肅地在研習哲學，所以我答應給她一些書。

在談話中她說：「我和丈夫一起來到印度，不是因為我們的婚姻關係，而是為了遇見一位聖人。我丈夫對證悟真理毫無興趣，但對我，這卻是生命中最重要的。」

然後讓我大為震驚的是，她說她愛上了我。

我告訴她：「你可以愛我如兄長，或愛我如老師，或愛我就如同你的真我。」

不過這不是她心裡所想。她帶著暗示，微笑著看我，說：「不。我想要如妻子愛丈夫那樣愛你。」

我感到在事情失控前，要對她態度嚴厲一些。

「我有妻子，就在樓下，還有幾個孩子要照顧。我沒興趣和別人談戀愛。」

她對我直截了當的拒絕置若罔聞，並換了一種方法，她說：「我知道印度人工資很低，我們政府有項計畫，會資助在印度的德國公民。如果德國女子嫁給了印度男人，就可以獲得德國政府給的津貼，好讓她在印度維持標準的生活水平。」

她似乎在暗示如果我娶了她，德國政府就會照料我的餘生。我不知道是否真的有這項計畫，但她就是這麼對我說的。

然後她繼續說：「我丈夫帶我回他老家時，他父母並不太高興。他們不願意接受我做兒媳婦。我丈夫決定在鎮上做生意，我父母給了我很大一筆錢，好讓我們在開始做生意時能用得上，所以我把錢都給了他。」

---

109 埃克哈特大師(Meister Eckhart, 約1260 - 約1328)：德國神學家、哲學家和神秘主義者，生於神聖羅馬帝國。十多歲時入道明會任高級職務，是極富感染力的佈道者，亦對德語哲學術語的創制作出了重大貢獻。他非傳統的言論與當時的普遍信仰相抵觸，教皇約翰二十二世將他列為異端。

突然，她開始大笑並說：「我想為你做一些甜甜圈，但印度人不喜歡這口味。」

這番突兀地岔題後，她又開始誘之以利：「我有很多錢，可以給你老婆兩千盧比。」她說，似乎認為這筆錢足以打發我妻子，擺脫掉她。

「如果你和我好上的話，」她繼續說：「我會照顧你全家所有的開支，包括你幾個孩子的學費。」

她認為已經用錢財安排說服我了，就靠近我，問是否能吻我。

我非常堅決地拒絕了她的舉動。我對她說：「你來這裡應當是為自己的求道尋找指引，但你沒有想問這事。你試圖破壞我的家庭。滾出去！」

我的拒絕似乎讓她非常失望。她離開了，看上去極為沮喪，租了一輛黃包車回家了。

她丈夫還在商店工作。當她回家時，只有傭人在。在家裡才待了幾分鐘，她突然開始跳舞，並且以一種瘋顛、狂熱的方法大喊大叫。她的傭人嚇壞了，跑去找她丈夫。他立刻趕回家，但怎樣也沒辦法讓她平靜下來，她繼續跳舞並且大叫。

最後，他丈夫聯繫到我父親。我父親半夜去他家，才一到，托妮就大喊：「我要的不是你。去找你兒子來。我只要見他。」

我父親來到我家，說：「看上去她已經徹底瘋了。你應該馬上趕過去看看。外面有輛車等著，坐車去吧。」

起初我拒絕了，沒說是為了什麼。

「但是你必須去，」我父親說：「你和她見面時肯定發生了什麼。在此之前不曾有的東西現在正在她心裡燃燒。她跳舞跳得像蜜拉柏，還唱著你的名字。去幫助這樣嚴肅的求道者是你的責任。」

我父親看起來很困惑。他不明白為什麼我拒絕幫助這樣一位顯然亟需關照的人。他知道是我和托妮的會面以某種方式引發了她那狂野的體驗，而且他認為作為促成這種體驗的人，我要負起特別的責任。最後，他質問我為什麼不肯去，我告訴他當天早些

時候發生了什麼：

「之前你把她一個人留在我房子裡時，她對我說要做我妻子。她想要賄賂我讓我答應，並且在我拒絕她後還試圖吻我。我怎麼能去這樣一個女人的家？如果我去了，她只會再次試圖抓住我。」

我父親立刻懂了，並且同意我的決定。「哦，我明白了。我不應該帶她來見你。我沒發現這才是她真正想要的。是我的錯，但我又怎麼會知道她做出了這麼蠢的事呢？」

父親離開了，把整件事告訴了托妮的丈夫，並且說在這種情況下，他完全同意我的決定，要遠離托妮。

之後兩天，她不吃不睡，繼續圍著鐘狂喜跳舞。最後她的丈夫對她厭煩透頂，把她所有的東西都扔了出去，賣了店鋪，消失離開，不知道去哪裡了。他似乎和我一樣很高興能擺脫她。

很長一段時間裡我都沒有再見過她。幾年後，當我和一些外國男孩女孩一起在喜馬拉雅山遊歷時，我發現她和她的丈夫已經和好了，他們住在靠近哈德瓦的一所道場裡。我們是這樣見面的：

我當時住的道場拒絕給和我同行的外國女孩提供住宿。道場執事說：「這是給雲遊僧住的地方。我們不讓女性在這裡過夜」。

他說男子可以留下，但女子必須安頓在別處。他建議我們去附近一些新建的道場，裡面有一些僅供女子住的地方。

我去到他描述的地方，發現那裡的執事就是托妮的丈夫。看來他們已經破鏡重圓，因為她當時也在。

托妮在樓上陽臺上一見到我，就立刻下樓來歡迎。她似乎憑自己的本事成了某種古魯[110]，也有了幾個弟子。儘管她穿著表示出家的藏紅色袍子，可是還是上前開始擁抱親吻我。在擁抱和親吻間歇，她告訴我她在阿南達·瑪依·嬤[111]那裡出家成了雲遊僧。

她請我們都留在道場，看起來那裡經營得不錯。建築很好，

---

110 古魯 (Guru)：修行上的指導老師。

111 阿南達·瑪依·嬤 (Ananda Mayi Ma, 1896 -1982)：印度教靈修女性大師，從兒時起，瑪依·嬤就常常進入極喜狀態，弟子們因此以Ananda (極喜) 為名來稱呼她。

有三十間屋子，內部還有一所很不錯的寺院。我感謝她的提議，告訴她我們已經在別處安排好住宿了。我不想再和她有任何交集。我整頓好團隊，一起搬去了七仙人道場（Sapt Rishi Ashram），這是不出城鎮但能離她最遠的地方。

正如他在1947年8月離開拉瑪那道場時所預料到的那樣，帕帕吉再也沒能見到尊者。他的家庭責任讓他止步於北方邦。他知道尊者健康情況不佳，因為關於他患病的消息在報紙上被廣泛報導，但尊者在1950年去世的消息還是出乎他的意外。

1950年4月14日，晚上8點45分，我正走在勒克瑙的街道上。突然我感到胸部一陣強烈的痙攣，幾乎把我擊倒在地。我當時覺得應該是心臟出了問題。過了幾秒，我看見有幾個人手指著天空，一顆巨大流星在空中劃過。在印度各地有成千上萬的人在尊者剛過世的幾秒鐘內見到這顆流星。許多人說他們直覺到，流星代表著尊者離開了人世。不過我那時完全沒有這樣的想法。直到次日收聽電臺新聞時才知道他離世了。

帕帕吉繼續為阿利斯‧查樂麥公司工作，直至1952年。他空閒時會在勒克瑙舉行一些薩特桑，或去見住在北方邦各地的新弟子。作為老師，他開始有了名氣，關於他的文章陸續出現在當地報紙上。當新訪客開始成群到來時，他決定辭職並且回到南印度。

太多人開始來找我，報紙上也刊登了文章。當人數達到了四十至五十時，我沒有別的選擇，只能跑去南方我曾住過的地方。

帕帕吉覺得他可以回到拉瑪那道場並且在那裡過上隱居的生活，但是命運對他另有安排。下一章中會講述他想要放棄世

1995年在勒克瑙的薩特桑會場舉行的上師節典禮。帕帕吉從1992年起在這間大廳舉行薩特桑。
1993年起，會場上一直放置著一張大幅的室利·拉瑪那尊者照片。

帕帕吉在薩特桑開始前，都會對他上師的照片行禮，然後在位於照片正下方的椅子上進行薩特
桑。

間責任，卻一再失敗的故事。

在我結束帕帕吉和他上師此生的因緣的章節前，我想加入一則簡短的故事，足見他對室利·拉瑪那尊者依然滿懷尊崇與感激。

1992年時候我有一次和他坐在一起，那時我們剛剛結束了一次訪談，是有關1940年代他在拉瑪那道場的遭遇。

我說：「您已經告訴了我所有的事情，作為總結，您是否能夠談談在今天您對尊者的感受是怎樣的？如果能簡單說幾句感激或讚賞的話，來總結尊者為您所做的，這會是一個很好的收尾。」

他張開嘴要說話，但是什麼都說不出來。過了兩三秒，淚水順著他的臉頰滑落下來。

他轉過頭，噙著眼淚。「我回答不了這個問題，」他說：「我沒辦法談這個。沒有語言能夠表達。」

儘管我發現在離開上師後的歲月中，帕帕吉幾乎不太談到他對室利‧拉瑪那尊者的感激之情，但在帕帕吉1982年寫給他弟子的一封信裡有這樣幾行話，流露出他的真情：

我的上師用沉默說話。
我的上師用雙眼說話。
我的上師用文字說話。
這三種語言，我都聽見。
黑天以笛子歌唱：
我已聽到。
羅摩用弓箭射向目標：

我已學會。
「覺悟之唯一」不接受所寫、所見、所感、所聞：
那「般若智」[112] 卻接受了我。

112「般若智」(Prajna)：超越性的覺知。

礦場經理

數年來，帕帕吉在勒克瑙盡責供養家人。他決定離家南下是出於兩個原因：首先，他不想被一大群弟子們簇擁；其次，他覺得供養家庭不再是他的義務了。

到1952年為止，我大部分家人已經離開了原來在勒克瑙納希[113]的家，在北印度的各個地方安定下來。有些人去了德里，有些去了坎普爾（Kanpur），有些去了瓦拉納西（Varanasi）。我憑一己之力養家好幾年，也幫他們找到新地方居住，大家都安定下來了，我覺得自己完成了應盡的家庭責任，於是辭去工作，離家前往南印度，打算重返室利·拉瑪那道場。

我想重返道場，因為發覺世俗事務是沒有止盡的，要想一一解決，花上一輩子都不夠。必須要脫離輪迴。一個人不該為了照顧他人而浪費自己的一生。在這一世，他人各有各的宿業[114]。

我想：「創造了他們的神會照看他們的。他們不再是我的職責了。」

我意識到這一點，便斷然辭職離家，要回南印度。雖然尊者

---

113 納希(Narhi)：帕帕吉在勒克瑙住過多年的地方。

114 宿業(Prarabdha)：過往累積而在現世所成熟的業。

已捨去了肉身，我仍打算長住室利·拉瑪那道場。

去那裡的路上，我在馬德拉斯一個老弟子家過夜，他在政府造幣廠任職。晚飯後，他給我提供一間房間，並問我是否願意在他家再逗留幾天。他提到自1947年後我就沒來過馬德拉斯，並滿懷深情地回憶起當年一起拜訪道場的經歷。

這人的妹妹嫁給了一個來自馬哈拉施特拉邦[115]沃爾達（Wardha）的森林工程承包商。他們的女兒在學校念十年級，那時她正在這位馬德拉斯的舅舅家度假。她大概十七歲左右，英語說得很好。

那天晚上，她進了我房間，說想要跟我同床共枕。我頗感震驚，裝作沒聽明白，問她這麼出人意外在這時間來我房間，是想做什麼。

她重複了一遍她的企圖。我說：「你的舅舅、舅媽還有他們兩個女兒都會疑心你的行蹤，會到處找你的。」

我想要讓她明白，在這麼小的一個家裡，她所盤算的事情沒可能發生。我估計靠道德說教不能讓她離開，從她剛說的話中看得出，她並沒有很強的道德感。我繼續說，她要是再在我房間裡待下去，一定會讓家裡人起疑並且擔心的，但這麼說似乎也不奏效。

「這是我的私事，」她說：「我剛才就深深愛上了你。晚上在飯桌上，你用一種特別的眼神看著我，從你的眼神中我很確信你也同樣愛上了我。」

我不能再讓她繼續下去了。她是個十七歲的女孩，是招待我的主人的親戚，卻半夜三更孤身一人在我臥室裡，要跟我共度春宵。

我告訴她：「我對你的提議沒有興趣。我正要去蒂魯瓦納瑪萊。我來這裡只是為了和你舅舅待上一段時間，我們是認識多年的熟

115 馬哈拉施特拉邦：位於印度中部，首府孟買。

人。」

我告訴她我會馬上離開，希望能說服她我只是個暫時的過客，很快就會從她的人生中消失，但她似乎也無動於衷。

「我也要跟你一起走。」她回答說。

我絕不允許這樣，絕不會帶她一起走。但為了確保她不會尾隨，我告訴她：「我之後還會回來，會再和你及你家人相聚的。」

之後我很快動身前往蒂魯瓦納瑪萊，以為甩掉了她，不過她是個執著堅定的女孩。幾年後，她發現我的行蹤，再一次試圖要跟我締結情緣。

和這個女孩第二次相遇的詳情將出現在本章末尾。

帕帕吉在室利·拉瑪那道場找到間房住了下來。幾個星期後，他在慧焰山山坡附近閒蕩，遇到一個住在山洞中的法國人。以下是帕帕吉對這次相遇及對談的描述。

我正朝著山頂史堪德道場（Skandasramam）的方向走。有人告訴過我有個從喀拉拉邦[116]來的學校教師住在這附近。我想去見她，但當我到達她住所的時候，她正在打坐，不願被人打擾。

一個正在放羊吃草的牧羊人路過，他高聲喊道：「附近有個山洞裡住著個老外，你為什麼不去看看他呢？」

我聽從了他的建議，沿著他指的路去找這個人。我想弄明白為什麼一個外國人會住在慧焰山的山洞裡。牧羊人指的路是對的，幾分鐘後我就找到了他。我走進山洞，看到一個男人蹲在地上，正準備燒飯。

「你住在這裡多久了？」我問。

他沒有回答我，反而用手遮住了臉。隨後，他意識到我並不理解這個手勢表示的含義，於是走到了山洞的另一邊，找了一張

116 喀拉拉邦：印度西南部的一個邦，濱臨阿拉伯海。

紙，寫了字條遞給我。紙上寫著他正持守禁語戒，不想和人交談。

　　他穿著雲遊僧的橙色袍子，正盡可能地遵守傳統戒律。雖然我到的這一天他正在燒飯，不過後來發現他其實常在蒂魯瓦納瑪萊的街道上乞食午餐。甚至在乞食的時候他都能不破禁語戒。雲遊僧們通常站在居民家門口高聲乞食，有時候會唱拜讚歌以引起屋內人的注意。這個人卻只是站在外面，靜候別人來供食。如果沒人供食，他就默默走向下一家。

　　對他刻意的靜默，我並不佩服。我對他說：「單單為了要告訴我你在守禁語戒，你就做了這麼多動作。你把手放在嘴上，走過去找紙和筆，給我寫了個字條，遞給我。你稍微動動舌頭直接告訴我不就得了？你認為自己在持守寂靜，但這只是嘴上的寂靜。你的思維心還在活動。你必然要動用自己的思維心來找紙筆，也必須動用思維心來寫下字條說你正在守禁語戒。真的寂靜是你的思維心寂靜了，哪怕說話時也是如此。」

　　於是他放棄了禁語，向我提了很多問題。他想知道我是誰，在道場住了多久，以及我對尊者的看法。他問了很多關於尊者的問題，當聽到我對尊者有強烈信心的時候，他很欣喜。他還問了我一些基督教的問題，想知道我是否讀過《聖經》。後來他告訴我他的名字是阿比什克塔南達·斯瓦米（Swami Abhishiktananda）。

　　在自述中，他提到自己曾經在北印度的恆河岸邊待過一段時間。「但現在，」他補充道：「我大多數時間都在庫利塔萊[117]一個叫做善提瓦南（Shantivanam）的道場。」

　　我問他是否拜訪過那地區一個有名的裸體聖者的靈祠。他從沒聽說過這個聖者，所以我就把聽到的故事講述了一遍。

　　有一天，這位聖者去高韋里河[118]沐浴，自此消失，好幾個月都不見蹤影。六個月後，一些壯工在乾涸的河床裡挖沙子時挖到了他，發現他被活埋在沙裡。可能是他沐浴時遇到洪水被捲走了。

117　庫利塔萊（Kulitalai）：位於印度南部泰米爾納德邦內。
118　高韋里河（Kaveri）：印度南部的一條河流，是印度教的一條聖河。

雖然被埋在沙下六個月，但人還活著。他一定是運用了自己的瑜伽技巧，能在身體被埋時以某種方式保持體內的命氣（prana）。這位聖者被挖出來後，只是走向河岸，坐下繼續禪修。數年後他過世了，人們建了一座靈祠來安葬他的遺體，吸引了很多人前來參拜，以求聖者的加持。阿比什克塔南達·斯瓦米說他從來沒有拜訪過這座靈祠，但是他答應我下一次到那個地區時一定會去。

我們成了好朋友，之後數年中，我一度被調派到卡納塔克邦多個地點工作，他探望過我很多次。我退休後，他也到德里和勒克瑙來看我。雖然他穿著雲遊僧的服裝，試圖保持內心和外在的寂靜，但他是一個非常活躍的人。當我看進他的雙眼，並不覺得他像一個心靈已然寧靜的人。我清楚感覺到他故意向我隱瞞著什麼東西。

阿比什克塔南達·斯瓦米早年是個隱居的本篤會[119]神父，名叫亨利·勒·梭（Henri Le Saux）神父。他得到法國修會的允許，來到印度嘗試另一種出家生活。因為那個時候他主要的目的是使基督教更投合印度人的口味，所以他算得上是個傳教士。他想使印度成為基督教國家，為了完成使命，他想找到一個方式能讓印度人接受教會的教導。他感到如果基督教神父換上雲遊僧的裝束，像苦行僧一樣生活，在印度就更容易被接受。這就是他身穿橙色袍子、住在山洞的原因。雖然在第一次見面時，他就和帕帕吉談到了基督教，但他並沒有透露自己仍然是個受任命的神父，也沒有透露他是出於傳教的目的才來印度的。這或許能解釋為何帕帕吉感到他有所隱瞞。

阿比什克塔南達·斯瓦米對印度教傳統抱有極大好感，對於一個天主教神父而言，頗為難得。他研習印度教經文，嘗試了許多其中推薦的虔信和禪修的修法。雖然他認為基督教能從印

---

119 本篤會：天主教的一個隱修會，於529年由義大利人聖本篤在義大利中部卡西諾山所創，遵循中世紀初流行於義大利和高盧的隱修活動。

度教中學到很多東西，但在大半生中，他並未承認通過印度教可以得到真正的救贖。

　　阿比什克塔南達·斯瓦米始終沒有成為帕帕吉的弟子，但是二十多年間，兩人一直保持聯繫。斯瓦米在他的法文著作《慧焰山回憶錄》(Souvenirs d'Arunachala) 中記載了帕帕吉講述的和拉瑪那尊者會面，這是這個故事第一次見諸出版，這本書之後的英文版名為《慧焰山的秘密》(The Secret of Arunachala)。書中還詳盡記述了他倆的第一次會面。我全文摘錄在這裡，因為這是帕帕吉和求道者之間最早有記載的對話。

　　摘錄部分從阿比什克塔南達·斯瓦米問帕帕吉是怎麼找到他的開始。

　　「你是怎麼找到這裡的？誰跟你提到了我？誰給你指路到了我的山洞？」

　　他〔帕帕吉〕直視著我的眼睛，回答道：「你呼喚了我。我就來了。」

　　我對此報以懷疑一笑，但是他非常嚴肅地繼續說道：

　　「讓我重複一下：是你呼喚了我。真我吸引真我。你覺得還有其他可能麼？」

　　我們接著談到了尊者，談到了他的教授和弟子們，這些他都非常熟悉。

　　我身邊放了一些書，包括《薄伽梵歌》和奧義書，我喜歡給我的訪客們引用裡面的話。這是因為一年前，我遇到了一個來自坦焦爾[120]的婆羅門學者，他只有在我一口氣之內說出了主要的奧義書書名後，才放下了他高傲的身段……

　　當我們的談話從尊者轉到了經文時，我拿起其中一本開始引用一段話，因為我沒有印度人過目不忘的記憶力。我補充說我已

---

120 坦焦爾(Tanjore)：現被稱為坦加布爾(Thanjavur)，是印度南部泰米爾納德邦的城市之一，曾經是古印度朱羅王朝的國都。

經開始學一點梵文，這樣能更好地理解這些經文。

「這些有什麼用呢？」哈利拉爾〔帕帕吉〕不客氣地說，「所有這些書，所有浪費在學習外語上的時間！和阿特曼（atman，即Self真我）對話時你是用什麼語言的嗎？」

我想要為自己的觀點辯解，他又打斷我說：「別想了！事實上，除了阿特曼之外，還有別的麼？那麼，你會的英語、梵文和別的什麼對你又有什麼好處呢？它們能助你和阿特曼、和你自己說話麼？這些根本就沒有用武之地。阿特曼和書本、語言或者任何經文都沒關係。它即是──這就是全部！」

他繼續說道：「我一度也曾沉迷於閱讀，但是我從來沒有從中學到什麼。現在我不讀書了，或者就算讀一點點，都少得可以忽略不計，哪怕是《薄伽梵歌》──在過去它的詞句總是在我心中像音樂一樣迴旋不去。我也不再打坐了──真我和打坐無關。它和虔誠的祈禱、唱誦，包括重複聖號的持名念誦、念咒、祈請文、拜讚歌都無關。我一度對此非常得心應手──帶著極大的熱忱！當然，我在我的孩子身上用這些，現在有時候還這樣做，但這是為了他們著想，因為在那樣的年紀是需要這些的。這就像我加入他們的遊戲一樣。畢竟這一切不就是個遊戲，不就是真我的神聖遊舞[121]嗎？」

我很確信我之前遇到的不二論者沒有一個是這麼真誠、可信的。的確，在印度有不少人談起不二論就說得頭頭是道，特別是在南方和各種道場裡，但是他們通常也是為了自己的股票投資能獲利或者工作能升職，第一個衝到寺廟裡獻供祈願的人，更不要說隨著對吠檀多的智性精通而常常會有的洋洋自得、自以為是。雖然如此，哈利拉爾是不是也表現得太過了？即使不考慮個人的弱點，只要還沒有證得自性，就不應該表現得好像證得了。有次我和馬德拉斯一位知名的哲學教授馬哈德萬（T. M. P.

---

121 lila原義為遊戲、舞蹈。在印度教教義中，宇宙的顯現就是神的遊舞。

Mahadevan）博士談論到這個話題，他本人是尊者的忠實弟子，在理性層面對不二論的真諦絕對毫無懷疑，但他仍依教奉行，經常上寺廟去做慣常的獻供。在他的觀點中，除非是不再感覺到（自己和真我之間的）二元性了，否則還是不該放棄這些外在的儀式。當我表達自己的訝異並提醒他拉瑪那的教授時，他欣然承認說當這個「跨越」的時刻臨近，禮拜和祈禱變得有點虛假甚至不自然時，那麼——當然要在上師的允許下——他就可以放棄了。因此，哈利拉爾的說法激起了我強烈的反應。

「誰證悟，或者誰已經證悟真我了？」他回答道：「這只是文字說法而已。阿特曼是不可能被達到的。除了真我之外，還有什麼？除了真我，誰達到了真我？『沒開悟』只是為了逃離實相而找的藉口，好繼續是非分明地過一個充滿祈禱、禮拜甚至苦行的停滯而僵化的人生，這些東西毫無疑問很合卑小的自我的胃口，但實際上卻是完全沒用的。難道是因為我關上了百葉窗，太陽才下山？悟道的最根本障礙恰恰就是自認為這一證悟還有待時日。

「當然，」他承認說：「並不是要完全反對讀書。相比於做白日夢和閒聊，讀書就好得多了。打坐則好過讀書。但是只有在究竟的寂靜中，阿特曼才會被揭露——如果可以這麼說的話。但是得再重複一遍，我們必須很小心，不要假設這個寂靜和是否思維它之間有任何關係。因為阿特曼不可能淪落為能被言說、思維或教導的東西。同樣，也不會淪落為斷滅或空白無念。」

然後我說：「那些宣揚不二論的人，充斥我們國家的大街小巷，圖書館裡都是他們的著作，他們又是怎麼回事？他們聲嘶力竭地反對那些宣傳西方宗教的人，但是他們自己的思想卻比他們所反對的對手還要狹隘。他們『霸占』了真理，任何不接受他們所謂的無所不包的吠檀多觀點的人，在他們看來就只不過是愚人或瘋子。」

「你說的一點都沒錯，」哈利拉爾答道：「一旦不二論被當做了一個宗教，它就不再是不二論了。真理是不分教派的。真理就是

真理，完全不可能由一人交給其他人。真理以其自有的光明而閃耀。聲稱擁有真理，或者說他已經得到了真理，或者說他能將之轉遞出去的人，要麼是蠢貨，要麼是江湖騙子。」

他接下來問到了我本人，問我是怎麼生活的，我是怎麼理解靈性生活的……

他說：「你要做的只有一件事，那就是切斷縛住你的最後的繩索。你早就已經準備好了。拋開你的祈願、禮拜、這個那個的觀修。覺悟你即是。『汝即彼』[122]——你就是那個！

「你稱自己是基督徒，但在你已經達到的層次上來說，這毫無意義。看這裡，聽好了——個體的我才分你是基督徒、我是印度教徒。對所有見到實相的人來說，是不分基督教徒、印度教徒、佛教徒或者穆斯林的。只有真我，沒有任何東西能夠束縛、限制或者定義真我。

「現在跟我說說你的修行經歷。」

我又想對此報以一笑以掩飾內心的情感，所以我問：「你為什麼想要我跟你說這個？」

但是他並沒有笑：「我不惜一切代價都要知道。隨便你用什麼方式告訴我，用言語或者不用，但是你必須告訴我。」

我們當時正面對著面盤腿坐在石凳上。我沒有回答。當變得越來越寂靜時，我和他一樣閉上了眼睛，我們就這樣待了很久。當我睜開雙眼，他也睜眼之後，有那麼幾秒鐘，我們互視對方。我們又一次闔上了眼睛，當我最後重新睜開時，我看到他正雙眼圓睜著，但又像是什麼都沒看見。

「你是個喜愛寂靜的人。」他說。

「是你建議我可以用它來回答你的問題，我才這樣做的。」

「你做得相當不錯。現在我全都明白了。你已經準備得相當好了。你還在等什麼呢？」

---

122 Tat tvam asi：意為「汝即彼」，是吠陀四句大真言之一，出自《歌者奧義書》。

「準備好做什麼呢？唉，在神的面前我一旦想到自己本該做到的，就覺得自己非常軟弱。」

「別再說這樣的廢話了！別再談什麼分別。哪裡都沒有分別。只有阿特曼。神即是阿特曼，是一切所是的真我。我是阿特曼。你是阿特曼。只有真我存在，一切唯是它，它也在一切之中。」

「但是你怎麼知道我已經準備好了？」

「一個女人快要分娩時，她當然心裡有數。而且每個做母親的女人也都看得出徵兆，沒有絲毫疑問。對於快要接近覺悟的人，或者更確切地說，這些人的『我』在本然而獨一的我之光照中處在將要消融的邊緣時，也和這一樣。今天早上我和你在市集上不經意間擦肩而過的時候，我就在你眼中看到了這一點，就在那時你呼喚了我。」

「你這麼說好像你是被派到這裡來，專門為了傳送這個消息的。」

「不管我是不是被派來的，我都必須要跟你說這些。現在已經說完了。如果你不相信我，那是你自己的事。但是你也逃不掉。如果有必要，我們可以再見一面來最後決定。或許會有旁人來干預，是你不能抗拒的一個人。」

「但是如果像你說的，我已經非常接近覺悟了，為什麼你不直接讓我覺醒呢？」

「根本就沒有什麼『讓人覺醒』的問題。到底誰是那個沉睡者？怎麼可能叫醒一個不會睡著也從來沒睡著過的呢？睡、夢、醒，都只是身體和身體感官的事情，當然也包括了思維、欲望和意願。你是這副身體嗎？局限在這個身體皮囊之內，你認為你自己就是這個了嗎？在沉睡中，你還會想到或覺知到自己存在嗎？但是，就算是那個時候，你還是存在，你在。你事實上既不是這個會睡覺又會醒來的身體，也不是這個一會兒清楚一會兒糊塗、到處遊蕩、不停抓取方方面面印象的會思維的心，甚至也不是在沉睡、昏迷和肉身消融時會不見了的覺知。

「是因為你，才有了所見所聞、所想所願。當所見所聞、所想所願都不在時，剩下的那個就是你。那是阿特曼，真我；它是你實際上的本來面目，超越一切外在的會變化消逝的形象。汝即彼——你就是那個！有什麼阻礙你證悟這個呢？

「你還記得你出生的時候麼？你能想得起來可能是你存在的最初片刻的記憶麼？對於起始，你有任何覺知麼？難道你不是早就已經存在了麼，遠在你能記得起自己存在之前？如果你的存在是由你所有的記憶決定，那麼在那些你已經沒有記憶的時間裡你又如何？當覺知沉睡的時候，你又如何？

「讓我再跟你說一遍，你所缺的只有一樣東西。進入古訶[123]，你心的洞穴，在那裡證悟你即是！」

「我心的洞穴！」我喊道：「我的確想要盡量待在那裡。在這座聖山的洞穴裡居住，最能幫助我達到這一點。在如今居住的這個洞穴和未來我準備閉關打坐的漆黑一團的洞穴裡，我能獲得無法描述的平靜和喜樂。」

「你的石頭山洞是死的東西，它怎麼可能給予你平靜和快樂？你說的隱居其中所感到的快樂，和它一點關係都沒有。其實是你，你自己內在的深處，才是無上的平靜和喜樂。是你讓你的山洞充滿了平靜和喜樂，你自己，在你的心的洞穴中，其實本來就是這個平靜和喜樂。你體驗到的是這喜悅的一種回音——你真的頭腦簡單到認為是這石頭將此喜悅慷慨地賜予了你？你怎麼可能沉浸在這樣的幻想中不睜開眼看看？實際上，你既沒有給予也沒有接受，連這個平靜和喜悅的一絲一毫都沒有。你是喜悅，純粹的喜悅，這個喜悅甚至都不能再被稱為喜悅，因為它既不可見，也不可思議，也無以名之，只不過如是而已。」

當我帶著哈利拉爾沿著下山的路走下聖山時，我指給他看面前壯麗的美景——放眼望去的是蒂魯瓦納瑪萊的城鎮和寺廟，遠

---

123 古訶 (Guha)：為梵文，原義為洞穴，特指證悟真我的地點。奧義書中描繪它為「比最小的微粒更小，比最大的宇宙更廣闊。」

處是鄉村景色，廣闊的荒原和田野間突起岩石嶙峋的群山。那時候恰好日落西沉。我向他描述每天早上日出時太陽直接照入我的山洞，那景象是多麼壯觀。

「我毫不懷疑那是個壯觀的景象，」他回答：「但是它比得上真我之晨曦、本然之日出嗎？」

後來我經常和哈利拉爾碰面。我們對彼此非常瞭解，並且深深達成了共識，不放過任何可以碰面的機會來談論對我們倆人生至關重要的東西，尤其在我們發現有共同話題的人實在寥寥無幾之後。

就算這樣，哈利拉爾還是很難理解為什麼我依然感到有義務要履行我基督教信仰的儀式和其他職責。「阿特曼，真我，是不被任何東西所束縛的。」他常這麼說。

四十多年前帕帕吉給出這一建言，並以這樣的方式給出，顯示出他基本的教言和教授方法並沒有隨著時間而有所變化或發展。在當時和現在，他對待求道者的方法都是直接、挑釁且對峙的。他會告訴願意聽的人，要明白或知道本來面目是不需要任何修持的，任何要找到真我的努力都只是在幫倒忙，因為它把注意力從一個人的本來面目上移開了。

帕帕吉在拉瑪那道場並沒有逗留很久。他抵達後過了幾個星期，就被帶到了班加羅爾[124]，開啟他人生中的新階段。

在北印度待了數年之後重返拉瑪那道場，我打算在那裡永久住下來，但是事情並沒有這樣發展。我到達後不久，幾個老朋友來道場參加那一年的拉瑪那誕辰慶典。他們本以為我還在北印度生活工作，所以見到我時相當吃驚。慶典結束後，他們邀請我去班加羅爾的威爾森花園（Wilson Garden）見多年未見的其他朋友

---

124 班加羅爾（Bangalore）：印度卡納塔克邦的首府，是印度獨立之後重工業的中心城市。

和親戚。我告訴他們我不想離開道場，但他們根本不聽，強行把我塞進他們的車就開往班加羅爾。

　　從蒂魯瓦納瑪萊到班加羅爾有大約五小時的車程，我們到達後，他們把我安頓在巴薩瓦納古蒂[125]我的老朋友B.M.S.奈度（B.M.S. Naidu）家。我是在1940年代中期在馬德拉斯工作時認識他的。

　　第二天，他提議一起到班加羅爾市中心著名的拉巴克（Lalbagh）植物園散步。因為植物園在他家的步行範圍之內，我們便走路前往。在植物園之中我們信步漫遊，偶爾停下來欣賞展出的花卉。當我們經過植物園中心巨大溫室時，碰到了奈度先生的一位熟人。他叫克里希那·拉爾·珀達爾（Krishna Lal Poddar），奈度介紹說他是一位傑出的工業家，在阿薩姆邦、孟加拉和比哈爾邦[126]都有相當多的產業。我們停下聊了一會兒。

　　對話中他說道：「我在比哈爾邦的吉爾迪（Girdi）有個雲母礦。我最近拿到了附近一些森林的錳、鐵的開採權，所以才到班加羅爾來。」

　　然後他開始問我一些常見問題——我從哪裡來，到班加羅爾做什麼，是否結婚了，家人在哪裡……等等。

　　「我是退役的軍人，」我說：「家人在勒克瑙，我在北印度工作過，但是幾周前我決定放棄那邊的工作來南部。我上師的道場在蒂魯瓦納瑪萊，一般情況下我住在那裡。我來班加羅爾只是因為一些多年沒見的朋友堅持要我來這裡見他們的親戚朋友。等這裡的事情做完之後，我就會回蒂魯瓦納瑪萊去。」

　　「你怎麼支付家人的生活費用呢？」他問道：「你待在道場時，誰在照看他們呢？」

　　「神在照看他們。」我說。

125　巴薩瓦納古蒂（Basavanagudi）：為班加羅爾市的一個地區，距離威爾森花園不遠，二者之間即是拉巴克植物花園所在地。

126　阿薩姆邦和比哈爾邦是印度東北的兩個邦。孟加拉，此處應是指印度的西孟加拉邦。

我並沒有覺得自己不負責任。我之前曾掙錢養家，但我確確實實相信是由神來照看世界，包括我所有的家人。

珀達爾先生並不這樣看。「你不能乾坐著什麼都不做，就等著神來照看你的家人。你有老婆孩子要養。我可以給你一份很好的工作，工資足夠你養家。我想要你管理我新開礦場上所有的工人。我已經聘好了採礦工程師、地質員、測探員等，現在要找的是一個能夠安排統籌管理這些的人。如果你接受這個工作，你將會負責管理所有的工人。你要負責分發工資，監管從礦井到港口的礦石運輸，採買建礦所需的設備，確保運作不出問題。我需要一個從北印度來的人幫我料理這些事情。我會給你提供你所需，包括從北印度來的廚師，這樣你就不必吃吃不慣的食物了。」

直接給一個完全的陌生人提供職位，這是很不同尋常的舉動，特別是我剛剛才表達了自己並沒有繼續工作的興趣。直到很後來，我才知道他決定給我這份工作的原因。

他尋思，「這個人曾在軍隊裡擔任軍官，知道怎麼管人、下令和維持紀律。他現在住在一個道場裡，這或許能證明他是誠實、有精神追求的人。他正是我要找的人。這工作會經手大筆的金錢，我需要找個能信得過的人，可以獨當一面，能夠在叢林的工廠營地管理好一大批工人，讓他們努力幹活。」

我們去了他在克里希那路的家進一步討論工作的細節。他希望我即刻上任，甚至不用回室利·拉瑪那道場了。這是一個很誘人的工作機會，但是我不知道怎麼可能如此匆忙地就接受下來。我隨身只帶了一條裹裙和汗衫，怎麼可能直接就奔赴叢林呢？在那兒一待下來，都不知道何時才會離開。

他並不認為這是個問題。實際上他第二天就要去礦上，堅持要我同行。

「我明天早上八點到奈度先生家去接你，」他說，輕而易舉地掃除了我所有覺得不可行的反對意見。「你會真心喜歡森林的。那裡有高聳的群山和數不清的野生動物。」

我必須承認，這是這個工作機會的主要加分點。我一直都很喜歡獨處，能在原始、遙遠的森林地區工作，非常吸引我。

第二天早上，我們坐車前往礦場。目的地離班加羅爾有大約六小時的車程。到了之後，他帶我參觀了建造中的營地。基本上是在墾荒階段，一臺推土機還在鏟平空地，已經清理好的土地上搭了一些棚屋給工人住。有一輛貨車、一輛吉普車、一臺推土機，還有很多人忙來忙去，整理著這個定居點。

一起吃完午飯後，他問我對這個地方和他提供的工作有何想法。我承認說自己很喜歡這個地方。這裡四周森林茂密，靠近管理人員的棚屋處有一條河，神秘地隱沒到了地下，看不到流出地面之上的跡象。在簡短的參觀中，他們帶我看了一座小廟，據說吠德耶羅耶·斯瓦米[127]在這裡創作了他的名作《十五論》。實際上這整片森林就叫作吠德耶羅耶邦森林（Vidyaranya State Forest）。除了是個著名的導師之外，吠德耶羅耶還是幾百年前興盛於這個地區的毗奢耶那伽羅王朝（Vijayanagar）的宰相。

我沒什麼遲疑就接受了這個工作。這決定似乎順理成章。想到未來的日子會在這樣一片蠻荒之地度過，我挺高興的。

當天我們返回了班加羅爾。珀達爾先生給了我十萬盧比應付第二日的開銷，並告訴我應該立刻上任，不要回蒂魯瓦納瑪萊收拾行李了。他說會派人把我所有東西寄過來。第二天，我拿著珀達爾先生給的錢和食物回到了礦場。過了一天，我在蒂魯瓦納瑪萊的衣物寄送到了，同時來的還有一個北印度的廚師，專門配來為我作飯。我人生的新紀元開始了。

珀達爾先生記下了我妻子在勒克瑙的地址。他背著我開始每月給她寄五百盧比，這樣她就能用來支付全家的開銷。我曾告訴

---

127 吠德耶羅耶·斯瓦米（Vidyaranya Swami）：生活於十四世紀，又名立帝者、主保聖人，是毗奢耶那伽羅王朝（印度歷史上的最後一個印度教王朝）的創始者訶利訶羅·羅耶（Harihara Raya）一世和布卡·羅耶（Bukka Raya）一世兄弟倆的國師，也是商羯羅創辦的師林格里的夏拉達辟騰（Sringeri Sharada Peetham）寺廟的總師（Jagadguru）。他所著的《十五論》（Panchadasi）是不二論吠檀多的經典著作。

珀達爾先生神在照看我的家人，他不相信，但是他在不經意間成了神的助手。

我在森林裡安頓下來，開始工作。每週我開車去一次班加羅爾，取錢支付帳單，但其餘時間我都待在森林裡，監管那邊的工作。接下來十三年中，我一直住在卡納塔克邦和臨近的果阿邦（Goa），在不同的採礦工地上擔任行政經理的工作。

我詢問帕帕吉他的工作細節，他寫下了下面的這張列表：

在採礦公司，我做過很多工作：
  一、從礦井吊起礦石，裝載到貨車上，再運到鐵路。
  二、運輸礦石到芒格洛爾[128]、馬德拉斯和卡爾瓦爾[129]，並安排離岸船運。
  三、支付人力和員工薪水。
  四、採購裝備和供給物資。
  五、照看自動車間。
  六、鋪好通往工作點的路。
  七、安排人力從最近的水源取水。
  八、員工福利。

叢林生活艱難而原始。阿比什克塔南達·斯瓦米常去帕帕吉管理的礦場探望，他在《慧焰山的秘密》一書中記錄帕帕吉的生活方式給他的印象：

我特別喜歡他在邁索爾[130]叢林工作時和他在那兒會面。每次我經過那個地區，比如在我去浦那[131]或者孟買的途中，我經常會

---

128 芒格洛爾（Mangalore）：卡納塔克邦的主要港口城市。
129 卡爾瓦爾（Karwar）：卡納塔克邦的一個港口。
130 邁索爾（Mysore）：卡納塔克邦的地區名，與喀拉拉邦接壤。

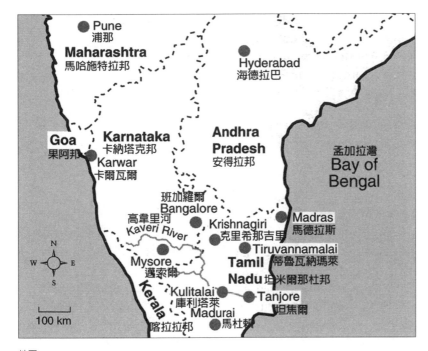

地圖

中斷行程幾天，好去看他……他常跟我說等到他兒子成家立業之後，他會非常樂意辭掉工作……

　　他負責遠離城鎮地處叢林深處的幾個鐵錳礦場，通往那裡的路況很糟糕。他住在工人附近一個草棚裡。對於可以遠離人群的人而言，這孤獨當然非常美妙，但他的同事們卻鮮能欣賞，因為他們不知道自己的本然深處所擁有的秘密……

　　自從聽到拉瑪那簡單的幾句話之後，他的人生改變了，他發現自己所有的欲望徹底熄滅了。但是，他還是積極投入工作，不計辛勞讓礦場盡可能提高產能，還去發現更好的新礦床。看著他穿著長靴大步流星視察礦場，駕駛著吉普車或貨車，大家很難猜到他精神世界深處的秘密。他特別喜歡講述一個年輕的德國女孩

131 浦那（Pune）：馬哈拉施特拉邦的一座城市，在孟買東南方約100公里處。

看到他時的驚訝：她聽聞他的大名前來拜訪，原以為會看到一個赤身裸體或衣衫襤褸、一動不動坐在山洞中或者隱藏在樹叢中的苦行僧。

帕帕吉很少談到工作的艱苦，但他有時會說起叢林之美和生活在其中的奇妙的野生動物。

我喜歡叢林的孤寂、土地的自然美，但有時候動物會造成問題。有個我工作過的地方，周圍沒有水源，所以我必須用貨車從五十英里外運水過來。當地的熊群很快發現我們的工地宿舍是很好的飲水處，夜裡突襲我們的宿舍就能省掉牠們長途跋涉的尋水之苦。

一開始，我們把水留在室外的水桶。但很快就行不通了，因為夜裡熊群會過來把水喝個精光。於是我請工人把水放在室內，熊群就索性闖進棚屋裡喝水。很多人住的草棚不太牢固，如果有膽大、固執的熊嗅到屋內有水的話，可以輕易破牆而入。

有次我和一個喀拉拉邦來的人共住一間茅草棚，他擔任主管，負責管理部分工人。草棚裡用竹編的牆隔成兩間。有天晚上，一頭熊闖進他那一半草棚，開始嗅來嗅去。那是一頭母熊，把鼻子伸到他被子裡，在他雙腿間嗅來嗅去。他驚醒了，一聲尖叫後從床蹦起三尺高，衝到我這一半的草棚，鑽進我的被窩。他一定認為這是最安全的地方了吧。那頭熊尾隨他也試圖爬上我的床。那是個寒冷的晚上，或許牠想找個溫暖的地方睡覺。為了重新回床睡覺，我不得不把牠趕跑了。

森林裡也有老虎，但與我們互不相犯。牠們似乎有自己的食物和水源供給，所以用不著突襲我們宿舍。因為這個地區沒人獵虎，所以牠們也不怕偶爾現現身影。一次，我坐的車正沿著一條靠近宿舍的泥巴路行駛，突然司機停了車高喊：「老虎！老虎！」他十分害怕，爬到後座和我坐在一起，因為我們的吉普車前排座

位是沒有門的。一隻母老虎正坐在路當中，和牠的一隻虎崽玩耍。牠一定聽到了吉普車駛近的聲音，卻沒有要讓路的意思。天色剛剛變黑，我打開車頭燈，想善意警告牠有車輛靠近。牠朝我們的方向看過來，仍然沒有要動的意思。我觀賞了好一會兒牠們嬉戲的樣子，然後啟動引擎，慢慢向牠駛去。我們靠近的時候，牠叼起虎崽安全離開。作為野生的老虎而言，這是很不尋常的行為，何況這隻老虎正護著幼崽。

工地宿舍附近還有很多蛇，但是並沒引起太多騷動。

有次我從班加羅爾開車回森林裡的礦場宿舍。中途我在一個湖泊邊停了車，因為要給吉普車的散熱器裝水。我走到湖邊的時候，看到了不尋常的一幕：一條蛇，後半截還鑽在一個洞裡，嘴裡正吞著一隻青蛙。青蛙露了前半個身體在外面，牠還活著，還想抓蒼蠅吃。牠看上去也沒在掙扎，只是慣常地忙著捕食蒼蠅。蛇正吃著青蛙，青蛙正吃著蒼蠅。

我第一個念頭是：「我該救出這隻青蛙，因為牠還活著。」但是我又起了第二個念頭：「這條蛇也該活下去。如果我剝奪了牠的食物，牠該怎麼辦呢？蒼蠅又怎麼辦呢？牠們不是也理應被救的麼？牠們也要被吃掉了啊。但要是我揮揮手把蒼蠅趕開，青蛙也會生我氣的。」

我盯著這出小戲劇看了一會兒，得出了結論：「別管牠們了。這都不關你的事。別去干涉和你無關的事情。如果插手世上的事情，總歸會給某個人造成麻煩的。不如就別管世間事，順其自然。」

然後又有個想法冒了出來：「這就是輪迴運作的方式。每個人都身陷死亡之口無法逃脫，但是誰在掙扎呢？誰在乎？沒人。每個人都還在繼續吃著東西，好像什麼都沒發生過。」

在我們之內有東西是死亡觸碰不到的，也不會被蛇咬到、吞掉。一旦你知道了你的本來面目，死亡就不可能再觸及你。身體可以被吃掉，但是，你一旦了知自己並不是身體，死亡又怎麼可能作用到你呢？拋棄了對身體的認同，轉而與真實的、恆常的相

認同，身體還會繼續運作，但它最後消亡時並不會困擾或影響你。脫掉一件舊衣服並不影響你是誰，因為你知道你不是這件衣服。一旦你不再自認是身體，就可以任由它死去，同時知道你的真實本性是不管怎樣都不會改變的。不要執著於非恆常的東西——這就是永生不死的奧秘。拋棄所有會隨著時間生滅的，只要把握住不受時間影響的。

既然聊到了森林裡的動物，我再說一個在叢林工作時看到巨蟒的故事。這種蟒是非常長而大的蛇。我當時正開車行駛在工地附近的林間路上，突然看到一條巨大的蟒蛇橫擋住了整個路面。牠非常長，頭和尾都伸在路外，只有中段擋了路。我不想碾過牠，試著讓它移開。但牠像是睡著了或者在休息。大蟒蛇飽餐一頓後會進入某種休眠期，可長達幾天。我拎起尾巴，想把牠拖到路邊，好空出道讓我的吉普車開過去，但是牠太重了。我只好放棄，坐下來等別的司機路過。幾分鐘後，一輛貨車駛近。司機剛開始想碾過蟒蛇壓死牠，我勸阻了，建議我們應該把牠拖到路邊，不擋道就行。並不是每個人都願意幫忙去拖開一條20英尺[132]大蟒蛇的，我算是很幸運找到個至少願意幫忙的人。我們兩人一起抓住蛇尾，但還是太沉了，拖不動。後來來了更多的貨車，新來的司機想要抓住這條蛇帶走。

我說：「不行，森林這塊是歸我管的。這條蛇屬於我。我不會允許有誰殺死或者帶走牠。你可以從這個森林運走木頭，但你不能把活的動物帶出去。」

這根本就不是實話。我的公司僅僅擁有在這個森林裡的採礦權，但我的虛張聲勢嚇唬了他們。幾個司機認出我，知道我是附近採礦公司的代表，很輕易就相信我的公司也擁有其他的森林產權。靠了另外五個司機幫忙，我們把蛇從路上移開，放到路邊的樹蔭下。

132 20英尺等於6公尺。

之後我曾把這故事講給幾個人聽。一人評論說：「有種傳說認為蟒蛇並不用搜尋獵物。據說牠們的雙眼擁有一種磁力，能夠吸引獵物送上門。牠們在路過的動物比如兔子身上使用這種力量。蟒蛇就靜靜躺在森林裡，一動不動，只是看著走近的動物。這些動物不知為何就被蛇的眼神催眠，逕自走到牠嘴裡。」

我不知道這是不是真的，但是我很喜歡這個說法，因為上師的力量也是這樣運作的。他靜靜坐著，並不攪動一絲念頭。被他注視的那些人，被催眠成為他的獵物。一動不動、安靜的上師是偉大的獵食者。上師並不需要出去尋找食物。弟子出現在上師面前，直接送進他們嘴裡。這是寂靜的磁力。達塔特瑞亞[133]是這樣的，戍羯是這樣的，我自己的上師也是這樣。他不言不動，但世界各地的人都被吸引到他那裡。

一旦累積了足夠的假期，帕帕吉就會請幾天假去室利·拉瑪那道場。蒂魯瓦納瑪萊和班加羅爾的中點是克里希那吉里[134]。他曾與住在那附近森林裡的一位神秘聖者有過一次意外的短暫會面。

我在靠近克里希那吉里的一個偏僻地方等公共汽車，一位看起來很不像樣的男子走了過來。他穿著骯髒的破衣爛衫，腿上露出多處沒癒合的傷口，他一點都不在乎，任由傷口感染長出了蛆蟲。我們聊了一會兒，我提議幫他去除腿上的蛆蟲，並送他一些藥來治癒傷口。他卻根本不要我幫他。

「讓蛆蟲待在原地吧，」他說：「牠們正在享用午餐呢。」

看到他如此悲慘，我於心不忍，就從披肩上撕下一條布，綁在他腿上，這樣他至少能有一條乾淨的繃帶。我們互相道別之後，他走入了附近的森林。

---

133 達塔特瑞亞（Dattatreya）：被認為是集合了梵天、毗濕奴和濕婆於一身的神之化身。

134 克里希那吉里（Krishnagiri）：位於泰米爾納德邦，距離班加羅爾45公里。

我已經認出此人是位智者，於是開始胡亂猜測是什麼特別的業讓他這樣忽視自己的身體。此時一位婦女走了過來，她剛才在路邊的小攤上賣蒸米糕[135]和薄餅[136]。

　　「你很幸運，」她說：「那是位偉大的大聖者。他住在森林裡，但幾乎從不現身。人們遠從班加羅爾趕來參拜他，但他從不露面，除非對方是他想見的人。我整天坐在這裡，但一年多來還是第一次見到他。也是我第一次見到他接近一位完全陌生的人，還主動和他說話。」

　　另一次，帕帕吉描述一位住在這個地區很古怪的聖人，很可能就是同一個人。

　　我正坐著車從室利・拉瑪那道場前往班加羅爾。經過一片沒人的森林時，我讓司機停車，因為我想一個人靜靜坐一會兒。過了幾分鐘，我跟司機說他可以走了，因為我突然想要單獨待上一段時間。

　　他說：「現在是晚上，周圍都沒人。我不能就這樣丟下你一個人。沿著路下去一點，在山頂上有一座不錯的寺廟，你為什麼不去那兒呢？有個僧人在照看那座廟。很多人會去那裡，因為這個地區住著一位偉大的聖人，他藏身在森林裡，很少出來，那個寺廟是少數幾個他似乎定期會去走訪的地方。他太有名了，人們甚至專程從孟買和加爾各答趕來參拜他，請求他的加持。他是個怪人，但有很多神通。要是有幸見到他，人們會請他在自己手掌上撒尿。如果人們隨後舔一下自己的手掌，就會被賜福生下兒子，但如果是他舔了自己的手掌，就表示來求的人會生女兒，非常靈驗。」

---

135 蒸米糕（iddly）：南印度的常見小吃，由碾成粉的黑扁豆和米混合而成，發酵後做成圓糕，蒸熟後食用。

136 薄餅（dosa）：南印度的常見食物，由黑扁豆和米粉揉成的麵團攤成。

帕帕吉最後並沒有遇到這個人，所以沒法知道他和那個任由蛆蟲咬腿的人是否就是同一個。

在《躍入永恆》一書中，帕帕吉描述了他和拉瑪那尊者、馬德拉斯的穆斯林辟爾以及這位克里希那吉里附近的聖人的會面。他說，這三個人都是智者，但是他們的行為和對信徒的態度卻很不一樣。

這三個人中，只有尊者才讓自己能被大眾接觸到，每天二十四小時，想見他的人都能見到他。克里希那吉里的修行人藏身森林中；穆斯林辟爾在馬德拉斯住在可汗·巴哈杜家時，一直把自己鎖在屋子裡拒絕任何前來拜見的訪客。在這三者中，唯有尊者容易被找到也容易接近。我先前的拜訪也說明了這點。我兩次在午飯後來訪，他大可默不作聲，任由侍者把我趕走。然而，他感到我有迫切的問題，允許我進去，說出困擾我的事情。從來沒有人因為不夠成熟或不適合而被禁止見他。訪客和弟子可以坐在他身邊，想坐多久都可以，能接受多少加持就吸收多少。單就他的智慧而言，尊者就是讓人高山仰止的精神巨人。他一直有求必應，他的偉大也更加燦爛閃耀。

雖然帕帕吉是很好的組織者，也是很能幹的管理者，但他最初不太勝任礦場工地上負責的一些職責。他發現自己要管一個一百輛貨車的車隊，卻缺乏必需的專業知識，不知道怎麼合理地維護和使用貨車。所以，公司把他派到了印度最南端的馬杜賴[137]，去學習怎麼管理這一方面的業務。

我的公司把我派到馬杜賴去學習怎麼管理大量的貨車。那裡有一家貨車運輸公司叫TVS，負責整個印度南部的貨運業務。在

137 馬杜賴（Madurai）：位於泰米爾納德邦南部的韋拉伊河畔，是泰米爾納德邦第二大城市，印度教七大聖城之一，也是達羅毗荼文化的中心。

卡納塔克邦，我已經開始負責管理大約一百輛貨車運輸礦石到西海岸的港口芒格洛爾。我們沒有受過培訓的機械工程師，甚至司機也不是稱職。很少有人願意在叢林裡工作，所以能找到什麼人，我們就雇用什麼人。結果可想而知，因為車隊缺乏專業的管理，貨車遭受了很多沒必要的耗損和破壞。

我的主管在喀什米爾度假的時候遇到了TVS貨車運輸公司的負責人。他提到了自己在叢林裡的人員都不專業的問題，TVS的負責人就主動提出幫忙。

「派一個你們的人到我在馬杜賴的總部來參加一個月的密集課程。我們會教他如何管理車隊，以及最佳化地調度貨車、司機和技工。」

因為運輸礦石到港口的工作是由我總負責的，所以就選中我去了。

在那期間，我去了位於城鎮中心著名的米納克希寺（Meenakshi Temple）。米納克希是當地人對濕婆的愛侶雪山神女的稱呼。我一時心血來潮前往那裡，所以沒帶任何獻供的水果。因為空著手，我感到有點不好意思，但是這座廟的女神米納克希似乎毫不在意。我從主門進去的時候，她在我面前現身，微笑著提議帶我參觀寺廟。我接受邀請，跟著她參觀了所有主殿和寺廟的主要景點。之後她陪我到了主門，跟我告別後消失不見了。

這並不是帕帕吉唯一一次遇到寺廟裡的女神現身。他的一名老弟子寫信告訴我，他記得帕帕吉提到1950年代在南印度時有好幾次這樣的遭遇。遺憾的是他和帕帕吉都記不得細節。

1954年帕帕吉看到了另一個不同尋常的淨相，他見到一位女神。這說來話長，得從帕帕吉之前讀到北印度即將舉辦重大節日的消息開始說起。

1954年我在南印度工作，在報紙上看到大壺節[138]將於那一年

在阿拉哈巴德[139]舉辦的消息。壺節每十二年在恆河、亞穆納河[140]和薩拉斯瓦蒂河[141]三條河流的交匯處舉辦。薩拉斯瓦蒂河並沒有可見的物質形態，人們認為它是一條看不見的河流，在阿拉哈巴德地下與其他兩條河匯合。

　　每十二個壺節之後，就是大壺節，即每一百四十四年一次。報紙上說的正是這個節日。我一直非常熱愛恆河，而在大壺節中去那裡沐浴可是一生中難得一遇的機會。數以百萬計的朝聖者從印度各地前來參加這個節日，主要就是為了在聖河恆河中沐浴，也為了能遇到在這一節日中相聚而來的成千上萬的苦行僧和瑜伽士。

　　我請了一段時間的假去北部參加這個節日。在此期間，我住在阿拉哈巴德市的專員家裡，他是我的一個老弟子了。作為市裡資深的公務員，他參與並負責這一節日的組織工作，各種管理和組織的任務非常龐雜艱巨。大約有八百萬人參加，要給所有人提供食物和住宿，也要為這麼多人提供輔助服務，比如衛生、交通和公共醫療。

　　我到達後不久，專員羅摩濕瓦・米什拉先生（Mr Rameshwar Mishra）讓我給一位報導壺節的外國報紙記者擔任翻譯。這位記者想訪問那迦僧[142]，即大多數時間遊蕩在喜馬拉雅山區的裸體修行人。這些人很少成群結隊下山來到平原地區，但壺節除外。我為他找到一個讓人特別印象深刻的樣本去採訪：一個渾身塗灰的

138　壺節（Kumbha Mela）：印度傳說天神與阿修羅攪乳海後得到不死甘露，雙方為之爭鬥，打翻了裝有甘露的大壺，四滴甘露分落在印度的四座城市：阿拉哈巴德、赫爾德瓦爾、烏賈恩、納西克。為此每十二年在四城中選擇一處舉行壺節。另外每六年在阿拉哈巴德和赫爾德瓦爾舉行半禮，每三年一次小禮。這裡帕帕吉提到的是大壺節（Maha Kumbha Mela），是每144年一次的更為盛大的慶典。但是中文習慣中，大眾將一般的壺節也稱之為「大壺節」。

139　阿拉哈巴德（Allahabad）：是印度北方邦的一座城市，意思是「安拉的城市」（City of Allah）。

140　亞穆納河（Yamuna）：又譯作朱木納河，是印度北部主要河流之一、恆河最長的支流。全長約1370公里。起源於北阿坎德邦的喜馬拉雅山冰川，在阿拉哈巴德注入恆河。

141　薩拉斯瓦蒂河（Saraswati）：是出現在古代梨俱吠陀描述中的一條河流，位於喜馬拉雅山脈到印度西海岸之間。據近代學者考證，此河於西元前3000年-西元前2000年之間就已經完全枯竭，現僅存在痕跡。薩拉斯瓦蒂河在吠陀時代極受尊敬，相當於後來恆河的地位。

裸體男人，一頭亂蓬蓬打結的頭髮，我目測他大概有七英尺[143]高。

　　羅摩濕瓦‧米什拉和他的家人多年前成了帕帕吉很親近的弟子，他們最早相遇是1948年在勒克瑙，那時米什拉被派到那裡工作。他很快就成了帕帕吉的弟子，甚至在他被派駐到北方邦其他城市時也定期來拜訪。1950年代早期，帕帕吉經常去他在阿拉哈巴德的艾倫岡吉區（Allen Ganj）的家做客。

　　我從帕帕吉的勒克瑙的弟子撒耶爾教授（O. P. Sayal）那裡，搜集了以下米什拉先生和帕帕吉的交情的細節。

　　我在勒克瑙和阿拉哈巴德多次見到羅摩濕瓦‧米什拉。雖然他是公務員，在北方邦政府中擔任了很多重要職位，但他也是充滿熱情的專業吠陀經吟唱者。我曾聽過很多專業的僧人和學者吟唱過吠陀，但從來沒看到過有誰能像米什拉那樣用自己的吟唱鼓動起身邊的氣氛來。他吟唱的時候，周圍的空氣都變得充滿聖光。

　　他是帕帕吉一個很好的弟子，對上師有著絕對的信心。無論什麼時候聽說帕帕吉來到當地，就會請假一直陪著帕帕吉，直到他離開。如果帕帕吉說要去阿拉哈巴德看他，米什拉就會去車站，只穿著一條兜襠布（kaupina），頭頂著帕帕吉的箱子，就像一個苦力。他覺得見自己上師的時候應該盡可能裸著身子。在那段時間，無論帕帕吉遊歷到哪裡，他都會把自己所有的物品放在一個大金屬箱子裡帶著。雖然米什拉是一個身居高位的公務員，但他喜歡在帕帕吉面前放低身段，表現得好像只是個底層的苦力一樣。

　　他讀過羅摩克里希那‧波羅摩漢薩（Ramakrishna Paramahamsa）的著作，從中採取了一種觀念，覺得應該把自己的妻子視為神聖之母（Divine Mother）一般來對待。為了控制自己的肉體衝動，他決定將妻子當女神來崇敬。每天早上起床後，就全身拜倒在地

142 那迦（naga）：意為「裸體」。他們有一個傳統就是要在壺節入河沐浴。

143 七英尺等於210公分。

帕帕吉(左)和羅摩濕瓦·米什拉。這張照片攝於1948年左右，在帕帕吉現存最早的照片中位列第二。

板上向妻子頂禮，唱誦禮讚女神的十首頌歌。我不知道這是不是有效。帕帕吉曾對我說這人早上唱誦頌歌，但晚上睡在床上就會和她做愛。

我記得他在勒克瑙和帕帕吉有一次對話。他對帕帕吉認為無須努力就可了悟真我的說法提出了質疑。

「您說了悟真我無須努力，但是任何成就都是需要一定努力的。如果在恆河岸邊想取一壺水來喝，我就得用水壺在河裡舀水，然後舉到唇邊喝水，把水咽下去。水不會自己灌到我嘴裡來。同樣，我也不能期盼自己沒有做任何準備工作，證悟就會突然發生在我身上。如果我不做些努力的話，它是不會發生的。」

帕帕吉馬上回答：「恆河之所以成為恆河，必須要靠兩邊的河岸圍著。如果你拋掉河岸，恆河又在哪裡？」

這一回答，還伴隨著深深的凝視，摧毀了米什拉關於證悟以及該如何達到證悟的種種概念。他只是流淚滿面地注視著帕帕吉，無法回應。就用了那麼一個回答，帕帕吉向米什拉展示了他原先認為得要非常努力才能達到的境界。

米什拉還常受劇烈的偏頭痛之苦，但他常說只要帕帕吉在場，病痛就消失了。我記得有一次在勒克瑙看到他躺在帕帕吉在納希的房子裡。他告訴我，帕帕吉在身邊時自己能放鬆是多麼讓人高興，這是全世界他唯一不會遭受頭痛折磨的地方。

米什拉提前退休，一半是因為他對於世俗事務沒有興趣，一半是因為他想要獨處。但他的退休生活並不太平。他在晚年失去了大部分積蓄，最後幾年中，沒有人照顧他。最後，帕帕吉的女兒席萬妮在德里收留了他並照顧他。我想他大概是1980年代初在那裡去世的。

1995年我還在搜集、編輯這一章的資料，羅摩濕瓦·米什拉的母親在勒克瑙過世了，享年九十六歲。帕帕吉參加了她的葬禮，遇到好幾個他多年未見的家庭成員。第二天，他們都到帕帕吉在印諦拉納噶爾[144]的家裡拜訪他。羅摩濕瓦·米什拉的弟弟凱拉什（Kailash）提到了1954年大壺節那一年發生的一件非同尋常的事。客人都離開後，帕帕吉就對留在房子裡的弟子講述了這個故事。

凱拉什·米什拉當過海軍軍官。他家裡人都有很好的工作和職位。1954年他遇到一個帕西[145]女子，準備娶她，但他家裡人起初並不願意接受她。他們是婆羅門，都希望他能娶婆羅門女子。最後，他克服了家人的反對，說服了眾人同意這門婚事。他請了十天假，來勒克瑙結婚。因為他們家幾個成員都是我弟子，所以我也受邀參加。婚禮當天，我和羅摩濕瓦·米什拉、他妹妹、母親還有其他幾個弟子坐在他們家。在眾人為婚禮做最後的準備時，我們也在進行薩特桑。凱拉什走進房間來拿別人送的禮物，是一個能說話走路的玩偶。看到家裡其他人都坐著而不是忙著準備婚禮時，他露出一股怒氣。他感覺到我是導致他家人偷懶的罪魁禍首，所以一邊走出房間一邊向我怒目而視。我們視線相逢了，我報之以怒目。在類似這樣的情況下，我會成為面前那個人情緒的鏡子。

---

144 印諦拉納噶爾鎮(Indira Nagar)：勒克瑙的地名，帕帕吉於1990-1997年在此居住。

145 帕西人(Parsi)：主要立足於印度次大陸的一個信仰瑣羅亞斯德教的民族。如今有10萬人左右，主要從事工商業，操古吉拉特語。

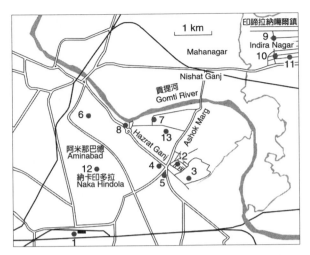

勒克瑙，地圖上的黑線顯示穿越城市的火車線路。平行線表示主街道。1. Charbagh（勒克瑙火車站）；2.納希，帕帕吉在此居住多年；3.勒克瑙動物園；4.庫克勒吉體育用品店，帕帕吉在1947年短暫在此工作；5.郵政總局，勒克瑙的主要郵局；6.官邸，1857年印度暴亂時著名的圍攻地點；7.帕帕吉父母所在的布特勒街（Butler Road）；8.克拉克旅店；9.20/144A，印諦拉納噶爾，1990-97年間帕帕吉的家；10.薩特桑大廳（A-306，印諦拉納噶爾），帕帕吉在1992-97年間舉行薩特桑的地方；11.布特納特寺（Bhutnath Temple）；12. 阿米那巴德（Aminabad）的哈努曼寺；13. 卡爾頓飯店

凱拉什一腳在屋內，一腳在屋外，就這樣定格了。他的雙眼繼續盯著我，但是他整個身體，包括臉，突然動不了了。我們互視了幾秒鐘，然後我意識到他已不再生氣。他只是被正在經歷的體驗麻痺住了，就這樣在原地待了五分鐘，一腳在屋內，一腳在屋外。

最後，我起身去查看他的情況。他持續不動的狀況開始讓我警覺起來。我想要搖晃他，讓他從那個狀態中出來，但卻沒法讓他恢復常態。於是大家都明白他不可能有反應，就把他抬起來搬進屋裡，放在床上。我在他身邊坐下後，他抬起頭，枕在我腿上，充滿愛意地凝視著我的雙眼。他所有的怒氣都已經消失不見了。

這時已經快到預定的婚禮開始時間了。幾個家人過來試圖勸他起身，但他非常不情願，磨磨蹭蹭最後才起來，舉行了儀式。儀式一結束，他又睡在我腿上了。

那天晚上，他沒有和新娘圓房，而是執意要和我睡在一起。

他不讓我走，整個晚上都躺在我床上，緊緊貼著我的身體。他的新婚妻子當然非常傷心。她徒勞地試了幾次要把丈夫拉到她床上，但他卻對她視若無睹。新娘子就在大喜的晚上坐在地板上，哭了大半夜。

第二天凱拉什不得不回孟買。我陪他去車站，送別他和新婚夫人。儘管他穿著白色的海軍軍官服，還是全身撲倒在骯髒的月臺上禮拜，握住我的腳握了幾分鐘。直到火車快開前幾秒，我們才總算把他弄上車。

接著帕帕吉才開始敘述1954年他在阿拉哈巴德的旅程：

我成功請到了二十天假，因為上一個復活節和耶誕節的假期我沒有用，一直攢著。這就足夠我去所有地方了。我四處閒逛，看到大的道場和斯瓦米們都派了人去那裡。他們搭起小營地，努力吸引遊客買他們的書或聆聽開示。有些營地每天二十四小時舉辦薩特桑。

壺節的某一天，我沿著恆河岸邊往下游走了大概五公里，想一個人待一會兒。我最終找到了一個地方能獨處休息，但忽然之間，不知道從哪裡冒出一個女孩子，跪倒在我腳下。因為她不起身，我就輕柔地握住她的肩膀想把她拉起來，四下張望著想看她的父母或者朋友是否就在附近，因為她看上去還沒大到可以一個人外出。她看上去是十七歲左右，這個年紀的印度女孩不會獨自一人跑到偏僻的地方去。但四周不見有人。後來她站了起來。我能看出她是個非常漂亮的女孩子，但也注意到了她的雙眼分得很開，亮閃閃、漆黑黑的眼睛，看起來並不像是人類的眼睛，更像是魚類的。

我問她父母在哪裡，她回答說她無父無母。

我於是問道：「為什麼你一個人走到這裡？為什麼不去壺節人多的地方？」

她回答說：「我是恆河。我洗去所有在我河水中沐浴的人的罪孽。因為跋吉羅陀（Bhagirath）為所有人類贖罪而進行艱苦無比的苦行[146]，我從天界下凡。在壺節上，八百萬人在我的河水裡沐浴、洗去他們的罪孽。我該拿這些罪孽怎麼辦呢？我一直在尋找一個真正的智者，好把所有的罪孽都放在他腳前，但是除了你之外，我找不到任何人。

「每天有數以千計的人浸在我的河水中洗去他們的罪孽。我全部接受，因為我發了誓願要接收在我之內所有沐浴者的罪孽。然而我不能無止盡地收下去。我必須要找到一個人，把這些交給他。過去七天裡，我一直在找證悟的聖者，好把這些罪孽交給他，我終於找到了你。我觸碰你的雙足，把它們都交給你。」

我盯著她的雙眼，去看她到底是什麼樣的生靈。那雙眼睛很美麗，但是就像我之前說的，顯然不是人類的眼睛。我發現我能看透她，她透明得足以使我看到她身後的東西。

她轉過身，開始朝河裡走去。走到河岸後，她直接往前，沒有沉入水中，而是踏足在水面上。她在河面上走了幾步之後，漸漸沒入水中，又與河水融成一體。

我佇立好幾個小時，凝視著河水，思索著剛才發生了什麼。我感到自己被賜予一個很大的加持。有多少人看到過她的真身呢？她是天界下凡的女神，為了淨化在她河水中沐浴的凡人的罪孽而來。她在我面前現身為人形，而不僅僅是河的形象。

帕帕吉第一次跟我講起這個故事的時候，我問他：「智者可以去掉其他人的罪孽麼？您真的收下了所有這些人的罪？」

---

146 傳說中，太陽王朝的國王跋吉羅陀為了使自己曾祖父的六萬個兄弟（都被迦比羅仙人用神火燒死）的靈魂得到淨化，立志進行艱苦無比的修行。他的苦行感動了梵天，答應派恆河女神下凡用其水淨化這些靈魂，但由於河水從天而降威力巨大，除非由濕婆接住，不然世界非毀滅不可。跋吉羅陀於是又進行更艱苦的修行，感動了濕婆。這樣，恆河首先傾瀉到濕婆的頭上，經他的髮辮分成若干威力較小的水流後再落到人間，落入凡間的恆河從喜馬拉雅山流經印度匯入海洋，經過了跋吉羅陀的祖先們被燒成灰的地方，使他們的靈魂得以升入天堂。

他並沒有回答第二個問題，但是回答了第一個：「當然可以。拉瑪那尊者就是例子。這就是為什麼他在晚年疾病纏身的原因。他扛起了身邊人的業，以肉體疾病的方式經歷它。

「尊者過世前不久，有個女弟子上前走到他身邊，說：『薄伽梵，您總是把你有的東西分享給別人。為何您不把這個病痛分給我們？如果您分給我們每人一小點，就不必遭受這麼多了。』

「尊者笑道：『你以為一開始是誰給我這個病痛的？』」

我並不是出於無聊的好奇心才提這個問題的。幾個月前我做了一個夢，夢見帕帕吉出現在我面前，看著我並對我說：「你的罪孽被寬恕了。」

在他回答說拉瑪那尊者的病痛是因為承擔弟子的業之後，我跟他講了這個夢。

我問：「您真的承擔了我的罪？」

「是的，」他說：「我全都承擔了。」

1994年有個美國記者就他正在製作的一部關於「世界各修行傳統中的神聖之母」的電影而採訪帕帕吉。他的回答中有一條特別重要：

問：對印度人而言，母親有很多形象。您是不是有最鍾愛的形象？能否談一談？請講個這一最珍貴形象的故事。

帕帕吉：有很多不同的母親，但從一開始我的母親就是恆河。對我來說她並不僅僅是條河，她是神聖之母。出於慈悲，她化身為河。我曾經從她在孟加拉灣的入海口往上沿著河岸走到靠近源頭的小鎮烏塔爾卡希（Uttarkashi）。我曾經在1954年的壺節上看到她現為人身。

然後帕帕吉詳述了剛才那個故事。在採訪中，帕帕吉還回答了其他幾個有關神聖之母角色和重要性的問題。以下是他的回答：

問：尊敬並表達我們對神聖之母虔誠的最好方法是什麼？

帕帕吉：尊敬或虔信神聖之母的最好方式是成為她的聖子。這是最好的方式。

問：神聖之母的恩典如何幫助我們了悟真我？

帕帕吉：你需要神聖之母的恩典，或者你師父的恩典。如果你得到了這個恩典，你就得到了一個巨大的加持。當神聖之母加持你的時候，從你內心就生起了「我想要解脫」的渴望。你是不會從你的生母那裡得到這個渴望的，只能從與你同在的神聖之母那裡得到。這個力（Shakti），這個神聖之母，給了你衝動，讓你想要向內看去，尋找她是誰、她是什麼、她從哪裡來。她只這樣加持了少數人。如今世界上有六十億人，但只有少數人被神聖之母選中。

問：基督教說耶穌基督的母親瑪利亞是神之母。這幾年世界各地都有人淨觀見到聖母瑪利亞。波西尼亞的殘酷戰爭中有過這樣的例子。這些淨觀是從何而來，背後的教示又是什麼？

帕帕吉：這樣的事情是會發生的。心靈純淨的人能看到神的形象。我曾經好幾次見到瑪利亞的形象。我在瑞詩凱詩逗留期間也看到過一次耶穌。那段時間有幾個外國傳教士定期來看我。我告訴他們見到的境界，他們對耶穌和瑪利亞選擇向我現身感到很驚訝。他們中有一人在他的書中寫到了這件事。對於心靈純淨神聖，追求或崇拜某個特定形象的神的人，這些淨相就會出現。

無論何時旅行到北印度，他都會去拜訪在壺節招待過他的米什拉先生。下面這個故事中，帕帕吉說起米什拉家另一個很不凡的成員。

　　米什拉先生是我一個非常老的弟子，和我很親。1948年他被派到徹克（Churk）水泥廠擔任業務負責人，我那時第一次遇到他。之後的歲月中，他被派到邦內各個不同的地方就職。只要我在北方邦，就會去拜訪他，無論他在哪裡。

　　事情發生時我正在卡納塔克邦工作。米什拉先生那時是斯哈赫賈漢普爾[147]的地方官。我有了假期，所以就回到勒克瑙，想見家人。但當我抵達勒克瑙的時候，沒有直接回到在納希的家，因為我突然感到有強烈的衝動要去拜訪米什拉先生。

　　我直接去看他並且住了下來，因為他和他妻子都有很多問題要我解答。

　　有一天，我正在他們的起居室談到各種修行問題，他們八歲的女兒走過來，提出一個有趣的請求。

　　「你總是跟我爸媽提到黑天。今天我想跟你在一起，這樣我也可以看到黑天了。我想見他，因為我很愛他。」

　　司機來到門口接她，送她去學校，她上學已經有點晚了。可是司機叫她上車時，她不願離開，惹得她媽媽發起火來。我於是也開口勸她去上學去。

　　我說：「今天你必須去上學。明天我會讓你見到黑天的。」

　　她很高興我答應了她，就去上學了。第二天，在她該上學的時候，她又來求我讓她見到她的黑天，我又一次對她說她得出門了，不能蹺課，我會找時間讓她見到黑天的。這一次她生了我的氣。

　　「每天你都跟我說『明天，明天』。但到了明天，你又耍賴。」

147 斯哈赫賈漢普爾（Shahjahanpur）：位於北方邦的一個城市。

這一次我說：「明天我一定會讓你見到的。只要你現在去上學，我就答應你，我明天一定會讓你見到他。」

　　第二天，小女孩堅決不去上學，除非我讓她見到黑天。我能夠看到和感受到她的興奮。她真心感覺到自己馬上要看到黑天了，她真心相信只要我願意幫她，黑天就會在她面前出現。

　　她父親已經出門上班去了，她母親正在廚房忙。我讓她走到我的房間，然後把門關上。

　　「現在，」她說：「讓我看到黑天吧。」

　　我告訴她：「黑天現在正站在你面前。你看不見麼？」

　　「不，」她抱怨道：「我看不見他。他在哪兒？你答應要讓我看到黑天的，但是我哪兒都看不見他。」

　　我換了另外一個方式。「黑天很餓，」我說：「他想要吃點東西，你有什麼可以給他的麼？」

　　她想了一下，然後回答說：「在我書包裡有一些巧克力，媽媽讓我帶到學校吃。」

　　她衝到她房間，拿來一整條她媽媽給的巧克力。

　　她把巧克力遞給我的時候，我說：「現在給黑天吧。」

　　「但是他在哪兒？」她問：「要是我看不見他，怎麼能給他呢？」

　　我告訴她，她先要給出去，只要遞出去作為獻禮，黑天就會出現在她面前，收下它。

　　她把巧克力放在手心裡，然後伸手出去，伸得長長的。

　　突然之間，她叫了出來，非常大聲：「黑天！你不能全吃掉！我也要一些！」然後她大幅度揮著手臂，看上去好像是要打誰的胸脯。

　　「還給我！」她叫道：「我要一半！」

　　她母親聽到了聲音，就衝進我的房間看發生了什麼。

　　「寶貝，發生什麼事了？」她非常擔心地問。

　　她女兒回答道：「看！黑天在吃我的巧克力。他把一整條都拿走了，所以我打了他。我打了他後，他就還了半條巧克力回來。

看啊，媽咪！現在他正抱著我，用腿纏著我的腿。他不想讓我走。」

她母親似乎不以為然。「你在撒謊。除了師父之外，我看不見你身邊還有什麼人。」

「但是媽咪，你怎麼就看不見他呢？我清清楚楚看到他了。他就在我面前！」

當她母親再次表達她的懷疑時，女孩說：「好，如果你看不見他，我會給你畫一張畫，你就知道他長什麼樣了。」

她拿了幾張紙和一盒彩色鉛筆，坐下來畫了一幅美麗的黑天的畫。我在印度各地看到過很多黑天的照片和圖象，但我從來沒有看到過像這個小女孩畫的那樣的。這不可能是憑記憶而畫的，因為其他的畫都跟她的不一樣。這幅畫上兩個身體美妙地糾纏在一起，無法分辨一人的身體是從哪裡開始，另一個身體又是在哪裡結束的。

帕吉曾經在他勒克瑙的薩特桑上多次講到這個故事。

1994年2月，有個訪客給他寫了張紙條，直接問道：「你能讓我看到神嗎？」

帕帕吉把他叫起來，讓他來到前面，然後講了他是怎麼讓小女孩看到神的故事。

說完故事，他說：「你知道為什麼這個小女孩能看到神嗎？因為她天真無邪。她堅信只要我讓神出現，他就會出現在她面前。當你這樣堅信神真的就在你面前的時候，他就會真的現身在你面前。只是你不信才讓你無法看到他。

「你問我是否可以讓你看到神。我現在就告訴你，他正站在你面前。如果你真的相信他在那裡，你就會看到他。現在，你看到了麼？」

這個男子沉默了一會兒，然後說道：「不，我沒看到他。」

「再看，」帕帕吉說：「如果你有那種天真，如果你有信心他在這裡，你就能看到他。你現在看到他了麼？」

幾秒鐘後，這個男子的臉亮了起來，喊道：「我看到他了！」

他跪倒在帕帕吉腳下，大笑著說：「太簡單了。太簡單了。」

帕帕吉被這個事情逗樂了，控制不住地大笑起來。他試了幾次想要重新開始薩特桑，但每次都失敗了，因為他止不住笑。和大眾一起大概笑了十分鐘後，帕帕吉放棄了，中止薩特桑回了家。

後來帕帕吉評論說：「我看到了他臉上的天真。我知道只要我告訴他神在他面前，他就會看到的。」

在此一個月之前，帕帕吉參觀沃林達文[148]時也發生過非常相似的事。

1994年1月，我帶著六個弟子從勒克瑙去德里。回來的路上，我們去了沃林達文，在一個道場待了幾天。在那裡的第一天早上，我們一起去了一家餐廳吃早飯。

那裡有個俄羅斯男孩，他向別人打聽：「坐在車裡的那個男人是誰？」

別人告訴他我的名字，他就走過來跟我說話。他介紹了自己，說他從莫斯科來到沃林達文是為了找拉妲（黑天的伴侶）的。

吃完早飯後，他跟我說了他的故事。

「我去了莫斯科的國際黑天意識協會[149]，問他們：『拉妲住在哪裡？』

「他們給我看了廟裡的拉妲雕像，說：『這是拉妲。』

「我不信他們。對我來說，拉妲是真人，不是石像。

「我對他們說：『她不會跟我說話。我要見真的拉妲，能跟我說話的。』

「他們認為我瘋了。他們告訴我：『她才不會說話呢。這只是

---

148 沃林達文 (Vrindavan)：位於北方邦，據《摩訶婆羅多》，黑天在此度過少年時代，吹起笛子聚集了眾多女眷到森林起舞。鎮內有數百座寺廟供奉黑天和他的愛侶拉妲 (Radha)。

149 ISKCON：International Society for Krishna Consciousness，「國際黑天意識協會」的縮寫。

拉妲的像。』

「我並不滿意於一個形象。我要真人。最後，有人建議我應該來沃林達文，因為她曾在這裡向她的信徒現身過幾次。我這趟旅程的唯一目的就是看到拉妲真人。我已經走遍了沃林達文，到處問人：『拉妲在哪裡？我想要見拉妲。她在哪裡？』這裡的人總是讓我去到廟裡看她，但是我不想看雕像。我想要看到她本人。這裡的人和莫斯科的沒區別，他們認為拉妲就是待在廟裡的雕像。

「然後有人在街上指著你，說你曾經見過拉妲。你真的見過拉妲麼？」

「是的，」我告訴他：「我看到過她很多次。」

「你跟她是什麼關係？」他問。

這個問題提得很好。我看著他，回答道：「她是我妻子。」

這個回答讓他非常高興。他跳起來，喊道：「對！對！你是真的明白人。這也是我和她的關係。我想要見到我的妻子，並不是廟裡的什麼石像。我想要抱著我妻子的活生生的身體！」

然後他一臉祈求看著我：「你能讓我看到拉妲嗎？世界上其他的東西我都不想要。我只想見到拉妲。」

我當時正準備走了，所以邀請他一起走。

我對他說：「我們不能在馬路當中就這麼談這些事。跟我一起去我們住的道場吧。」

一到了我的房間，他就開始拿各種問題轟炸我。我沒闔眼，一直在跟他聊，過了半夜我們還在談話。

到準備睡覺的時候，他對我說：「我哪兒都不去。我可以在你房間跟你睡麼？你是唯一真正瞭解拉妲的人。我要跟你在一起，其他地方我都不去。」

然後他開始表達對拉妲的愛：「沒了她，我不能吃不能喝。沒了她，我不能睡不能動。拉妲！拉妲！拉妲！請來我這裡！」

我打斷他說：「你在唱誦誰的名字？如果那人正站在你面前，你就不需要叫他名字。你直接就跟他說話了。拉妲就在你面前。

為什麼你看不到她，不跟她說話呢？」

然後，他就這麼終於見到了她。

他猛然跳起來，喊著：「我看到你了！我看到你了！」撲到我身上，開始擁抱親吻我，就像對妻子那樣，愛撫、親吻著我。等他終於平靜下來後，又開始抽泣、顫抖。他把頭枕在我腿上，和我待在一起直到早上。

第二天，有人過來邀請我去尼姆·卡洛利·巴巴（Neem Karoli Baba）道場。那天是節日，他們要我去那裡吃飯。我邀請他一起去，大家一起度過了愉快的一天。

晚上，他對我說：「我的任務完成了。到這裡要做的事，我做完了，就沒別的事要做了。明天我會回莫斯科，會跟那裡的所有人說我的經歷，說我在沃林達文遇到了活生生的拉姐真人。」

並不是所有來見帕帕吉、請求見神的人都能滿願。帕帕吉偶爾會提到一個法官的故事，後者來見他，提出了以下請求：

「迦納卡國王[150]在跨腿上馬的片刻，就從八曲仙人[151]那裡得到了證悟。我曾經聽人說你也有這個力量。你能在片刻之間就讓我證悟嗎？」

「可以，」帕帕吉回答說：「但首先你先要去哈茲拉特·甘吉〔勒克瑙中心的主幹道〕，在指揮交通的警察面前五體投地禮拜。如果你這麼做了，我保證你能夠得到證悟。」

法官拒絕了。他太驕傲了，不肯在一個底層交警面前降低身份。

帕帕吉有時候會提到1950和1960年代的另外兩個故事，他拒絕了類似的請求，因為對方不夠嚴肅認真。有個美國男人想要

---

150 迦納卡（Janaka）：古印度毗提訶（Videha）王國的國王統稱，又譯作「闍那迦」。

151 八曲仙人（Ashtavakra）：印度教經典中的一個智者，他生來身上即有八處扭曲：雙腳、雙膝、雙手、胸和頭。《八曲仙人之歌》中記載了他對弟子迦納卡關於覺悟的教導，中譯本可見紅桌文化出版社2021年出版的《八曲仙人之歌：全新梵漢對照注譯本》與《你就是覺性：〈八曲仙人之歌〉講記》。

證悟，但是他只有三天時間，他沒法從工作中抽出更多時間，於是帕帕吉對他說了以下這個故事：

我記得另一個像你這樣的男人，他在多年前來看我。他是個醫生。我們之前從未見過，但他不知道通過什麼方式聽說了我。他那時到離我家很近的一個銀行處理些事情。我一個弟子曾告訴他納希有個人叫彭嘉吉，能夠讓他看到神，所以他就想順便過來看看我。

在印度的銀行，提款的人總是排成長隊。你得先填一張取款單，然後交給銀行職員。職員會給你一塊黃銅牌子，上面的數字表示你的號數。

這個醫生敲了我家的門，說他來是為了看看我是否能讓他看到神。我邀請他進來，但是他並不接受，他說他沒多少時間。

他把黃銅牌子給我看，說：「我剛從銀行過來。他們正在處理我的單子。我是十三號。我在這兒不能耽擱太久，前面十二個人領完錢就輪到我了。」

我對他說：「你不能等領完錢之後再過來麼？你要是一直在想銀行裡怎麼樣了的話，我是無法讓你看到神的。」

「不行，」他回答道：「我之後也不能過來。本邦的行政長官已經邀請了我去他家唱誦拜讚歌。」

我打發他走，說：「我也很忙。如果你沒時間待在這裡的話，我也沒有時間讓你看到神。」

這並不是偶然的例子。也有其他人隨隨便便過來，就想要立刻見效。

我認識一個男孩在勒克瑙這裡讀醫科。他當時是內外全科醫學士的三年級學生。他跟我說了好幾次他想一睹神的真容。

我告訴他：「先完成你的學業。然後，當你再也不需要應付考試的時候，我會讓你看到神的。」

我不想他還在上大學的時候就變得太癡迷於靈修之事，我知

道這可能會對他的職業有負面影響。

　　但是我又想：「等到他取得了醫生資格，又會忙著看病人、照顧父母。何必延後呢？」

　　於是我對他說：「我會讓你看到羅摩。我會讓你看到神，明天就讓你看到。早上六點鐘來，我保證會讓你見到神的。」

　　第二天早上他準時到了。我讓他進來，把門關上，因為我不想別人打擾我們。正當他關門的時候，有人在街上喊他的名字。

　　這個男孩說：「這聲音好像是我弟弟。他一定是有什麼重要的事情要找我。我得出去看看他有什麼事。」

　　然後我聽到了以下的對話。

　　「有些人從鎮外面趕來看我們，要來提親。他們正等在家外面。你得回去，我們要你來一起商量。你不能待在這裡。大家都等你回去，好坐下來開始商量呢。」

　　在印度，新娘家會去新郎家提親。新娘本人不露面，她的父母會替她商量。商量妥了，新郎家就會約個時間去新娘家相親。

　　男孩對我說：「我現在得走了。這是家裡的大事，缺了我就商量不了。我儘早趕回來。」

　　我等了他整整一個上午，但他直到午飯後才回來。

　　他說：「很抱歉來晚了，但大家待了整個早上。到了中午，我們又得招待他們吃中飯。現在他們都走了，我們可以繼續我們的事了。」

　　我不讓他進來。我站在門口說：「你曾經有過一次機會，但不會有第二次。如果你真心實意要見神，完全可以把你家商議的事推遲幾小時。哪怕他們錯過了你，其他要提親的新娘也多得是。我給了你一次機會，是今早六點，但是你拒絕了，因為你認為家事比見神更重要。你不會再有第二次機會。」

　　當屬於你的那次機會到來時，就必須把握住，不管付出什麼代價。你可能不會再有第二次機會了。

本章前面我提到一連串黑天的故事，其中講到帕帕吉如何讓羅摩濕瓦·米什拉的女兒在臥室看到神。我還要再說幾個她的故事，可以看出她對帕帕吉有多麼濃烈的虔信心：

我在南部工作的時候，收到了羅摩濕瓦·米什拉的消息，說他有一個月的假期，想要在瓦拉納西跟我待上一段時間。我就也休假去看他。

在他家和他家人住了幾天後，我說：「既然我都到了北部，就該去勒克瑙看妻兒。請原諒，我不能把時間都花在這裡。」

米什拉先生勸我再待一段時間，他說：「下週日我們都回阿拉哈巴德，去勒克瑙也順路。你可以待在這兒，然後再一起去勒克瑙。」

我同意了，就在阿拉哈巴德又待了幾天。那時候米什拉先生的女兒已經非常黏我了，她堅持要睡在我房間裡。她聽到我準備去勒克瑙而不帶著她時，就找來一根繩子，把我的腳綁在床上，這樣我就走不掉了。還有一次，我把她扛在肩膀上時，她咬了我，然後放聲大笑。

她家裡人嚇壞了，想要教訓她，但她說：「你們不懂。我太愛他了，有時候我得嚐嚐他的味道。這個勁兒上來的時候，我也控制不住，我得咬他。」

我住在那裡時，每天早上都會帶她去三河交匯點，即恆河、亞穆納河和薩拉斯瓦蒂河交匯的地方。沐浴完畢後，她會用泥巴塗滿全身，一坐下打坐就是幾小時。到了下午一點時，我不得不提醒她要吃中飯了，然後帶她回家。如果我不這麼做的話，她會在那裡坐上一整天。

下面這個故事就發生在帕帕吉剛說到的事情前不久：

有次我住在羅摩濕瓦·米什拉家的時候，他問我是否願意去

見阿拉哈巴德大學的幾個學者。米什拉先生本人是從這所大學畢業的，他想要把我介紹給幾個他在那裡的熟人。我同意了，就定了下一個週日見面。主要的客人是羅伊（Roy）教授，哲學系的系主任。他提前通知我們說會帶他的十個研究生過來。大約下午五點，他們都到了，於是安排他們落座、喝茶。

每次我到米什拉先生家做客，他八歲的女兒總是黏在我身邊，所以會面時，她也坐在我附近。教授向我提問，一開始就說他曾到商羯羅阿闍梨[152]所在的阿拉哈巴德的一個道場去問過這些問題，但沒有得到令他滿意的回答。

我想要用英語回答他，因為他的印地語不是很好，但是這個女孩命令我說印地語，因為她聽不懂英語。教授讓她父親把女孩帶出房間，因為她的干擾讓他沒法跟我說話，但她執意留在我身邊，聲稱無論如何都不會離開。

我不想讓女孩失望，也不想讓教授失望，所以我對羅伊教授說：「只要我用印地語說了之後，這個女孩就能回答你的問題。」

她看著我，抗議道：「但是我不會說英語啊！」

我看著她，權威地說：「你開口時，就會說英語了。」

羅伊教授開始用英語提問。我就用印地語回答，好讓女孩高興。然後，讓所有人大為驚訝的是，她把回答完美地翻譯成了英語，準確流暢，發音清晰。羅伊教授經常使用「knowledge」這個單詞來描繪一種特定的意識功能。而女孩回答時，在提到同一個現象時，用的是learning一詞。教授反對她的用詞，說自己的用詞才更契合想要表達的觀點。最後，我們翻了牛津字典，發現女孩的用詞更加精確。

她大顯神通的消息迅速傳遍了整個城鎮。大家都來找她，據說她能夠回答所有問題。

---

152 商羯羅阿闍梨(Shankaracharya)：此稱號源自不二論祖師商羯羅，後世用以尊稱不二論傳承系統的寺廟住持。

有個雲遊僧過來看她，問她：「當你回答這些問題的時候，是誰在說話？」

　　「我的上師尊。」她回答道。

　　「那你的上師尊住在何處？」雲遊僧問。

　　「在心裡。」她答道。

　　「你的心在哪裡？」他問。

　　她指著我的胸口說：「我的心是上師尊的心。當我說話的時候，是他的心在說。」

　　雲遊僧向她禮拜，說道：「現在我明白這是怎麼回事了。」

　　這個女孩對於哲學和英語一無所知，卻給了博學的教授和雲遊僧上了一堂實實在在的上師虔信力（Guru bhakti）的課。

　　和米什拉家人待了一段時間之後，我要回勒克瑙看我的妻子和孩子，就不得不離開了。

　　在1950年代，帕帕吉時不時回到北印度看望家人和老弟子們。因為礦場宿舍的生活條件相當原始，帕帕吉覺得他的家人還是待在勒克瑙更好。他的兩個孩子在那裡念完了中學，後來都考入了勒克瑙大學。

　　帕帕吉在回家期間繼續帶薩特桑。阿比什克塔南達・斯瓦米在1950年代末期記錄下了一次薩特桑，發表在他的《慧焰山的秘密》一書中。這個記錄讓我們能一瞥帕帕吉那直接、不廢話的行事風格。

　　他幾乎每年都回勒克瑙看望家人和那些數不清的盼著他到來的朋友們。他的小房間幾乎永遠人滿為患……

　　他從來不遷就訪客……對於那些在他看來是在誤導眾人、讓大家停留在外在宗教修行上的人，他格外不留情面。這種外在的修行對於弟子來說往往很有安慰作用，同樣對於所謂的上師而言，也很能帶來油水。

有個晚上，一個有名的醫生的車停在帕帕吉家所在的小巷。

「他們告訴我，先生，您擁有神通。是嗎？我渴望見到神，您能幫我看到嗎？」

「好喔。」哈利拉爾平靜地答道。

「那麼……？」

「那麼，如果你真的打定了主意，我們可以來看看。但是我要你先嚴肅地想一想。這不是開玩笑的事情，也許會超出你所設想的。」

「沒關係。您不用擔心，」然後，帶著會心的笑容，他說：「要知道，我付得起這個錢。」

「是麼？」哈利拉爾說：「既然這樣，讓我們都攤開牌來，聊聊正事。」

「您想要多少？」他這麼說著，就從口袋裡掏出了支票本放在桌上。

「你準備付多少？」哈利拉爾冷冷地問。

「如果您要我出一拉克〔lakh，等於十萬盧比〕，我可以馬上就開支票給您。」

「你真的可以在這上面花一拉克？這不會讓你為難麼？決定之前，你再想想。大致算算，這樣你還剩多少？」

這位先生開始算了起來。財產、房子、債券、存款，所有加在一起，他有的財產大概在六十五到七十拉克之間。

「我懂了，」哈利拉爾嚴肅地說：「你是不是在跟我開玩笑？你說想要看到神，這是你最大的渴望，諸如此類。但是為了這個，你只願意放棄六十五分之一的財產。你不能這樣子跟神開玩笑！你浪費了你的時間，也浪費了我的。沒有必要再待下去了。晚安！」

幾年後，帕帕吉在吠德耶羅耶邦森林的工作也告一段落。他已經成為在偏僻地點搭建、管理礦場營地的專家了，公司派他到了卡納塔克邦其他地方擔任類似的工作。我請帕帕吉給出一個他

在1950和1960年代工作過的地點清單，他寫了下面這個列表：

我為採礦公司在很多地方工作過：
　M.G.礦場，採鐵礦
　海貝格古達（Habegegudda），採錳礦，這都在圖姆庫爾
（Tumkur）區。
　敕特拉杜爾嘎（Chitradurga），採錳和鐵礦
　哈利亞爾（Haliyal），採錳礦
　伐折羅（Vajra）礦場，採錳礦
　師林格里（Sringeri），採藍晶石礦
　果阿邦的安莫德（Anmod），採鐵礦
　石頭堡（Castle Rock），採錳礦
　達爾馬薩拉（Dharmasthala）
　庫德里穆克（Kudremukh），採鐵礦。
　工作期間為1953-1966年。

大多數地點在卡納塔克邦的北部或西部。

帕帕吉積累了更多礦場的經驗後，公司讓他負責了幾個營地。他需要在幾處出差，監管每個地方的工作，偶爾也要去勘察他的雇主感興趣要投資或採礦的新地點。這些年中，他的工作地點在敕瑪嘎羅（Chikmagalur），卡納塔克邦西部的一個小鎮上。他在那裡有間辦公室，但是大多數時間都在路上，視察礦場，或在附近西海岸的港口芒格洛爾安排礦石運輸。有段時間，他住在當地一戶人家家裡。這家的成員帕尼先生（M. Pani）對帕帕吉的來訪有著美好的回憶。

在我敕瑪嘎羅的家中，室利・彭嘉吉就像家人一樣住了好幾年。我是TVS包裹投遞公司的業務員，大部分時間在倉庫裡。只有大家一起吃飯的時候，我才有機會和室利・彭嘉吉相伴。我的妻

子和小姨子在室利·彭嘉吉的指導下，非常樂於烹飪北印度的菜餚。做菜成了一種娛樂，而不是日常家務，充滿了樂趣。就算現在我們也做這些菜，每次做的時候，就會想起室利·彭嘉吉第一次烹飪的光景。他喜歡和我哥哥的孩子們在一起，他們都不滿十二歲。在他的陪伴中，我們都意識不到時光流逝。

也經常有訪客來看室利·彭嘉吉。通常他們會在他面前靜靜一坐幾個小時。他也很少說話。有時候，如果他沒有事情做，也沒有訪客來，他會在鎮上散步很久。

我們開始非常依戀他的存在和陪伴，當他不得不到芒格洛爾幾天去管理礦石運輸的時候，我們就變得百無聊賴。他會讓我們在那兒辦事的卡車司機帶消息回來。收到他說要回家的消息時，我們全家都會非常興奮。

那期間，有次我們決定搬新家。在原來的地方我們是和人合租的，都覺得是時候該搬進屬於自己的地方了。白天，我們去看房子，如果有覺得合適的，在晚上就會告訴室利·彭嘉吉。

每次他都說：「帶我去看。」然後我們就帶他去看那個房子。

一開始，他都是潑冷水。他會檢查這個房子，但不是通常意義上的做法，而是用某種方法感受從之前的房主那裡積聚起來的氣場。

「不要買這家，」他會這麼說：「磚頭在哭泣。這裡發生過不好的事情。不是適合居住的好房子。」

對最初的幾間房子，他都做出了類似的評論。最後，我們終於找到了一間得到他肯定的房子。

「這是適合你們的房子！」他喊道：「這是非常好的房子。這裡的磚頭在唱著『羅摩！羅摩！』這裡之前舉辦過很多次火供（homa）和拜讚歌儀式。搬進這一家吧。這裡的氣場很好。」

他的工作之一是管理員工福利。他負責礦場裡的生活、工作環境，四處奔波以確保他的工人得到合適的照顧。有次在發薪日，他走了好幾英里到巴巴度丹 [153] 山給那裡為他幹活的一些苦力發工

資。他其實可以第二天等雨小點再去，但那就會讓工人們苦候了。回來的路上，他毫不意外得了重感冒，因為一整天都在雨中走路。但回到我們家幾分鐘感冒就消失了，他又恢復了正常。

我問是怎麼能這樣迅速好轉的，他笑著回答說：「濕婆神現身在我前額上塗了聖灰。他一觸碰我，我的感冒就消失了。」

有時候他會顯得很不在意自己的身體以及身體做的事情。我有一次看到他塞了一把辣椒到嘴裡，心不在焉的咀嚼著。我對他這麼能吃辣感到驚奇。當我跟他這麼說了以後，他突然意識到自己正在做的事，馬上把剩下的辣椒都吐了出來，趕緊要水喝，好沖淡嘴裡的燒灼感。要不是我提醒他在做什麼，他完全沒意識到嘴巴其實已經被辣傷了。

在他身邊總是充滿快樂。他很少把事情當真，總是在開玩笑，但是他的玩笑常常藏著很嚴肅的意思。舉個例子吧，我哥哥的兒子，當時大概只有五歲，一直會聽當地清真寺號召祈禱的宣禮[154]。他記得一些詞，就開始在家裡唱起來。

彭嘉吉聽到他唱的，就開玩笑似地說：「你在呼喚穆斯林的神，但他要是出現的話，麻煩就大了。你普嘉房裡的都是印度教的神，如果你現在呼喚的神出現在你普嘉房裡，那就要引發大戰了。如果你想家裡太太平平的，還是只尊奉你已經有的神吧。」

對他而言，神是非常真實的，他們不只是普嘉房裡的圖片或偶像。他們經常在他面前出現並說話。我記得有一天和他坐在一起，他描述了在果阿的摩訶拉克希米寺（Mahalakshmi Temple）和芒格洛爾的芒伽拉女神寺（Mangala Devi Temple）的經歷。這兩個地方女神都出現在他面前，說了好幾個小時的話。

有次他出差去芒格洛爾，返程路上有一次死裡逃生的不尋常經歷。

---

153 巴巴度丹（Bababuddin）：位於卡納塔克邦。

154 宣禮：在伊斯蘭教清真寺中每到禮拜時間，就有喚禮者大聲呼喚信徒前來禮拜。

我去芒格洛爾港口裝船，那一整天我都在監督把礦石分批裝上船。我必須確保所有的礦石都裝上船，文件也填寫處理正確。裝完船，我的公司能收到百分之九十的礦石錢。剩下的百分之十會在檢驗礦石後匯到銀行帳號上。那一天我必須留下來，因為我的主管特別要求我待在那裡，一裝好船就拿到百分之九十款項的匯票。他要我第二天把錢帶到班加羅爾交到他手上。

那天一直到晚上九點才收工。我忙了整整一天，非常累，沒休息過，也沒吃任何東西。船長倒是給了我點東西吃，但被我拒絕了，因為裡面有肉。我知道要準時趕到班加羅爾，就得馬上從芒格洛爾出發，通宵開車。這並不是我特別喜歡做的事。我又餓又累，還要連夜開上幾百英里，之後才能吃飯睡覺。

西高止山脈[155]上的山路大約高於海平面5,000英尺。哪怕在白天，都是很難開的一段路，因為要面對十二個髮夾彎。還要當心野象，因為那時候森林裡還有野象活動。聽說曾有好幾次野象攻擊了過往的卡車，把車從路上推落峽谷。這條路是需要特別警覺當心的。

我當時的計畫是先開到山脈另一端的全天候營業旅店。我覺得如果能在晚上開上這樣一段路，就可以在旅店休息、吃飯，睡上幾小時，早上再上路去班加羅爾。

我一定是才上路就睡著了，因為我能記得的就是醒來的時候，發現自己頭枕在方向盤上。我完全清醒了，就好像飽睡了幾個小時一樣。我環顧四周，想看看自己到哪裡了，很驚喜地發現我已經在山脈另一端了。我一定是睡著開了一整晚，在毫無知覺的情況下安全開過了那十二個髮夾彎。我搜腸刮肚試圖回憶，但只能記起從芒格洛爾開出來的最初幾英里。

我要去的旅店已經很近了。我開到了那裡，喝了幾杯咖啡，

---

155 西高止山脈（Western Ghats）：在印度南部，位於德干高原西部，呈南北走向，長約1600 公里，平均海拔900公尺，東坡平緩，西坡陡峭。

然後又開了剩下的一百英里，到了班加羅爾把匯票交給主管。之後我去一家旅店洗了澡，想要睡覺，但卻不睏。在山上開車的那段時間，我已經睡夠了。

是誰駕駛著吉普車？誰打著方向盤開過彎路？哪怕在白天，那都是非常難開的路。一邊是山壁，另一邊是深深的峽谷，路面只有二十英尺寬。今天，當我回憶起這段故事，寒毛都豎了起來。如果當時是真的睡著了，我絕對死定了。那麼，誰在開著吉普車呢？

我琢磨了好一陣。唯一能想到的答案就是我依靠加持逃過一死。那個晚上，有力量在看顧我，因為我註定要活下來。我註定要成為那個力量的管道，所以不允許我死掉。我死裡逃生，因為那個力量需要這個身體去做它的工作。

而另外一次事故中，帕帕吉真的出了車禍，造成的麻煩遠比這次多。

有次我坐著吉普車從伐折羅礦場到敕瑪嘎羅，一個大約十三歲的女孩突然間橫穿馬路，來不及煞車，我的司機直接衝了過去，把她撞死了。當地的村民手拿棍棒在後面氣勢洶洶地追著我們，看起來像是要把肇事司機殺掉，於是我讓他繼續開，好躲避這群暴民。到了第二個鎮上，我向當地警察報了案。死去的女孩的家人也來到了警察局，說我的司機是故意撞死他女兒的。警察相信了他們的說法，就逮捕了我的司機，把他關押在當地監獄裡。全部村民都來到監獄，哭女孩死得冤枉，在警察已有的記錄之外又補充他們的投訴。警察把我帶到事故現場，記下了所有人的證詞。根據這些報告提交了案件的一手報告。負責的警官沒收了我的吉普車，告訴我他要收押我的司機，直到開庭那一天。

我知道不是我司機的錯，所以我直接就簽署了一個15,000盧比的保釋金擔保書保他出獄。我簽署的保證書保證在開庭那一天，

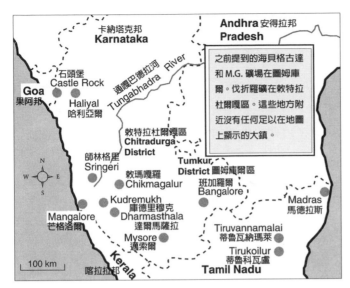

之前提到的海貝格古達和M.G.礦場在圖姆庫爾。伐折羅礦在敕特拉杜爾嘎區。這些地方附近沒有任何足以在地圖上顯示的大鎮。

我會帶他出庭，否則就要賠15,000盧比。

這個司機害怕會被判處幾年徒刑，所以逃到了他在喀拉拉邦的家，在開庭那一天並沒有露面。我雇的律師羅摩達斯・伊文嘎爾（Ramdas Iyengar）說服了法官給我一點時間把司機找到帶去法庭。法官給了七天時間，讓我把潛逃的被告找出來。

我馬上就派人去他在喀拉拉邦的家，但卻撲了個空。他妻子聲稱已經一年多沒看到過他了，而他或許就藏在那裡，害怕要坐牢不敢回來。

我申請再延期七天，好再徹底找一找，地方法官也很仁慈地允許了，但是他警告我這是最後一次延期。

「如果你在下一次庭審的時候沒法把司機帶到，」他對我說：「你就要付給法院15,000盧比。」

但我第二次搜查還是失敗了，我請了假回到法庭，請求能允許我分期把債務還清。我那時的工資並不高。我希望能說服法官

批准每個月還款低於兩百盧比。因為我要養妻兒，每個月剩下的錢也就那麼多了。甚至是這樣的賠法，我還要花上好些年才能完全還清。

羅摩達斯·伊文噶爾告訴我他本人不能出席庭審，因為他在其他地方還要開會，但他把這個案子交給了一個他認為很可靠的朋友。他向我保證，這個人能說服法官給我一個輕鬆一點的分期還款數額。

我在約定的那一天去了法庭，但卻怎麼都找不到這位律師，找遍了大樓也不見他的蹤影。我最後發現他被臨時叫去出席了另一個法院處理一個案子，他都來不及通知我。這讓人很惱火。我並不想讓法官心情不好，我需要說服他對我寬大處理。

就在我的案子要開庭之前，我遇到了另外一個認識的律師。他曾經到我家拜訪過，和我討論虔信和智慧的區別。那次我消除了他的疑惑，所以我覺得他或許願意幫我的忙。我向他跑去，解釋說我急切需要一名律師說服法官讓我用小額分期付款的方式付清欠款。我的這位律師朋友叫斯塔拉馬亞（T. Sitaramaya），願意以一百盧比的費用接下這個案子。我同意了，就事先把錢付給了他。我隨身帶了點錢，因為我知道不管發生什麼，法庭或許都要我付一些現金的。走進法院參加庭審的時候，我匆匆地給斯塔拉馬亞先生說了一下案情。

叫到我的名字時，我的律師向法官解釋說他在幾分鐘前才被雇傭，需要幾小時來研究一下案卷。他說我原先雇傭的律師無法出席，被叫去參加邁索爾另外一個案子。法官准了他的請求，庭審就被推遲到那天晚些時候。

在推遲的時間裡，我告訴斯塔拉馬亞先生：「你一定要禮貌地對待法官。我不是有錢人。請努力說服他我只能每個月付五十盧比。向他好好求情，因為他有權隨他的意定下每月還款的金額。」

律師簡略看了一下案卷，說他對此很有把握。

幾小時之後，叫到了我的名字，斯塔拉馬亞先生站起來發言，

但是他沒有請求寬大處理，他開始攻擊法庭和法官。

「我的客戶要起訴你們，」他開口說道：「你們不必要地騷擾了他。你們迫使他來到法院出庭了好幾次，但你們並沒有權力傳喚他到這裡。你們一直在浪費他的時間，所以我建議他對你們採取法律行動。」

我的心一沉。搭上這麼個律師，我今天不被關進監獄就算走運了。斯塔拉馬亞先生在法庭上的奇怪舉動是人盡皆知的，但我從沒想到他會這麼故意地搞砸一個案子。

他繼續說：「我這裡有我的客戶簽署的保證書。上面寫著我的客戶如果不能帶他的司機出庭的話，他要支付15,000盧比給邁索爾大君政府。但現在這個法庭，是辦理印度政府而不是邁索爾大君政府的案件的。你們沒有權力傳喚此人到此地，也沒有權力讓他支付一分錢。」

斯塔拉馬亞先生向法官和檢察官出示了保證書。他們討論了一會兒，但最後不得不同意他的說法。事情是這樣的：在獨立之前，我所在的這個地區屬於邁索爾大君，由他統治。獨立之後，邁索爾邦加入了新獨立的印度國，所以在這裡大君就失去了權力。但有一段過渡時期，新的邦政府還在使用邁索爾邦的法律文紙，因為他們還沒拿到新的。在這個時期，法院的官員會劃掉頁頭的「邁索爾大君」字樣，而改成「印度政府」。準備我保證書的承辦人忘記這麼做了，所以我的財務保證是做給已經不復存在的邁索爾邦的，而不是印度政府。

因為邁索爾邦不再存在，地方法官和檢察官最後同意我不用付錢。案子被撤銷了。

我原來的律師羅摩達斯從邁索爾回來時，我把發生的事情告訴了他。他為自己沒能發現這個問題而道歉。如果是他出庭，我餘生的工作時間就都得忙著還債了。

在南印度的工作生涯中，帕帕吉遇到了幾個被人們視為是

偉大聖者的人物。本書之前已經提到過他在克里希那吉里附近遇見一名苦行僧的故事。他還和尼提阿南達・斯瓦米有過短暫的會面，1930年代早期他在孟買工作的時候就已經見過他。1950年代，尼提阿南達・斯瓦米住在喀拉拉邦北部。有一次去芒格洛爾出差之後，帕帕吉去了喀拉拉北部再次拜訪尼提阿南達。我沒有聽他說起過這第二次的會面，但是他有時會說到當時斯瓦米在喀拉拉邦和卡納塔克邦南部極受尊崇，很多人家裡放著他的畫像。有些人告訴帕帕吉自己因為受到了斯瓦米的加持所以變得非常有錢。

　　談到那個時期與其他人的一些會面時，帕帕吉談得更為細緻。

　　阿比什克塔南達・斯瓦米曾跟我說起過這個名叫格南阿南達[156]的斯瓦米，他住在蒂魯科瓦盧（Tirukoilur），是距離蒂魯瓦納瑪萊幾英里遠的城鎮。阿比什克塔南達對他評價非常高，甚至寫了一本關於他的書。有一次我們見面的時候，他認為我或許會有興趣去看他。格南阿南達據說有150歲了，認識了他五十或者六十年的人說這麼多年他從來沒變老。我就去看他了，發現他是個胖胖的、樂呵呵的老人，精力四射，充滿了幽默感。

　　「你要什麼？」當我走近他的時候，他問。

　　「什麼都不要，」我說：「我只是來朝觀聖容的。我來拜訪您是因為我有個朋友認為我或許會樂於見您。」

　　「很好，」他說：「我喜歡什麼都不要的人。來，坐在我旁邊。」

　　下一個到訪的是一個來自海德拉巴的鑽石商人，由他妻子陪著。他妻子渾身上下都戴滿了珠寶。

　　「您要什麼？」他問。

　　「我們要一個孩子，」他說：「您能幫忙麼？」

　　「當然！」格南阿南達回答。他對助手說：「看看我們的儲藏室

---

156 格南阿南達（Gnanananda）：據說出生於十九世紀早期，於1974年入滅。是不二論行者，四處雲遊，包括印度、中國西藏、尼泊爾、緬甸、斯里蘭卡和馬來西亞，曾經遇到許多聖人。

裡是不是存了點兒子。要是我們能分一點出來的話，就給這對夫婦一個。」

他是個親切的老人，和所有人都開玩笑。我非常喜歡他。

幾年後我遇到了另一個有大聖人聲譽的人。我那時正在去孟買的路上，去處理一些船運事務。我有個朋友叫蘇布拉馬尼亞·艾耶[157]，他是孟買的國稅局官員，他建議我可以在浦那中途停下，去拜訪一下他的上師，一個叫做阿瑪度·阿媽（Amadu Amma）的女人。他跟我說了有關她的趣事，所以我抄了地址，去浦那找她。我發現她在二樓的社區大廳舉辦薩特桑。那裡有上百人。我並不想跟她說話，只想從大廳後面看看裡面正發生些什麼。

蘇布拉馬尼亞告訴我她是舍第·塞·巴巴[158]的弟子，她可以算是他的力量和加持的管道。從來見她的人的數量來看，她無疑大受歡迎。

過了幾分鐘，有個男人走過來對我說：「阿媽想要見你。她想和你見面。」

「我不認為她找的是我，」我說：「我並不是她的弟子，我正要去孟買處理船運的事情。她要找的一定是其他人。」

「不，」他回答：「她非常精確地描述了你，告訴我你站在哪裡。其他人都不符合這個描述。」

我脫掉鞋子，上前去見她。她正坐在大廳前面的凳子上，人們上前，她就一個接一個打招呼。在她身後是一張巨大的塞·巴巴的照片。她歡迎了我，讓我坐在她旁邊的凳子上。

她對侍者說：「這個男人擁有和我一樣的力量，甚至更大。他一走進大廳我就感覺到了。他一定是個偉大的人。今天都不要禮拜我，要禮拜他。」

---

157 艾耶（Iyer）：來自泰米爾的婆羅門種族特有的姓氏，大多數艾耶都是不二論信徒。

158 舍第·塞·巴巴（Shirdi Sai Baba）又被稱作舍第塞巴巴（Sai Baba of Shirdi, ?-1918），印度近代的著名聖者，印度教徒和穆斯林都尊他為聖人。Sai為波斯語中蘇菲聖人的稱號，意為貧窮者，Baba是父親、祖父、長者的意思。在印度西部的舍第（Shirdi）鎮上，一個當地的僧侶認出了他是穆斯林聖人，於是用「Sai」稱呼他。

我並不想坐在那裡成為全場關注的焦點，但他們強迫我留下。她讓每個上來的弟子都向我跪拜，說我是一個來加持她薩特桑的偉大靈魂。排隊等著來禮拜的人似乎沒個盡頭。

過了一會兒，我說：「你一個弟子蘇布拉馬尼亞·艾耶跟我提到了你。我並沒打算在這裡待上一段時間的。我的司機就在外面，我在孟買還有事要辦。我不能在這裡過夜。」

她並不聽我的。我必須招呼每一個她法會上的人，一個接一個。後來，她堅持要我和她吃晚飯。等到吃完晚飯，已經是凌晨一點了。

「現在你走不了了，」她說：「都深更半夜了。睡在這裡吧，明天早上再去孟買。」

我就在她的中心過了夜。第二天早上，我告訴她等我在孟買處理完了船運的事情會再來看她，這才得以脫身。我並沒有食言。我在回來的路上載上了她，帶她去了南部。她非常熱情好客地招待了我，所以我也請了幾天假帶她去馬德拉斯和室利·拉瑪那道場。

後來很久我都沒有她的消息，過了幾年，我向蘇布拉馬尼亞問起她。他告訴我她神秘地消失了。她走進了克里希那河[159]岸邊的一座寺廟，就這樣消失了。再也沒有人看到過她。

在1950年代晚期，我在敦瑪嘎羅工作的時候，我遇到了這個女人的另一個弟子。他叫塞·那羅衍（Sai Narayan），一度做過她的廚師。我有朋友在找人用神通治癒自己兒子，我因此聽說了他。我這個朋友本身也是醫生，他的兒子得了醫學上無法治療的腦病，大概有十六歲，但是嚴重弱智，大腦沒有真正發育好，智力只相當於一個小孩。

我的朋友聽說了塞·那羅衍，這人因為能憑空變出物體而頗有名氣，就和當今賽西亞·塞·巴巴[160]據說能做的事差不多。他最愛

---

159 克里希那河（Krishna River）：印度境內第三長的河流，位於印度中南部。

的把戲就是變出他的弟子所供奉的印度教神祇的小雕像。我和醫生朋友決定一起去一探究竟。

我們走近他時，塞·那羅衍說：「你們最愛的神是哪一尊？你們想要我變出哪個來？」

在我們之前的人要了羅摩、黑天和濕婆的像，所有的人都得償所願。我靠得不夠近，所以看不到他是不是在作弊，但是他的信徒們就在他面前，他們毫不懷疑他真的是憑空變出了那些神像，而不是用了什麼魔術戲法。

我看不到他是怎麼做的，所以想應該要測試一下他，就讓他變一個非常少見的迦梨[161]神像。在那個地區，沒有人供奉迦梨。

他並沒有要變的意思，而是說：「你不喜歡其他樣子的神像麼？這並不是一尊很吉祥的像。」

我那時就知道他一定在什麼地方藏著所有最常見的神祇，然後等到信眾要求時，就一個接一個地掏出來。

醫生介紹我說是一個從救瑪嘎羅來的靈性導師。塞·那羅衍邀請我們一起坐了一會兒，因為他想要跟我們說說自己的老師。

「她叫阿瑪度·阿媽，」他開始說道：「她來自安得拉邦[162]的拉賈赫穆恩德爾伊（Rajamundri）鎮。她曾經被舍第·塞·巴巴附體。當她處在被附體的狀態時，就可以回答任何問題。我可以給你看看她的照片。」

他拿出一本照相簿，一頁頁地翻著。有一張照片吸引了我的注意。

「照片中的這個男人是誰？」我問。

---

160 賽西亞·塞·巴巴（Sathya Sai Baba, 1926-2011）：據稱是舍第·塞·巴巴的轉世。他展示的神通包括用聖灰變物、治癒疾病等，其人頗有爭議。

161 迦梨（Kali，字面意思是「黑色的」）：印度教的一位重要女神。傳統上她被認為是濕婆之妻雪山神女的化身之一，為威力強大的降魔相。迦梨一詞也可解釋為時間，故中文翻譯也譯為時母。迦梨的造型通常為有四只手臂的兇惡女性，全身黑色，腳下常常踩著她的丈夫濕婆。

162 安得拉邦（Andhra Pradesh）：印度東南部的一個邦，位於孟加拉灣西岸，為印度第五大的邦。首府位於海德拉巴。

1950年代某次於馬德拉斯將礦石裝船照片。帕帕吉是左起第四人。這是我找到唯一一張帕帕吉在南印度工作時期的照片

「沒人知道，」他說：「他是出現在阿媽浦那法會上的神秘來客。她認出他是偉大的聖人，說他擁有比她更大的力量。她讓他坐在旁邊，讓她的所有信眾都向他禮拜。後來他消失了，沒有人再看到過他。我聽到傳言說他以前在軍隊裡待過，但是除此之外我對他一無所知。」

「這張照片沒有讓你想起什麼人來麼？」我笑著問：「或許是你剛剛見到的人。」

他一下就認出了我是誰。他向我禮拜，並為之前招待不周而道歉。

與此同時，我的朋友很焦急地想知道這個斯瓦米是不是能治好他的兒子。塞·那羅衍非常誠實地回答說他根本就沒有治癒能力，他只能變出神像來。我對於這個能力還是有所懷疑，但我沒有說話，因為我們那時是他的座上賓。

1950年代晚期和1960年代早期，帕帕吉在敕瑪嘎羅舉行小規模的薩特桑。他在那裡的弟子和朋友大多是當地的生意人。有一年，在一個節日上，所有人同時希望他蒞臨自己家中過節。

那是南印度的新年。不是西元的一月一日。在南印度，新年的開始是另外一天。在之前的某天，我正坐在敕瑪嘎羅辦公室裡，我的好朋友，一個咖啡種植商走了進來，邀請我在新年那天一起吃飯。他家離我的辦公室大約有五十英里。

「您一定要來，」他說：「我已經請了所有的朋友。附近的種植商也會來，還有我的許多親戚。希望您能在中午光臨。您一定要答應和我們吃飯，要是您不來的話，我們就不會進餐。」

這是印度一個傳統。如果你的上師來一起用餐，在他開始之前，你是不能進餐的。我答應了，不想讓他失望。

過了一會兒，一個當地大學的老師走了進來，邀請我在同一天同一時間到他家做客。

「我們要給您看看我們南邊是怎麼過節的，」他說：「這和你們北邊的慶祝方式不一樣。我家裡人都會在，還有學校裡的幾名老師。請在中午時候來，我們都會等著您的。」

我點了點頭[163]。我不想說「好」，但也不想說「不好」。我希望我的點頭是模棱兩可的，但是我的朋友把它當做了非常肯定的「好」。

下一個來的朋友擁有一支公車車隊。

「我妻子派我來請您在新年那天共進午餐，」他說：「我會請所有手下的員工吃飯。您一定要來。餐會從中午開始。」

我點了點頭，但我的點頭又被當做是答應了。

過後不久，我和一個當地賓館的業主有了類似的對話。好像所有我認識的人都希望那一天我能到他們家去。我不想拒絕任何

163 印度人表示同意的動作是柔和、愉快的偏頭、歪頭或左右搖晃，而不是點頭。

人，但我知道會出問題，因為所有的飯局都安排在同一個時間，而且所有的人都要等到我來才會開動。雖然有些地方彼此離得不近，但我想自己到這四戶人家每家待上幾分鐘，或許就能滿足所有人。

等到了正日來臨，我發現不能出席任何飯局。有件急事需要我去芒格洛爾並在那裡待上一天，弄清貨物問題。我並沒有料到自己會在芒格洛爾耽擱，所以沒來得及取消之前答應的飯局。

回來後，我也沒聽到有人抱怨我缺席，所以我猜想大概這四個人都以某種方式及時聽到了我突然前往芒格洛爾的消息。這個意料之外的急事似乎給了我一個說得通的藉口，不用出席任何慶祝活動。

幾天後，這四個人在銀行碰到了。那是個小地方，鎮上的商人們經常會碰面。公車車主打開話匣說彭嘉先生在新年那一天來一起午飯了，吃了一頓大餐。另外三個很驚訝，都說我也到了他們家去一起午飯了。

其中一人說：「我的妻子讓他大吃了一頓，有米布丁[164]、水果和檳榔。」

另一個說：「我家也是一樣。他一定吃了十份米布丁。」

自然地，他們開始討論起時間來。每個人都想知道我是什麼時候去其他三戶人家的，他們都認為我是在十二點左右到自己家的。

然後其中一個說：「或許我們都記錯了時間，但他怎麼可能在中午一下子吃了那麼多東西呢？節日裡的食物特別管飽，吃了中飯晚飯都吃不下。他怎麼可能在中午連著吃了四大份午餐？這不可能。」

咖啡種植商蘇巴・饒（Subba Rao）先生猜測說我或許是同時在四個地方吃飯的。

---

164 米布丁（payasam）：像粥一樣的甜品。

「這樣的奇蹟是可能的，」他說：「我曾見過他身邊發生過很多不尋常的事。」

他們都不得不接受這個解釋，因為其他理由都說不通。他們的房子彼此離得有點遠，而且他們都非常肯定我在十二點左右吃上了整道午餐。他們問我是怎麼做到的，但我沒說話。我沒有告訴他們我那一整天都在另一個地方，在處理工作上的急事。

帕帕吉根本不知道自己是怎麼做到的，因為他沒有覺察到自己參與了任何這些活動。但曾經有一次，他提到幾百年前發生過的類似事件，為此提供了一個可能的解釋。

以前有個替當地國王服務的理髮師。在那時候，理髮師除了刮鬍子、剪頭髮，還要做按摩。國王患有多年關節炎，所以理髮師每天早上都要去王宮給國王刮鬍子和按摩膝蓋。

有一天，理髮師的上師意外地來訪。他暗自思忖：「上師是我的神。我一定要待在家裡服侍他。國王或許要懲罰我，害我丟掉工作，但今天我必須要待在家裡服侍上師。」

當天晚些時候，上師離開後，理髮師前往王宮準備為曠工請罪。他惴惴不安地走近宮門，知道國王掌握著生殺大權。

王宮護衛對他說：「你怎麼又回來了？國王又傳喚你了麼？」

理髮師聽不明白，還以為護衛在取笑他。理髮師不請自來的消息傳到了國王耳中，他馬上衝出來迎接理髮師，高興地擁抱他。

「你今天早上來過之後，」國王說：「我的關節炎就徹底好了！這是我做過最好的按摩。我還沒來得及謝謝你，你就溜走了。我很高興你回來了，因為我要獎賞你。」

國王給了理髮師一袋金子，說：「你也不用再來了。我不需要任何按摩了。你可以退休了，好好享用我賞你的這些錢吧。」

這是怎麼回事呢？理髮師首先服侍他的上師，表現出了他的忠誠。他知道這樣做會害他丟掉工作，甚至性命，但他並不在意，

因為服侍上師是比自己性命更重要的事。當你有了這種程度的信心和承諾，就很容易發生奇蹟。他的上師沒做任何事，但理髮師對上師的信心喚來了一種力量，在國王面前顯現並且治好了他的關節痛。

這樣的事情會發生在一位上師身邊，甚至他自己都毫無覺察。我接受那些誠心實意的新年邀請，但因緣卻讓我去了其他地方。真我顯現為彭嘉吉，然後履行了他在四個不同地方的職責。不過，不要問我是怎麼辦到的。這和我一點關係都沒有。

雖然實際上在他旅居的圈子之外，帕帕吉並不為人所知，但是偶爾也會有訪客遠道來見他。從倫敦來的詹姆斯博士（Dr. James）就是一個。帕帕吉似乎並不太清楚詹姆斯博士在這一短暫的會面中具體發生了什麼，但一定非同尋常，因為博士終止了四處的參訪，心滿意足地離開了。帕帕吉自己有時候說到，他記憶中留下最強烈和最持久印象的，是他見證到的重大心靈覺悟。如果是這樣，那麼詹姆斯博士身上發生的一定非比尋常，因為這是帕帕吉經常會講的一個故事。

我正在一個朋友家做客，他家就在敕瑪嘎羅外，他是當地一個咖啡種植商。還有幾個朋友和我們坐在一起。大家聊天的時候，我看到一輛計程車開到房子前。一個外國男子下了車，走進來加入我們。他看上去有五十來歲。

他如此自我介紹：「我叫詹姆斯，從倫敦來。我最近在東京參加國際宗教會議，在那裡有個人，是彭嘉吉的弟子，他跟我說起了他師父。他告訴我的事情讓我決定必須來這裡見彭嘉吉。我在整個南印度開車到處找他。我去過了班加羅爾、邁索爾、貝魯爾[165]，現在來到了敕瑪嘎羅。彭嘉吉先生在這裡嗎？我想要跟他說話。」

---

165 貝魯爾（Belur）：位於卡納塔克邦的一個城鎮。

我報了自己的名字，請他入席一起坐。

他馬上就說：「我能請教您一個問題嗎？」

我跟他說：「你剛剛長途奔波，現在或許已經很累了。何不先盥洗一下呢？然後你可以過來和我們一起喝杯咖啡。」

幾分鐘之後，他又加入了我們，開始講他的故事。

「在過去的十年裡，我周遊全世界拜訪精神導師，向他們提問。但我得到的回答沒一個讓我滿意。有一個問題尤其困擾我，我想要知道證悟的人是怎麼處事的。我想知道他在世間如何行事。」

我給予的回答是我被問到這個問題時常給的說法：

「這個問題只會出現在那些認為自己還沒有證悟的人心裡。對一個證悟的人來說，這樣的問題永遠不會出現。

「一個證悟的人不用遵守任何行為準則。沒有規則必須遵守，沒有條例須要執行。他的行為是由身處的周圍因緣決定的。他對周圍的事情和周圍人的反應就像鏡子一樣。證悟之後，就沒有誰剩下來決定要遵守或者不遵守任何規則規範了。他的行為是對周圍所發生事情的自然反應。他不能選擇聽從或者不聽從軌則，因為那個做選擇的人已經不復存在了。證悟者的行為不假思索。他做的任何事情都是沒有原因的。他的行為都是對發生在周圍事情的反應。

「也可以說他就像是房間裡面的電燈。房間裡的所有行動都在光照下進行，但光本身並不參與什麼角色。證悟者就是只是發光的電燈，其他什麼都不做。他見證著所有被光照耀著的事物，但是他不參與其中。」

詹姆斯先生對這個回答非常滿意。他合掌做出告別的姿勢，說他的尋訪結束了。

「您給了我我在尋找的東西，」他說：「我沒必要再待下去了。我要回倫敦了。我對於今天這裡發生的事情完全滿意。謝謝您為我做的事。我會到班加羅爾把我在這十分鐘內所有的經歷體會寫下來，然後寄給您。」

就在這短短的幾分鐘內，在他身上顯然發生了很特別的事。他有一種幸福，這和得到了答案無關。他找到了其他東西。他花了這麼多時間走遍南印度找我，但在我身邊只待了十分鐘就滿意地離開直接回倫敦去。為什麼？他找到了幸福，一種不依賴任何東西、任何人的幸福。這就是為什麼他能夠在我身邊待了幾分鐘後就起身離去的原因。他說會寫信來告訴我發生了什麼事，但我再也沒有看到過他，或收到他的消息。

在此期間，其他幾個外國人也聽說了帕帕吉，前來拜訪。大部分人是法國僧侶阿比什克塔南達·斯瓦米介紹來的，所以大多是在探究可否借鑒印度教的天主教自由派人士。只有安瑞克·安圭拉（Enrique Aguilar）一人待了較長的時間。

這人曾一度是西班牙巴賽隆納附近著名的鋸齒山修道院（Montserrat）的僧侶。我第一次見到他時，他還穿著教會的僧袍。但他並沒有穿很久。他對於自己的基督教信仰、教會的政策、教條都有很多質疑，所以就還俗了。他開始對印度教感興趣，學了梵文，也研究了印度哲學的各大流派。他在1960年代初期和中期的三年間曾經定期來看我。

他在印度和我待了較長一段時間後，印度政府要他離境。他的簽證也沒法延期。我建議他去斯里蘭卡，找一個寺廟住，因為他想要個安靜的地方禪修。外國人去斯里蘭卡成為佛教僧侶，就不用擔心飲食或者簽證，他們願意待多久政府都允許，寺廟會提供免費的食物和住宿。對於想要終日打坐禪修的人來說，這是個很好的安排。所以，他去了斯里蘭卡，有了佛教名字，加入寺廟，成為佛教僧人。

幾個月後，他用二十天的簽證回到印度，向我諮詢一個私人問題。

「我和其他僧人一起出去托缽乞食，」他說：「輪到我們負責托

缽[166]時，我遇到一個馬來西亞穆斯林女孩，愛上了她。我想要娶她，但她父親不會答應，除非我改宗伊斯蘭教。他絕不會答應自己的女兒嫁給非穆斯林的。她父親是那裡警察局的督察，沒有他的允許，那個女孩什麼事也做不了。」

我知道他並不是真心的佛教徒，他只是去斯里蘭卡找個清淨的地方禪修。

「如果你真的愛上了，」我說：「那麼就娶她吧。愛是不分宗教的。脫掉僧袍，改宗吧，如果這是你必須要做的，娶她然後帶她回西班牙，你可以在那裡和她開始新生活。如果你內心裡還留有這麼多的欲望，那就別硬裝是個守戒的僧人。」

他並不那麼想要放棄出家生活。好多年來他都是這個教或那個教的僧侶，已經很依戀這種生活方式了。但是他對女孩的愛最終戰勝了身著僧袍、現出家相的欲望。在斯里蘭卡經過一個簡短的儀式後，他還俗了，帶妻子回到西班牙，在那裡開始了俗家新生活。幾年後，我應他邀請前往西班牙。我們回到了他之前的修道院，歸還了他的僧袍。他從一個基督教僧侶變成了印度教的修行人（sadhak）；從印度教修行人變成了佛教僧人；從佛教僧人變成了名義上的穆斯林，還取了個新的名字叫做默罕默德·阿里（Mohammad Ali）。所有這些宗教都沒能給他帶來真的幸福或者滿足。現在他住在西班牙，管理一個農場。

1950年代後期，某一次帕帕吉從他管理的希莫加區（Shimoga District）的礦場開車去芒格洛爾。半路他在敕瑪嘎羅附近停下，到文卡塔蘇巴·饒（Venkatasubba Rao）家停車吃中飯。帕帕吉已經開了一早上的車，因為下午還要趕路，所以他決定先小睡片刻，然後吃飯。他睡著時，做了一個不同尋常的夢，是有關他上一世的。

---

166 寺廟裡的僧人通常是輪流托缽乞食，一部分人出外托缽回來給其他人吃。

每次不得不從希莫加區開車兩百公里到芒格洛爾時，我都會在敕瑪嘎羅停下吃飯。

　　那一天文卡塔蘇巴・饒對我說：「今天是我兒子的聖線禮[167]。我要等朋友、僧人來。你就趁機好好休息。準備好了之後，我會叫你的。」

　　我就上床睡了，立刻做了一個有關我上輩子的夢。我發現自己曾是一個住在通嘎河[168]岸邊的瑜伽士，離師林格里（Sringeri）幾英里遠。那個地方離敕瑪嘎羅很近。我在那一世一定非常有名，因為我有一個很大的道場，信徒眾多。我在道場裡建了座神廟，其中立了黑天的黑色石雕。我那一世的名字叫做果帕拉・斯瓦米（Gopala Swami），我建造的道場是以我的名字命名的。

　　除了是個黑天的虔信者之外，我還是一個修法得到成就的瑜伽士。我掌握了無分別三摩地，能夠數日都住於這一狀態。因為渴望盡可能處在這一狀態，最終導致了我的死亡。我進入三摩地並處在那個狀態好幾天，弟子們沒辦法喚我出定。實際上，無論他們做什麼我都沒有反應。最終他們得出結論認為我應該已經死了。當地一個村民，據說是處理這種事情的專家，他宣佈要在我頭上弄個洞，去看看命氣是否已經離開身體了。他拿了一把用來切開椰子蓋的刀，切開了我的頭蓋骨。往洞裡面看了看後，他向所有人宣佈我一定是死了，應該把我埋葬。聖人的遺體不是火化而是埋葬的。我覺知到這一切，但是沒法阻止。我以某種疏離的方式覺知到周圍的事情，但不能說話也不能動。我的那個體驗莫名癱瘓了我的神經系統和所有感官，使我無法反對他們正在做的事。我甚至覺知到這些人把我放進靈祠墓穴裡，把我埋起來。他們填上洞穴之後，我因為窒息而死去。

167　聖線禮（thread ceremony）：標誌著印度教男孩可以進行宗教修持的成年禮。通常高種姓的男孩五歲和十二歲之間舉行。會用一根打結成圈狀的線套進脖子，一頭掛在男孩左肩，一頭垂在右腋下。傳統印度教徒會終身佩戴聖線，每年都有特定的儀式取下舊線，換上新的聖線。

168　通嘎河（Tunga）：卡納塔克邦的一條河流，起源於西高止山，流經卡納塔克邦的敕瑪嘎羅和希莫加。師林格里是其流經區域中的宗教中心。

這個狀態和我這一生在兒童時代經歷過的幾次很像。當我在拉合爾沒法去接芒果飲料之後，在住宿學校聽到「唵，善提，善提」的唱誦之後，我進入了一個深深的類似入定的狀態，我無法對周邊的人有反應，雖然我隱隱約約覺知到他們的存在。這些狀態之所以會自然出現，或許是因為我上一世有著強烈的渴望要享受它們。我上一世對於黑天的虔信也解釋了為什麼我這一生那麼想要面見他。作為果帕拉·斯瓦米，我強烈渴求見到黑天。當我再次投生為彭嘉吉，這個欲望又回來了，促使我多年尋求一個外在的神。這些未滿足的舊日願望就是這麼一回事。如果在你臨終之時它們還在，你就得再次以色身出生，好滿足這些願望。

還有另一個沒有滿足的願望持續到了這一輩子。在我當時的道場附近，有一戶人家受雇照看我所有的椰子樹。他們修剪這些樹，每收穫二十顆椰子，自己就留下一顆。（1950年代我住在南印度時，發現這個方式還存在著。）這戶人家的女兒非常年輕漂亮，大概二十歲。除了他們掙的椰子之外，我會給她和她家人食物、紗麗、錢，因為我對這個女孩有著強烈的性欲。那時我已是個老人，但不妨礙我有這些欲望。在身體無能為力之後很久，這些欲望還繼續存在。我沒有因而採取行動，因為不想敗壞自己的名聲。我是有名的瑜伽士，這個女孩只是我道場裡低種姓的工人。這個女孩投胎到了旁遮普邦，最終成為了我這一生的妻子。因為有這個欲望，所以它必須得到滿足。

我第一次意識到她是誰是1940年代我們一起住在馬德拉斯的時候。那時候我還不知道自己上輩子在卡納塔克邦有大道場。發現自己正和上一世認識的低種姓女孩一起生活，一開始這讓我非常震驚，我再也沒法碰觸她。我甚至不想碰她的衣服。我是被作為正統婆羅門養大的，所以有偏見要避免和賤民以及低種姓的人接觸。在還沒能冷靜下來前，我堅持分開晾衣服，如果不小心碰到了她曬的衣服，我會馬上離開並且沐浴。我不能向妻子解釋自己奇怪的行為，因為畢竟她這一生是婆羅門，要是我告訴她，突

然之間她在我眼中成了一個前世是低種姓的女孩，她會心煩意亂的。幾年之後我倒是告訴她了，但是她並不相信。

在文卡塔蘇巴·饒家從夢中醒來之後，我喊他過來：「快給我筆和紙，我要記下一些訊息。我夢到了自己上一世在附近一個道場。我想把去那裡的細節記下來，免得忘了。要是我想去的話，就有足夠的訊息可以找到那個地方。」

我跟文卡塔蘇巴·饒說了整個故事。他非常興奮，想要安排前往那裡去看我的老道場是否還剩下什麼建築。我們那天沒法動身，因為兩人都有約，但我們安排好在我下次有空的時候，就一起坐我的吉普車前往。

幾天之後，我們前往通嘎河去看是不是能找到什麼。我知道如果經過那裡的話，會認得出那個道場，但我並不確定去那裡的準確路線。我把吉普車停在岸邊一個我記得的夢中地點。我們開始到處問人附近是否有黑天神廟，覺得這是能找到那個地方的最好方法。黑天神廟在卡納塔克邦的這個區域並不常見，因為當地人大多數是濕婆信徒。

最終我們問到一個男人，他回答說：「是的，這附近有個黑天寺廟叫做果帕拉·斯瓦米神廟。很久之前就廢棄了，現在基本上沒人去了。」

因為沒有橋，我們只好拿竹篙撐著木筏到河對岸。然後我們走進農民指路給我們的地方。一看到它，我就認出了自己幾百年前建造的神廟。裡面是我樹立的那尊黑天雕像。但除此之外，我舊日的道場蹤跡全無。我的靈祠被河水沖走了，我記得的椰子樹也都不見了。

帕帕吉後來還看到了自己別的前世，在後面的幾章中會提到。在成為南印度的瑜伽士之前，他曾有兩世是歐洲的基督教神父。這都是幾百年前的事了。他偶爾提到的這些過去生促使我向他提出了以下問題：

大衛：您有多少世是在努力地尋求神或解脫？為什麼要那麼久？您是犯了什麼嚴重的錯誤所以耽誤了嗎？

帕帕吉：我看到了過去很多世。在恆河邊上我有個定境，其中我看到了所有的過去生，數以千萬，從最原始的生物到人類的轉世。但大多數細節在境界結束後都不再記得了。不過我還是記得最近的三世，我知道自己在每一生犯了什麼錯誤。我已經告訴過你，上一世中我對住在道場的一個女人有強烈欲望，這使我再次投生。

　　幾年前，在勒克瑙印諦拉納噶爾的家中，帕帕吉向一小群弟子說起他上一世是南印度的瑜伽士。

　　然後就有人問：「您上一世有了這麼多修行成就，為什麼還會再次投生呢？」

　　他笑了，說：「性！我活了三輩子，七百年中沒過性生活。對任何人來說，都等得太久了。但是就算這麼多輩子都禁欲，我還是沒有減除欲望。我只是壓抑了它。在我最後一生中，我必須要出生成為居士，去經歷然後去超越。」

　　帕帕吉繼續回答我的問題道：

　　很多年前我讀過一本書講到佛陀的生平。他有次在森林裡走著，突然之間頭痛欲裂。

　　他的侍者阿難問：「我能去附近的村莊要點什麼來緩解您的痛苦嗎？」

　　佛陀回答道：「不用，阿難，這個頭痛是有原因的。幾百世前，我曾住在一個森林小村莊裡。那裡三年都沒有下過雨，村裡池塘中的水幾乎乾了，水裡的魚翻跳著要找水。已經死了很多魚。村裡幾個小男孩朝著還沒死的魚丟石頭，嬉笑著。我也在那裡，也朝一條還沒死的魚丟了石頭。

　　這就是我為什麼現在遭受頭痛的原因。我砸魚的那一下在數

千年後回報到了我身上。讓我頭痛吧。我必須要還清這個債。」

就是這麼一回事。在每一生，我們都犯了很多這樣的錯誤，是不可能逃脫其果報的。遲早報應都是要來的。

大衛：您當神父的那幾世是怎樣的？您那時候從事的是什麼修行？

帕帕吉：在我當天主教神父的時候，並沒有任何實修法門。《聖經》沒有提到什麼修法。我只是去教堂，教會當局叫我做什麼我就照做。

大衛：您和您的師父拉瑪那尊者是否有宿世的緣分？

帕帕吉：我一定和他有非常緊密的緣分，否則為什麼他會來我旁遮普老家，給了我地址？但我不知道緣分來自何處，因為這並不發生在我所記得的那幾世中。

我小的時候愛上了佛陀。他成了我的第一個上師。我弄了一身佛教僧人的行頭，在街上乞食，甚至還在鎮中心的廣場上對大眾宣講佛法。一個印度教小男孩表現出這樣的行為來，一定是有著非常強的佛教的業行種子，但是我也不知道這從何而來。我不記得自己身為佛教徒的前世了。

1987年在南印度，帕帕吉跟一群弟子說到了自己上一生是黑天虔信者。後來，他評論說這輩子來找他的大部分弟子，都在他作瑜伽士或神父的某個前世中跟他結下過緣分。其餘的人，有些是他這一世中幾十年前的故人。我曾經聽他說過，1990年代來參加在勒克瑙的薩特桑的人裡，有幾個人在前世中和帕帕吉相識於1940年代的室利‧拉瑪那道場。他極少說出細節，但曾經告訴幾個人他們和自己的宿世因緣。

我曾向他詢問過這些事情。

大衛：您曾經告訴幾個人說您在上一世就和他們有緣。您是和很多來見您的人有宿世緣分呢，還只是少數幾個？很容易就能看到這些因緣麼？您是怎麼覺察到的？

帕帕吉：有時候我在定境或夢中看到他們，是我們過去認識時的樣子，我能認出來。這種靈感隨時都可能出現。有時我腦中會跳出念頭，知道我在前世認識的某某人要來了。很快，他們就出現在我的門口。有可能是個新來的訪客走進房子，但我並不覺得他是陌生人。雖然臉孔可能不太熟悉，但是會有一種內在的認識，知道這是我的老朋友、老弟子或者舊日相識又回來和我重聚了。有時我的訪客說曾經夢到過我，而且他們第一次來的時候，也覺得是和已經認識很久的人在一起。

有一次，我剛上了杜恩快線[169]從哈德瓦回勒克瑙，有個人走上前非常恭敬地向我禮拜。我之前從來沒見過他，但是他似乎知道我是誰。

「我們見過嗎？」我問。

他說：「沒有，但是我有個強烈感覺您曾是我的老師，我在某個前世和您很親近。這個感覺這麼強烈，我不得不向您禮拜。」

我看著他時，也感覺我曾認識另一個模樣的他，但是我不記得是何時何地了。他沒有逗留，走下火車，沿著月臺走遠了。我再也沒有見過他。

如果你知道怎麼做，那麼深深看進別人的雙眼就能看到他過去的數生。對我來說，眼睛能透露很多東西。它們是資料櫃，裝滿了那個人的資訊。如果你打開資料櫃的抽屜，就會看到檔一個挨一個排列著。你要是需要其中某一個檔的資訊，就拿出來看。

169 杜恩快線（Doon Express）：連結加爾各答和北阿坎德邦的一條長途火車線路。

內行就是這樣讀人眼睛的。那裡有很多層的資訊，你選擇想要的那一層，專注在那裡，資訊就顯示出來了。其中有一層包含著宿世的資訊。如果我真的想要知道某些過去的因緣，我可以去看那一層並找出來，但我極少這麼做，因為這就像不經允許就看別人的信件一樣。

幾年前，有個女孩深更半夜地出現在我家門口，並且開始告訴我有關我自己宿世的事情。她非常歇斯底里，但說的一些事情卻很準確。

她之前住在鎮上的卡爾頓飯店（Carlton Hotel）。那段時間，我的一些弟子來勒克瑙的時候也住在那裡。晚上她抽了大麻（ganja），就進入了一個奇怪的狀態。到了半夜，她開始確信自己要死了。

她開始尖叫起來：「我要死了！我要死了！救命！救命！我要死了！」

我的兩個弟子走過去看她是怎麼回事。她已經歇斯底里了，堅持認為自己要死了。她的四肢變得冰冷，所以我一個弟子認為可能她也不是信口雌黃。雖然是半夜，另外兩個弟子決定把她帶到我家，因為除此之外，他們也不知道該拿她怎麼辦。那個時間已經沒有計程車或三輪摩托了，他們就想辦法攔下過路的汽車。就在他們攔車時，女孩跳到路上駛來的卡車前試圖自殺。每次她這麼做，兩個男孩就得把她從馬路上拉開。最後，他們總算找到了願意帶他們來我家的人，我家離那兒有三英里遠。晚上11：30左右，他們出現在我門前，咚咚咚地敲我的門。

當時有個女孩叫希拉（Shaila）正住在我家，她出去看是誰來了，有什麼事兒。她回來告訴我門外有個尖叫著、歇斯底里的女人，堅信自己要死了。我就起床去看該怎麼辦。我請她進來，試圖安撫她，但是過了很長一段時間，她還只是又喊又叫。有時候她很暴力，但偶爾會說出最不尋常的話來。她一口氣說出了我過去數生，說的都很正確。她對我作為黑天虔信者和瑜伽士的上一

生也描述得很清楚。有時候她會哭著說到她自己的過去數生。她似乎是第一次看到了這麼多前世。

有個叫帕特里克（Patrick）的德國男孩在場，她也說出了他過去數生的情況，說的也都是正確的。她抽的大麻一定是觸動了大腦裡的什麼東西。在一兩個小時之間，她接觸到了通常會藏得好好的各種各樣的資訊。藥力過去之後，我為他們找到一輛三輪摩托車，把他們送回了鎮上的飯店。

好幾天她都沒有露面。我想她是對發生的事情感到尷尬。她再次露面的時候，我歡迎了她，並且給她取名叫「帕拉萬妮」（Paravani），意思是「究竟的言辭」。

我翻閱帕帕吉舊筆記本的時候，發現了他曾讓她就這一經歷寫點東西。以下是她所寫的：

1991年9月2日

我一直假裝自己想要自由。欲望一直都在——這一欲望帶著我經過了這麼多生。已經夠了。我不知道自己是怎麼到這裡來的。晚上，我站在鏡子前。看到自己的身體從「我」分離。身體有各個前世。我都看到了，就哭了。然後我睡著了，發現自己的身體很虛弱。身體變得非常虛弱。但是對於身體沒有執著。沒有念頭。沒有自我。我只是如是地看著。這就是。

所有一切全然美麗。

我很感謝您，帕帕吉。

帕拉萬妮

在前一章我簡略提到了帕帕吉在某次事件中有了拙火[170]體驗。這裡正好適合來講述整個故事，因為這讓他認識了一個男人，也跟帕帕吉講起他的前世。

我在敕瑪嘎羅工作的時候，讀了約翰·伍德羅夫[171]的書《靈蛇之力》。我的一個工人有這本書，但他讀不懂。我就說我先看，之後再跟他講解其中難懂的地方。我一頁頁讀著，就感到有一條蛇在脊椎底部海底輪處，真的能聽到牠在嘶嘶作響。然後我感到有能量沿著脊柱往上走，經過各個脈輪。經過了生殖輪、臍輪、心輪、喉輪和眉心輪，最後到了頭頂上方的頂輪[172]。當牠到達頂輪的時候，我發覺自己身體非常輕盈，輕盈到我感覺自己的腳好像沒有觸碰地面一樣。這個騰空的特別感覺持續了一段時間。

在那之前，我聽到在芒格洛爾開業行醫的一名怪醫的傳聞。我聽說他，是因為我一個朋友被診斷得了癌症，他就去看這個醫生。醫生說他應該在手臂裡注射一些致命的毒藥，要注射的劑量足夠殺死一個病人。但是我的朋友很有信心，就接受了這樣的治療。很快，癌症就消失了。別人也跟我說起過這個人，每個人都有這樣奇怪的經歷。這個醫生叫維德耶·帕德瑪納漢（Vaidya Padmanabhan），但是當地人叫他「瘋悉達」。悉達[173]是南印度當地

---

170 拙火（Kundalini）：又譯為軍荼利、昆達裏尼，梵文原義是捲曲的意思，瑜伽修行者認為它是一種有形的生命力，是性力的來源，它蜷曲在人類的脊椎骨尾端的位置。通常以蛇來作為它的象徵。印度瑜伽修行者認為，通過修練瑜伽，將可以喚醒沈睡在身體中的拙火，使它通過中脈，最終到達梵我合一的境界。

171 約翰·伍德羅夫（John Woodroffe, 1865-1936）：英國東方學家，對於西方瞭解印度哲學和瑜伽修行起了很大的引介作用。他翻譯了二十多部梵文著作，特別關注瑜伽和坦特羅。《靈蛇之力：坦特羅和性力瑜伽的秘密》（The Serpent Power: The Secrets of Tantric and Shaktic Yoga）一書中他翻譯了印度瑜伽士所著的《六個身輪的描述和探究》，並就此進行了哲學性的評論。

172 脈輪（chakra）：字根源自「圓」、「輪子」，在瑜伽中是指分佈於人體各部位的能量中樞，尤其是指從尾骨到頭頂排列於身體中軸者，從下往上依次為：生殖（swadishtana）、臍輪（manipura）、心輪（anahata）、喉輪（vishuddhi）、眉心輪（ajna）、頂輪（sahasrara）。

173 悉達醫術（Siddha medicine）：古印度三大醫術之一，目前的史料證明它距今有一萬年歷史，盛行於南印度。悉達醫術據傳由濕婆教授給他的妻子雪山女神，雪山女神又教給了他們的兒子，由他的弟子再傳到十八位成就者，自此廣傳到了人間。Siddha也有「成就者」的意思。

的一種醫術。

我打聽了一下，發現他每天接收十個病人。在他的診所有十把椅子，一把挨著一把，排成一行。他診查時會坐在病人面前，全神貫注地打量他們。他從來不問病人們哪裡有問題，也從來不檢查他們的身體。過一會兒，他會告訴助手該準備什麼藥給哪個病人。每個病人都拿到十付藥，每天吃一付，連吃十天。

助手會說：「如果兩三天後藥起效了，就不要吃了。把剩下的丟到河裡。」

雖然他的診斷手法和療法不循常規，但是治癒率很高。我決定去看看，因為我想他或許可以治治我感受到的這個特別的輕盈感。我坐在那排椅子上排著隊，等著看他會給我開什麼方子。他看了我好幾眼，但都沒跟助手口述什麼方子。其他人一個個被他看過後走了，最後只剩下我。他圍著我轉了好幾圈，一臉不解。

最後，他打破了不跟病人說話的規矩，開口對我說：「我不知道你到我的診所來幹嘛。你看上去像是個死人。死人到我診所裡有何貴幹？」

我沒有回答。

然後他說：「你來這裡幹什麼？你有什麼問題嗎？」

我還是沒有回答。每次走訪那些聲稱擁有某種通靈力的人的時候，我從來不主動透露任何資訊。我想看看在沒有得到任何暗示或線索的情況下，他們自己能找出什麼來。

他繼續全神貫注地看著我，幾秒鐘後，他迷惑的表情散去了，轉而一臉的滿意。

「你知道你的問題是什麼，對不對？」他說。

我回答：「不，你來告訴我。這是我來這裡的原因。」

「你上輩子是個瑜伽士，」他說：「你曾經一打坐就入定好幾天。你修了很久的調息[174]，生起了一種火（jvalana），是在你胃裡的命

---

174 調息（pranayama）：通過控制、調整、調伏呼吸而達到禪定的瑜伽修法。

氣之火，燒掉了你沒消化掉的所有食物。你從來不用去上廁所，因為這個命氣之火燒掉了所有的殘渣。這個火現在又回來了。你很少去上廁所，對不對？」

我不得不承認他是對的。在我工作的森林工地宿舍中，我的排便情況已經成了調侃談資。我可以每天大吃三頓，但是幾個星期過去了，另一頭還是沒有排出什麼來。這不是什麼病或者便秘，我只是沒有去廁所的需要。

在森林裡我們沒有抽水馬桶。每天早上我的棚屋外會放上一桶水，照理我該拎著去森林裡，排便，洗乾淨，然後把空桶帶回來。但是我的水桶可以連著好幾天甚至幾個禮拜都不用碰。有幾個工人覺察到我很少用水。他們是看到我吃飯的，所以不信我從來不用排出那些吃下去的食物。他們一些人曾一大早起來窺探我，想看我是不是偷偷去了森林出恭，但是他們從沒抓到過我，因為我從來不去。

我時常好奇為什麼自己的身體是這樣的。但我從來沒有想到過這也可能是從某個前世帶來的東西。

維德耶・帕德瑪納漢告訴我：「現在，你主要的身體問題都是你上一生創造的這個瑜伽能量引起的，但是這不會一直持續下去。因為你現在不再做這些調息修持了，這些不尋常的副作用最終都會褪去的。幾年後，你上廁所的頻率就會跟其他人一樣了。」

他的預言被證實了。幾年後，我發現自己去得越來越頻繁，到了1970年代，我的身體運作就和其他人一樣了。我原先去維德耶・帕德瑪納漢那裡是因為身體的輕盈感，他倒是沒有發現這一點，但是這個感覺也可能是瑜伽的副作用。幾年後，那個問題也消失了。

在1960年代帕帕吉遇到了另一個讓他印象深刻的通靈人。那時他的兒子蘇仁德拉剛從勒克瑙來到敕瑪嘎羅，因為帕帕吉想給他在採礦業謀一份工作。某個週日，他們一起去敕瑪嘎羅

的市場買菜，因為那是特殊的市集，常常能買到平時很難找到的特殊蔬菜。

當我們正走向市集的時候，看到了人行道上有個男人。在他面前豎著一塊畫著手掌的招牌。這說明他是個看手相的，正在招攬顧客。手掌下面寫著：「看手相，五十派薩[175]。」

我對手相有一點興趣，所以我決定看看他功力如何。

我對蘇仁德拉說：「我們來逗逗他。你不要開口，我負責說話。」

我們走到這個人面前，讓他看手相。

我對他說：「這個男孩是孤兒。他沒了父親，而且也沒有工作。他父親過世讓他非常難過。現在他得靠自己了，他得找份工作養活自己。他什麼時候能夠找到工作，又會做什麼樣的工作呢？」

蘇仁德拉已經在採礦業找到了一份工作，負責向政府提供鐵礦石。他很滿意這份工作。我這麼說只是為了測試一下看手相的人，想知道他是不是真的會看手相。很多像這樣的人只是聽你說的話，然後再添油加醋地編造一些大概的故事和情節。我知道他要是真正行家的話，就會發現我說的每一句話都是錯的。

這個人仔細研究了蘇仁德拉的手相好一會兒，才宣佈說：「這個男孩的父親沒有死。他是個即身解脫者[176]，而且他今天要去市集買蔬菜，會在那裡碰到他兒子的。這男孩的父親絕對還活著，而且他一直活到這男孩七十歲的時候。」

每次帕帕吉講到這件事，很自然每個人都想要知道蘇仁德拉在當時的歲數。1996年12月，他是六十歲。帕帕吉對這個故事很有興致，對不同的人講述了不同的版本。他提到的年齡從五十七到七十不等。在很多年中他最喜歡說的是五十七歲，但

---

175 派薩(paisa)：印度的貨幣單位，等於百分之一盧比。

176 即身解脫者(jivanmukta)，又譯作「有身解脫者」，指的是在身體沒有死亡之前，就達到了解脫的人。

蘇仁德拉五十七歲的生日臨近時，這個預言中的年齡就開始增加了，一直到了現在[177]，變成了七十歲。一年前他跟我說到這個故事時，他是說的七十歲這個版本。

我問蘇仁德拉是否記得那個看手相的人的話，他回答說：「當然，每一個字我都記得。」

「那麼他說的是幾歲？」我問道。

「我不想說出來，」他回答：「因為我不想讓大家心裡一直記著這麼個日期。」

「那就是說它還在未來，」我猜道。

「是的，」蘇仁德拉肯定道：「不是一個確切的日期，而是一個時間段，距離這人預言的時間段還有些時間。我就只能說這麼多了。」

帕帕吉繼續說他的故事：

考慮到我還故意誤導他，讓他相信我已經死了，他依然看得那麼準，真是讓人驚訝。我直視他的眼睛。他自己並不是一個證悟的人，所以不可能僅僅通過看看我就知道我在什麼層次。他一定有某種神通，某種料事如神的通靈力。我不認為他懷疑過我是蘇仁德拉的父親。他只是接收到了正確的話，不自覺地說了出來。

我對他看相的結果深感佩服。我對蘇仁德拉說，既然這個人看他的手相看得那麼準，我要付給他遠超於常規的價錢。我付了他十盧比，是我那時身上帶的所有金額。我們沒買蔬菜就回家了。

另一個學者曾經畫過蘇仁德拉的星盤。那人也說星盤顯示這個男孩的父親是個智者，是證悟的人。

我還遇到過另一個讓我很佩服的手相師。那是1950年代，我看到他坐在勒克瑙的郵局外面。我正經過那裡的時候，看到他打著看手相的廣告。我那時剛看了切羅[178]和聖日爾曼[179]的一些西方

177 此書成書於1997年。

手相學的書，所以決定觀察他一段時間，看看他是怎麼做的。我想看他是能夠做出詳細的預言，還是只能給一些泛泛的建議。我在離他幾碼[180]遠的地方找了個位置，等著看會發生什麼。

第一個走近他的男人看上去大概有四十歲。他拿著一只公事包，衣冠楚楚的樣子。我猜他可能是當地的什麼生意人。

「我能活到幾歲？」這個人伸出了手，問道。

當一個看上去很健康的年輕顧客來問這樣的問題，大多數看手相的人會研究一下掌紋，然後說「七十」或者「八十」。顧客都喜歡聽好話。

這個看手相的讓我很吃驚，他很篤定地說：「你能活到四十五歲。」

顧客說：「你說的不準，但是也不錯了。我會付你一百盧比，而不是你一般收的二十五派薩。」

他付了錢之後就沿著路走遠了。這是很讓人費解的對話。我之前大大獎賞了敕瑪嘎羅的手相師，是因為他算的很準，讓我吃驚。但是現在，這個男人說看得不準，卻給了手相師一個大大的獎賞。我被激起了好奇心，就跟著他，想看看他到底是什麼樣的人。

我跟他打了招呼，問他為什麼看得不準卻給了這麼多錢。

這人說：「我是註定今天死的，雖然我還年輕體健，沒有疾病，但是我知道今天是我最後一天了。我實際上是三十七歲，但是在那個手相師看來我可能有四十五了。他也可能看出來我活不了多

178 切羅 (Cheiro) 原名William John Warner (1866–1936)：愛爾蘭命理學家。他的綽號「切羅」源自cheiromancy一詞，意思為手相學。切羅以其天賦的直覺以及手相術聞名。

179 聖日耳曼伯爵 (The Count of St Germain, 1710-1784)：歐洲的神秘人物。有人形容他是廷臣、冒險者、發明家、業餘科學家、畫家、鋼琴家、小提琴手以及業餘作曲家，還有人說他曾展示過煉金術。在記錄中他曾在歐洲各國出現，與皇室、貴族等都有來往。在十九世紀末二十世紀初，有關他的傳說開始盛行，有三本手相學著作以聖日耳曼伯爵的名義出版，在作者名字下面還注明「美國手相學協會和國立手相學校主席」，或許是假託之作。

180 一碼等於0.9144公尺。

久了，所以從這方面來說，他看得是準的。我多付了他錢，因為他也知道我沒剩下多少時間了。」

「你為什麼這麼肯定？」我問。

「坎普爾的一個星象師跟我說過，今天會是我的最後一天。他說如果我『跨過了河』，或許可以逃過這一劫，所以我今天來勒克瑙想看看我是否能夠躲開命中這一死。〔恆河在坎普爾和勒克瑙之間。〕但我不知道這是不是管用。我心裡也覺得今天是我人生中的最後一天。」

「你在勒克瑙住在哪裡？」我問。

「我昨晚住在阿米那巴德的中央飯店，」他回答說：「但是我不想給飯店的人帶來麻煩。門沒鎖，東西我也打好包了，還附上了一張字條，說如果我不回來的話，我所有的物品應該寄送給我在坎普爾的家人。」

他並不像是要自殺或者憂鬱的人。他只是有一個不可動搖的信念，認為他餘時無多。我們告別後，我回到了在納希的家。

第二天，我去阿米那巴德看一個人，阿米那巴德是舊勒克瑙的穆斯林區。我順路去了哈努曼寺，因為住持是我一個老朋友。我們照常寒暄完畢後，他跟我說起了前一天來的一個訪客。

「昨天這裡發生了一椿很奇怪的事情，」他打開了話題。「有個男人帶來了五百糖球[181]供養哈努曼。我很吃驚，因為大多數人只供養十或十五個。他請我把這些糖球當做加持品分給那一天來廟裡的信眾。他就坐在這裡的地板上，看著我開始分發糖球。突然之間，他就倒在了地上，不省人事。我們馬上去找醫生，但等醫生到的時候，那人已經死了。他進廟的時候看上去非常健康，但只過了幾分鐘，就橫屍在地板上了。我們不知道他是誰，所以就打開了他的公事包，想看看他是否攜帶了什麼證件。裡面有一封給他妻子的信，一些錢，還有寫給中央飯店經理的一張紙條，

---

181 糖球（laddu）：印度地區常見的甜點心，由油、麵粉、核果碎等做成丸子狀，經油炸而成，最後沾上糖漿。通常是節慶、供奉時的食物。

要求把他的行李寄到他在坎普爾的妻子那裡。」

他提到中央飯店時，我就想到這可能是我在郵局門口看到的那個人。我描述了他的衣著和長相，住持也認為這就是昨天在他寺廟裡暴斃的男人。

所以，對這樣的事情又能說什麼呢？世界上有少數幾個有天賦的手相師和星象家，他們有某種通靈力能非常清楚準確地預見未來。其他的人則是根據所學所讀的知識，練出一套功夫以此謀生而已，並不是直覺地看到。

在本章的開始，帕帕吉講述了他在馬德拉斯和一個十七歲女孩的一起風波。她從來沒忘記他。在1960年代初期，她婚姻告急的時候，她決心找到他的行蹤，尋求幫助。

她寫信到室利‧拉瑪那道場問是否有我的轉寄地址，辦公室裡有人給了她我公司在班加羅爾總部的地址。她就離家專程去公司拜訪我的主管，跟他要我的地址。他潑她冷水，說我正住在卡納塔克邦與世隔絕的森林裡，很難找到，因為那麼偏僻的地方沒有公共交通。他還告訴她，在森林裡面是沒有生活設施能安頓單身女性的。那個時候，我正在希莫加區一個非常原始的營地工作。

但是她說自己不在乎路多難走，也不在乎那邊的設施。他就把地址給了她，還給了去那裡的一些常規建議。她馬上就來看我了，沒多費力就把我找到了。看到她找我找得如此鍥而不捨，我相當吃驚。她說想跟我待上一段時間，因為她有個很大的個人問題。但我在營地裡找不到地方安頓她，最後讓她住在哈利亞爾遊客招待所。我從營地帶飯給她，告訴她我會在下午五點之後來招待所看她。

這是個非常冒險的約定，因為我知道自己理應在營地通宵值班。我得監督工人，確保他們安全工作。我從報紙上看到的事件中瞭解到，如果在我不在的時候出了什麼意外，我是要負責的。

作為礦場的經理，安全問題全由我一人負責。如果被證實怠忽職守，我有可能會被拘捕。我知道這一違法行為會被處以嚴重處罰：根據違法嚴重程度，罰金最高可達1000盧比，或者被判刑五年以下徒刑。

她和我在一起待了幾天。第一次和她的長談中，我發現她是離家出走了。她想要搬來跟我一起住，但是我告訴她我不能和她有這樣的關係。我試著勸她回家，跟她說這樣一直待在我身邊會造成醜聞，我的公司也可能因此開除我。一開始，她似乎願意離開，因為她開始談到要去拜訪室利·拉瑪那道場，說想帶她舅舅去道場參觀。聽到她這麼說，我鬆了一口氣，但是這個計畫卻沒有實現。幾天之後，僵局打破了，她的舅舅在室利·拉瑪那道場問到她的行蹤，沿著她走過的路線，在她到達的幾天後也找到了礦場裡。讓我如釋重負的是，他沒有把發生的事怪罪到我頭上。他清楚自己的侄女很任性、為所欲為，也知道是她跑遍了南印度想要找出我的下落。我請求他把她帶回去，這也是他很樂意做的，他正是為此尾隨而來。

她心不甘情不願地跟著走了，但當他們到達馬德拉斯，她決意甩開他的舅舅。她出發去了海德拉巴，一個月不到，又開始追蹤我。我那時已經搬去了西海岸的芒格洛爾，但她是個非常執著堅定的女孩，輕而易舉地又找到了我。她坐著轎車來，隨身帶著所有的珠寶和一大筆錢。

她一到就告訴我：「這些珠寶、錢和車都是我結婚時候的嫁妝，所以隨我喜歡怎麼處置都可以。我丈夫是一家銀行的經理，他父親是安得拉邦的一個法官。我不能再跟他一起生活了。他和一個女人有婚外情，那女人嫁給了他的青梅竹馬。」

然後她跟我講了她丈夫性行為和癖好上的細節。從她講的來看，似乎他的性生活比她的還要不同尋常。

「有一次我們在尼札姆水庫[182]野餐，」她傾訴道：「我們有四個人——我丈夫、他的朋友、朋友的妻子和我。晚上我們都去當地一家餐廳吃飯。其他人都在喝威士忌，但是我不想加入他們。後來我們回到各自的房間。我走進自己房間時，有人跟我說關掉燈睡覺。我走進房間，發現我丈夫的朋友躺在我床上。

「『我丈夫呢？』我問。我還以為是弄錯了自己的房間。

「我丈夫的朋友馬上矯正了我的想法。

「『他今晚要跟我的妻子睡，』他說：『我們從小就認識，剛剛同意和對方的妻子共度一晚，只是換換口味。』

「我知道他們是喝醉了，但這樣的行為還是不可饒恕。這個事件是最後一根稻草，在這之前我和這個男人就已經過得很不愉快了。現在我決定要離開他。我已經申請了離婚，但我得和他分居六個月，然後法院才會正式登記在案。我已經決定，從今以後我要永遠和你在一起。我再也不想離開你，我要和你共度餘生。」

聽完了她的故事，我比之前更不願意被牽扯到她的事情中去了。我知道要是我接受了她，很快就不得不面對她憤怒的丈夫和親戚們。跟她說讓她離開也沒有什麼意義，因為我知道她不會自願離開我回家去的。所以，我決定親自送她回去。我請了假，告訴她我準備帶她回她家。她父親是在沃爾達有名的一個富人，我想他最合適照顧她了。我想要私下告訴他，他的女兒是怎樣騷擾我的，想拜託他將來能盡可能看住她，離我遠一點。

那個時候帕帕吉並沒有多少工作要做。他實際上已經從珀達爾的工作退休了，待在南方只是在幫忙蘇仁德拉的工作。既然他不必再去礦場，就能有很多空餘時間來處理這個問題。這段時期的更多細節將在下一章的開頭提到。

---

182 尼札姆水庫(Nizam Sagar dam)：位於海德拉巴西北144公里處。

我們去了他家，但卻沒受到很好的招待。到達的時候，她丈夫已經在那兒了，她離家出走的時候，他第一個想到的是她可能回娘家去了。我們就這麼直接走進了一場家庭風暴。

她的父親朝他大吼，質問為什麼他不能管好自己的妻子。她的父親不想收留她，我發現了她丈夫是怎樣的人後，也完全同意她拒絕回到自己丈夫那邊去的決定，既然這樣，我們兩人就離開了海德拉巴，前往塞康德拉巴[183]。到了之後，我給她在旅店訂了一間房間。我打定主意趁她睡著時偷偷離開，坐公共汽車或計程車去卡茲佩特[184]，然後搭早上的火車大幹線快車（Grand Trunk Express）去勒克瑙。

我完美地實施了這個計畫，但還是沒能甩掉她。四天後，她出現在我勒克瑙的家門口，坐在門外。我那時不在家。

我妻子因為從沒見過她，問她是誰，她回答說：「我是彭嘉吉的妻子。」然後她就一個人坐在馬路上，開始看《薄伽梵歌》。

當我回到家時，我的妻子和家人自然想知道這個自稱是我妻子的怪女人是誰。我跟他們說了她的來歷，以及她是怎麼滿印度追著我跑的。我懶得再次逃跑，而且不覺得我還能把她送走，所以我問妻子是否能讓她暫時在這裡和我們一起住下，以後我再想想看該拿她怎麼辦。

我的妻子不想留她在家裡，這也情有可原。我問她：「如果我們不照顧她的話，她又能上哪裡找住的吃的呢？」她回答說這不關我們的事。

我妻子說：「據你所說，她還帶著陪嫁的那筆錢。如果她不想用那筆錢來糊口的話，還可以回她家。我們沒有義務照顧她。」

這女孩非常堅決地認為餘生將跟我共度。因此就算不讓她進門，她也沒有放棄，就整天坐在我家門口。我很多鄰居非常同情

183 塞康德拉巴（Secunderabad）和海德拉巴是雙子城，也位於安得拉邦。
184 卡茲佩特（Kazipet）：安得拉邦的一個鎮，位於塞康德拉巴東北130公里處。

她的處境，有幾個人提出她可以到他們家去住，但是全都被她拒絕了，她堅持坐在我家門前。人們前來參加我上午和晚上薩特桑的時候，她會在大家進門前攔住他們，說道：「如果你想要解脫，就必須犧牲所有的一切去和上師待在一起。」

如果他們對她的故事表示興趣，她會告訴他們：「我離開了我的丈夫、六個月大的兒子、我的家和親屬，只為了能和我的上師在一起。我來這裡是為了能在上師身邊。就算他不跟我說話，我也不在乎。我只需要看到他，這對我來說就足夠了。如果我偶爾能看到他一眼，我就心滿意足了。」

她丈夫最終發現她原來正在勒克瑙。他認識我們勒克瑙的一個法官斯瑞瓦斯塔瓦·帕特爾（Srivastava Patel），他的叔叔奈度法官（Justice Naidu）曾經和他在阿拉哈巴德高等法院共事過。她丈夫給斯瑞瓦斯塔瓦·帕特爾法官打了個電話後，就有一名警察巡官來到了我家。

「我們收到了消息，」他說：「有一名從海德拉巴來的女士正待在你這裡。我們想要跟她說話。她在哪裡？」

我們就去找她，發現她正在街上的老地方。

巡官對她說：「警察局的警長要求我收容你。我們要把你帶回海德拉巴。」

她不願意走，拿出了法庭的離婚文書，說：「我不再是那個男人的所有物了。我們早就離婚了。他並不擁有我。我想去哪裡就可以去哪裡，想做什麼就做什麼。我想做的就是留在這裡和我的上師在一起。」

警察查看了她的文書，確信她說的屬實，於是回去跟警長彙報說她是出於自己的意願而待在我家附近的。因為已經離婚了，她的前夫和他的家人也就無權指使她該做什麼不該做什麼。

不久之後，我們長談了一次。她不能永遠住在街上，而我想要離家前往喜馬拉雅山區，不想老是一直費神躲著她。我鼓勵她去室利·拉瑪那道場，住在那裡求道。讓我很吃驚的是，她接受了

我的建議，而且很快就前往南部。當確信她是真的離開，而不是躲在什麼地方伺機尾隨我之後，我就出發去了瑞詩凱詩。

　　我後來聽說她出家為僧了，在室利·拉瑪那道場住了不久之後，就去了其他地方。她給我寫過幾次信，告訴我她在哪裡、在做什麼，但是我再也沒有看到過她。

羅摩寺

　　帕帕吉於1952年在班加羅爾受聘於珀達爾–馬丁礦業開採公司（Poddar-Martin Mining and Minerals），之後從1953到1964年一直效力於這家公司。1964年，蘇仁德拉已經是勒克瑙大學的文學碩士，他南下來到敕瑪嘎羅，向他父親帕帕吉學習採礦業務。帕帕吉設法給他在競爭對手迦尼薩採礦公司（Ganesh Mining Company）找到工作，這家公司和帕帕吉的公司算是有直接的競爭關係。帕帕吉開始教兒子業務入門知識時，他意識到這涉及利益衝突。既然帕帕吉接近五十五歲，也就是通常的退休年齡，他決定索性放棄在珀達爾–馬丁的工作，就可以給蘇仁德拉出謀劃策了。珀達爾–馬丁並不願放人，所以提供一個顧問的職位好留住他。在1965年初寫給阿比什塔南達·斯瓦米的信中，帕帕吉這麼解釋他的新職位：

敕瑪嘎羅

最親愛的朋友：

非常感謝你1965年2月16日的來信。

去年我辭職了。我安排兒子在另外一家公司工作，那是

家新公司。因此我得留在這裡給我兒子培訓採礦業務。

蘇仁德拉現住在芒格洛爾。

事實上，最近這段時間我沒什麼事做。

每週我必須要去一次礦場，向礦場主提一些可以就地實施的有用建議。

　　那一年底，珀達爾－馬丁的各主管勸說帕帕吉去印度另外一個區域工作，在那裡他們和迦尼薩採礦公司並沒有競爭關係。帕帕吉接受建議，被派往一個部門，總部設在果阿邦。雖然帕帕吉在那裡有辦公室，但他大量時間是在卡納塔克邦北部開車到處跑，檢查公司經營的各個礦場，尋找可開採的新地點。有一趟這樣的旅程引發了一系列不同尋常的事件，翻開他人生的新篇章。

　　我當時在一家採礦公司工作，被派到了果阿邦的首府帕納吉（Panaji）。我工作的公司取得了許可執照，能在卡納塔克邦多個地區探測錳礦。我的工作之一就是在這些地區探勘，去視察探測工作，看看在那裡建造礦場是否有利可圖。一次在我視察完後回帕納吉，在路上看到有個十字路口豎著指示牌寫著「隆達[185]5公里」。我從來沒有去過那裡，但突然想起來得替我主管查看一下，看看在那裡有沒有可能開採錳礦。在我的主管正式提出申請建立一個礦場之前，他需要一份詳盡的報告。

　　我開著吉普車去了那裡，第一件事就是找郵局，因為我要寫一封很緊急的信寄出去。那時候雨下得很大，我的車頂又漏雨了。郵局是找到了，但那地方小得沒法躲雨，也沒法寫信。我沿著街道往下走，走到一所掛著醫生診所招牌的房子前。房子外面的牌子上寫著「那羅衍診所」（Narayan Clinic）。

185 隆達(Londa)：卡納塔克邦的一個城鎮，位於與果阿邦的交界處。

我心說：「這地方不錯。應該會有候診室，我就能坐下來寫信了。」

裡面沒有病人，所以我一走進去坐下，醫生很快就出現了。我為自己冒昧到來道歉，解釋說只是想坐在一個可避雨的地方，因為要寫一封急信。醫生相當年輕，並不介意我待在那裡。實際上，他還給我拿了幾張紙和一支筆，好讓我寫信。

幾分鐘後，他的父親進來了，一臉憂心忡忡。

他對他兒子說：「尊敬的上師尊沒到車站。我和另外二十個人去接他，但他不在浦那快車（Pune Express）上。我們準備好了花鬘，可他沒有出現。」

父親的名字叫作達塔特瑞亞·巴克惹（Dattatreya Bakre），他告訴我自己是負責隆達一所醫院的住院醫生。他邀請我一起吃飯，但我不太好意思答應。他和其他的信徒都穿著非常漂亮的絲質裹裙，是婆羅門的穿戴，而我卻一身礦工行頭：橡膠鞋、安全帽和雨衣。而且因為剛剛在雨中走了很久，我一身泥濘。我看得出醫生試圖搞明白我是誰，或者說我是屬於什麼階層。在果阿邦的一些地方，基督教占據主流，但我闖進的很顯然是一個傳統婆羅門儀式。

為了讓他們更放心，我解釋自己弄得這麼髒兮兮、亂糟糟是因為我是某個採礦公司的婆羅門，在附近森林裡工作，淋了一天雨。巴克惹醫生說我可以先洗個澡再吃飯，他還給了我一條乾淨的裹裙替換。

我接受了邀請，但也告知自己不能久留，因為得回石頭堡的礦場營地。我和幾個同事約了下午兩點在那裡見面。

「沒問題，」他說：「洗洗手來吃午飯吧。」

我想他只是出於客氣才邀請一個過路的陌生人吃飯，於是說：「你不必招待我吃午飯。如果能給我一些你們禮拜供養後的加持品，那就足夠了。」

他卻不贊同。「我可不能這麼做，」他回答說：「只有婆羅門

都吃過後，我才能把加持品給出去。」

　　他和其他的婆羅門肩上都佩戴著聖線[186]，他們赤裸著上身，前額塗滿了聖灰。我看得出自己是誤打誤撞闖入了一個非常正統的宗教聚會，這讓我感到有點不自在。我自稱是婆羅門，但卻沒有佩戴聖線，這或許會讓他們不快，尤其是在這樣一個對他們而言很特別的宗教日子裡。我很早以前就不再佩戴聖線了，因為沒興趣恪守這樣的傳統。但我不想對他們珍視的傳統不敬，於是告訴巴克惹醫生我還是穿著自己的上衣吃飯。我不想讓他看出我已經不再佩戴聖線了。

　　我走進大廳。為了這個沒有露面的上師，那裡裝飾了一番：有個高臺，裝飾著花鬘，臺前方的地板上鋪設了非常精巧的各色圖案。直到那時，我還以為自己只是他們午餐上的額外客人。但當我們走到中央平臺時，醫生邀請我坐在虎皮上，那是他們放置好讓上師坐的。我大吃一驚。他們對我的唯一瞭解就只是一個在附近森林挖礦、一身泥水的婆羅門礦工，但他們卻要我坐在這個尊崇的位子上，這個他們為自己的老師特意安排、裝飾好的地方。

　　我拒絕了，說我不是他們的老師，如果我坐在專門準備的位子上就太無禮了。其他人都附和醫生的請求，讓我坐在虎皮上。

　　最後為了讓他們高興，我還是坐下來了，但仍然好奇為什麼他們對我表示出如此的敬重和恭敬。我以為接著會給我上菜，但一群婦女，大概有八個，走上前問我是否可以給我行洗足禮[187]。我這才明白為什麼他們堅持要我坐在虎皮上：他們想要拜我為上師。那群女子中有醫生的妻子和女兒們。她們走近時，手裡捧著一個很大的銀盤和繁瑣的普嘉儀式所需的全套用品。我不想讓她

186 聖線（sacred threat）：印度教高種姓的男子在少年時會經由一個儀式而佩戴上聖線，斜套過肩頭，掛在其左肩上，而垂在右腋下，自此宣告男子可以進行宗教修持。自此儀式後，聖線應該不離身，每年都有特定的儀式用新線替換舊線。

187 洗足禮拜（pada puja）：pada意為「足」，puja意為「禮拜」。是印度教信徒對上師的禮拜方式，通常在迎接上師到來後舉行，盛一盆水將上師雙足洗淨後，敷以香膏，並獻上花鬘，進行禮拜。信徒認為借由儀式可獲得從上師之足流出的加持。

們給我做洗足禮，一點都不想，因為我知道之前的幾小時工作讓我的腳變得非常髒。我對大家說不希望他們對我做任何形式的禮拜，但是他們完全不聽我的。

我搞不明白他們是怎麼、或者說為什麼選中我作上師。我從來沒有來過這個城鎮，在場的人我一個都不認識。在森林裡我也沒有舉辦過薩特桑，所以他們根本不可能知道有個修行導師在礦場工作。

突然之間，我心中浮現一個念頭：「讓我靜靜地坐著，任憑他們去做想做的吧。我又是以誰來接受或者拒絕呢？我不是我的身體。就讓他們繼續吧。如果我只是靜靜坐著，讓他們做他們的禮拜，他們會很高興的。」

她們就逕自做了洗足禮拜，帶著極大的虔誠。結束後，婦女們把洗了我髒腳的水倒出來，喝了。我又一次震驚了。就算是我也不會喝自己的洗腳水，但她們卻喝了一個完全陌生人的洗腳水。

儀式結束後，我道別出門，上了吉普車。我不能再跟這些陌生人待下去了，因為在森林裡還有個會議。我坐上車，讓我的司機帶我回營地。

司機問：「另外那位乘客呢？他要去哪裡？」

我上車時沒有注意到有人，但當我回頭一看，就發現醫生正坐在後座上。他一定是在我跟婦女們說話的時候上的車。

我想：「或許他想要搭車去看病人，或者要去某個醫院。」

他沒有問我是否可以載他一程去什麼地方，就只是靜靜地坐在後座上。我對司機說開回營地，想著醫生總會告訴我他想在哪裡下車或者準備去哪裡的。但他沒什麼動靜，什麼話也不說。最後，我們開到一個地方，前面只剩下回營地一條路。

我轉過頭問醫生：「前面除了礦場營地就沒有其他路了。你想要去哪裡？我回營地前可以讓司機帶你到你要去的地方。」

醫生回答：「我想跟著您去營地，看看您住在哪裡。我需要知道您是在哪裡食宿的，這樣就好送食物過去。您現在是我們的上

師了，我們必須服侍您。我認識幾個在礦場工作的人，他們都告訴我在那裡工作的人大多不是素食者。您要吃到素食或許有些麻煩。我準備每天給您送去好素菜，就得知道要送到哪裡去。」

那時我在石頭堡工作。到達營地之後，我洗了個澡，讓我的廚子為所有要來吃飯的管理人員準備飯菜。然後我告訴廚子自己在隆達已經吃過了，就不一起吃了。我再讓廚子拿了一些水果到辦公室，在那裡招待醫生。

醫生還是想要定期供養我食物。他問我第二天該什麼時候送食物過來，又問我愛吃什麼。我再次告訴他沒有這個必要。

「我自己有廚子，他知道怎麼做好吃的素菜。我不需要別人給我送飯，凡是我需要的東西要麼這裡就有，要麼可以在當地買到。」

醫生說他的妻子和女兒們派他跟我坐車過來，因為她們想知道我住在哪裡。他說她們已經打定主意每天要送食物給我，想把剩飯剩菜當加持品吃掉。

我勸不了他，因為在跟我來之前，他的家人已打定主意要每天給我送食物。

第二天，第一份供養的食物送到了。他們安排送食過來可不是小事情。我的營地離隆達有三十英里遠，所以必須有人大老遠把食物帶過來，然後再把剩下的帶回去給那家人吃。這樣持續了幾天。我發現這家人是非常堅定要繼續這個不必要的供食儀式，於是向他們另作提議：

「為什麼你們不在隆達鎮內給我找四、五處房子呢？我的公司會出租金。我住在其中一處，我其他的員工可以用其他幾處。如果我們工作地點在隆達鎮，你們給我送食物就不用這麼麻煩了。」

沒過幾天巴克惹醫生就安排好了一切。我向主管說明搬到隆達可以利用鐵路車站來運送礦石，這麼做很有好處，因為用鐵路運輸礦石比用貨車便宜。於是一周之內，我們所有人就都住到隆達，開始在那工作。

我搬進去的那天開始，醫生就邀請我每天一起晚飯。早上他

會把我的早飯送到我的住處。再後來，他在離鎮上稍遠的地方造了一所新房子，請我搬進去，為他加持房子。我接受了邀請，把這個新地方稱作「羅摩寺」（Ram Mandir）。

之後，帕帕吉定期在羅摩寺主持薩特桑。他的口碑傳開，很快就有一群新弟子聚集在他身邊。下面這段是達塔瑞亞‧巴克惹醫生的侄子蘇巴什‧滕瑟（Subash Tengse）的回憶。我收錄在此，因為它饒有趣味地詳細記錄了這段時間帕帕吉身邊的日常生活。

1967年我第一次遇到室利‧彭嘉吉（即帕帕吉），那時我大概只有十七歲。我在最終遇上他之前走了一段曲折的路。我首先皈依的是賽西亞‧塞‧巴巴的道場。那一年塞‧巴巴來了我的老家卡爾瓦爾（Karwar），在與會的五千人中摩頂加持了四個人，我就是幸運的四分之一。不久後我決定離家出走，去塞‧巴巴在普塔帕蒂[188]的道場。我盤算著為他們幹點活就能被收留下來。我把父親給我做襯衫的布賣了50盧比，用那筆錢離家去道場。我到的時候塞‧巴巴不在，沒人願意收留我打工。我很快用光了錢，不得不離開。因為不想回家，我就決定去貝爾高姆區[189]的隆達，在那裡有一些親戚。我身無分文，買回家車票的錢也沒有，就決定冒著被抓的風險逃票上路。在胡布利[190]站，我被查票員抓住了。他帶我去了他的小房間，問了我很多個人問題。弄清楚我是離家出走後，他就說會照看我、給我飯吃，還可以讓我在火車上工作，而我要做的就是毫無保留聽他的命令。他給我咖啡和幾塊蒸米糕，然後想讓我坐在他腿上。我突然意識到他或許是個同性戀，於是驚慌地逃走，跳下火車，立刻搭上另一列正開出車站的車。我稍微平靜

---

188 普塔帕蒂(Puttaparthi)：安得拉邦的一個鎮，賽西亞‧塞‧巴巴曾在這裡居住。

189 爾高姆區(Belgaum)：隆達鎮所在的區，位於卡納塔克邦。

190 胡布利(Hubli)：卡納塔克邦的一個城市。

下來，就向別人打聽這車是去什麼地方的，然後欣喜地發現這輛車直接去往隆達。

　　我的叔叔達塔特瑞亞·巴克惹醫生、他的兒子那羅衍·巴克惹、我的姐姐蘇瑪蒂（Sumati）和一些其他的親戚都住在隆達。我直接去他們家，受到了熱烈歡迎。當晚我和巴克惹醫生一起去新建成的平房，他稱其為「羅摩寺」。在那裡我第一次遇到彭嘉吉。那是在一間小房間，房內彌漫著燃香冒出的煙，一個高大的男人穿著白色的庫爾塔（kurta）和籠裙[191]，幾個人正坐在他對面。沒有人說話，每個人看上去都很放鬆。我感覺到空氣中有什麼東西，我一下子說不出。在最後意識到那是什麼時，我驀然一震：這正是一種寧靜、圓滿、快樂的感覺，真真切切。偶爾會有人提問，他給予回答。他的脾氣似乎陰晴不定，有時像個小孩一樣天真地笑著，突然之間又會變得威猛又激烈。沒人跟他爭辯。大家只是聽他的話，默默接受。

　　他的個性和房間裡的氣場讓我目瞪口呆。我體內有東西感覺到：「這是一個圓滿、完美的人，在他身上我看不到任何缺點。」他的存在壓倒一切，那裡每個人似乎都很敬畏他。

　　後來的日子中，我從住在附近的人那裡聽到一些他的故事。巴克惹醫生的大兒子那羅衍告訴我彭嘉吉是拉瑪那尊者的弟子，最近從採礦職位上退休，曾經從軍等等。但我發現這些事情的重要性，和我每次看著他或坐在他身邊時體會到的感受相比，不足一提。

　　他身邊一些人——巴布·墨爾古德（Babu Murgod）、印德魯·巴巴（Indru Baba）、克沙瓦·杜姆（Keshav Dhume）成立了一家公司買賣森林物產。受益所得要麼給了彭嘉吉，要麼就是用在他推薦的專案上。

　　那裡有三個看上去和我差不多年紀的男孩：亞文德·滕瑟

---

191 籠裙（lungi）：類似於東南亞的紗籠。和裹裙（dhoti）不同的是，它是縫製成裙狀的；裹裙是沒有縫製的一塊布。

隆達的羅摩寺近照。屋前兩棵椰子樹是帕帕吉在1960年代栽種的。

（Arvind Tengse）、蘇瑞什·杜姆（Suresh Dhume）和阿基特·堂什卡爾（Ajit Tanshikar）。我們攬下了羅摩寺內內外外大多數的日常雜務。每天要從一口大概七十英尺[192]深的井中打水，要打掃房間並清理所有的廚房餐具。那段時間，彭嘉吉大概早上五點起床，獨自一人去叢林，早上九、十點左右才回來。這段時間裡，我姊姊或者達塔特瑞亞·巴克惹醫生的妻子梅（Mai）會給他準備早餐。有時候其他弟子也會帶來食物給他。他會吃一小點，然後把剩下的當加持品分發出去。我們覺得自己像是得到了慈父餵食的小孩。

　　我天生是個懶人，但在羅摩寺，我們不得不一直忙著。彭嘉吉希望我們努力幹活，所以大家都努力幹活，一半出於愛和尊敬，另一半我猜是因為大家都有點怕他。每天從早到晚都會有人來訪，跟他講各自的故事，不僅僅是當地人，還有從卡爾瓦爾、達爾瓦爾（Dharwar）、貝爾高姆和鄰區地方來的人。有時訪客來詢問家庭問題，有時則詢問修行上的事。很多人描述了自己的夢、所見

192　七十英尺相當於21公尺。

到的境界和深刻的體驗。在他周圍似乎一直發生著離奇、奧妙的事，總是有人在等著輪到自己講述發生的新體驗。

我必須承認，一段時間後我對彭嘉吉的生活方式開始有了一絲嫉妒。似乎大多數時間他都在休息，什麼都不做，而其他每個人都在忙，為他做事。我開始怨恨那些不得不幹的工作，心想自己就像個免費僕人一樣被壓榨。我覺得自己的想法和情感被忽視了。當然現在我明白彭嘉吉是在靜靜地看著、觀察著我們所有人。當時我心裡扭曲的想法使我遠離他，因為我突然覺得自己不能再面對他了。實際上我開始躲著他。我對他的那些想法讓我感到自責，我的內疚感使我遠離了他。

但這個狀態並沒有持續很久。或者是彭嘉吉的加持，或是他的意願，在他腳邊地上爬的醜陋毛毛蟲突然瞬間變成了美麗的蝴蝶，展開雙翅，飛向自由。這如同一道迅雷掠過，出乎意料之外。二十七年之後，當我用筆回憶起那個瞬間，我的身體都開始刺痛。

事情經過大致是這樣的：那是八月的一個夜晚，八點半左右。那時在隆達我們都在晚上八點半到九點間入睡。四周沒有聲音，只能聽到蟋蟀和其他一些夜行昆蟲的叫聲。我能聽到遠處火車鳴笛聲。彭嘉吉坐在一把椅子上，那羅衍醫生的表弟亞文德坐在他腳邊，按摩他的右腳踝。天花板上亮著一顆小燈泡，彭嘉吉就坐在下面，平和而寧靜。過了一會兒，他和亞文德簡短交談了幾句。我正準備離開房間，亞文德叫住我，讓我按摩彭嘉吉另一隻腳。那段時間，我有個奇怪的想法，認為給彭嘉吉按摩是非常低下、卑賤的工作，我痛恨被叫去做這事。我開始無聊又漫不經心地用雙手圍繞他的腳踝，心裡第一個念頭是：「他的身體真是巨大啊！用兩只手都沒法圍住他的腿。」我就帶著這些念頭和其他閃過的類似世俗想法，繼續這樣做著。

後來發生的事超越了我所能描述或想像的，我沒法跟人解釋這一體驗。上一瞬間我還在給他按摩，下一瞬間就意識不到亞文德和彭嘉吉了，雖然我的頭腦還能以某種方式感覺到後者的存在。

我的脊椎上有個刺痛感，然後就是一波又一波純粹的妙樂。一股強大的能量吞沒了我，我漂浮在純粹能量之海上。

突然之間，不再有蘇巴什，不再有彭嘉吉。除了純粹的幸福以及不可思議地確切感受著全然的圓滿之外，什麼都不存在。

在那個圓滿的瞬間，不知為何，有一個認知，知道這是我的頭腦尋求累劫累世而不得的東西。這一體驗如此有力的影響了我，甚至到了現在，無論何時回想起來，我馬上會陷入一個無念的狀態。在那之前和之後都沒有人給過我這樣的幸福，這是不依賴於有形之物的幸福。我不用做任何事，不用去修持什麼，這個圓滿的瞬間不請自來，不靠任何外物、任何人。

除了這一幸福之外我什麼都覺察不到，這樣的狀態持續了大約五分鐘。和彭嘉吉處久了之後，我看過其他人沉浸在這樣的狀態中長達幾個小時。但不管是幾小時還是幾分鐘，都無關緊要。重要的是它超越了所有體驗，哪怕只是一秒，只要發生了，人就再也不可能和以前一樣了。

雖然之前大家來隆達講述各自的奇妙體驗，但我從沒有想過類似事情也會發生在我身上。我沒有追求什麼體驗，也沒做什麼嘗試得到體驗。我想強調的是，沒有人需要做點什麼才能得到彭嘉吉的加持，只要來到他身邊就可以了。在他身邊有觸手可及的光輝，能讓被照到的人放下所有的念頭和想法，發現自己的本質。或許這個比方更好：他是一頭老虎，吞下那些靠近他的人的念頭和想法。你藏不了，也不能跑開或爬上樹躲避，只能在他面前呆若木雞地站著，直到時候到了，他突襲你，把你吃掉。

這個體驗之後，我就從一個完全不一樣的角度看帕帕吉了。這就像是不再看零星的局部而是看整體。我不再視他為身體，取而代之的是，我視他為純粹的愛的形象。我不再害怕他，只有愛、尊敬和驚嘆。

彭嘉吉不僅照料我靈性上的福祉，還照看我物質生活上的需求。他注意到我有繪畫的才能，就建議我父親把我送到美術或者

商業藝術學校去培養。父親以前想要我去醫學院，但我卻沒有通過中學肄業證〔S.S.L.C.〕考試。他不想送我到藝術學校。他希望我重考，考出個高分，進醫學院或者工程學院。

他拒絕出錢送我讀藝術學校，然後彭嘉吉插手了，告訴他：「如果你不送他去藝術學校，我會帶他一起回勒克瑙，哪怕自己給他出所有的費用，我都要讓他在那上藝術學校。」

我的父親發了慈悲，同意我學習藝術，先是在達爾瓦爾再去了孟買。現在，我成為了一個成功的商業藝術家，在孟買工作。

我這一生所取得的任何成就，都不是我的功勞。我身上發生的所有事情、我所取得的任何成就，都來自彭嘉吉的加持。

1966年初，帕帕吉終於從珀達爾—馬丁公司退休。從此他可以把全部時間都用在隆達這群新弟子身上。差不多與此同時，達塔特瑞亞・巴克惹醫生也決定退休不再行醫。帕帕吉講述接下來發生的事：

有天我看到一些病人站在羅摩寺前，看起來不像有人會來給他們看病。

我問了他的兒子那羅衍醫生：「為什麼你父親今天還沒來給這些病人看病？他們都在等他呢。」

「我父親已經辭職了，」那羅衍醫生說：「他把所有的工作都交接給了助手，現在就由助手給大家看病了。」

這樣的變故讓人摸不著頭腦，我不明白為什麼他突然之間決定辭職。除此之外他沒有養活自己的方法，而他的工作也沒有退休金。我們之前聊天時，他也從來沒有談過考慮退休。

後來那天我遇到醫生，他告訴我不想再繼續工作是因為他想有更多的時間和我在一起。我想他是期望著在我倆的餘生中，我會一直和他住在一起。我也有過這樣的想法，想退休後長久住在隆達。

在此地我還有個弟子叫內津海爾先生（Mr Neginhal）。他是當地的林業官員。在醫生辭職那會兒，他送給我在迦梨河[193]邊的十英畝地。我接受了他的捐贈，但不是為了我自己。我把這塊地交給醫生的妻子，讓達塔特瑞亞・巴克惹醫生去種地，好給家人帶來一些收入。後來，我讓醫生在這塊地上給我建一個小棚屋，我可以單獨住在林子裡。

醫生很快就對農活充滿了熱情。他耕地，種上椰子樹，還種植一片甘蔗，因為離他的農田不遠有所甘蔗壓榨廠。

在能夠搬進巴克惹醫生這個棚屋前，我得處理掉一些家庭事務。

我對醫生說：「我要回勒克瑙一段時間。我得安排好兒子和女兒的婚事，還要為我妻子做一些財務安排。等這些都辦妥了，我就可以永遠離開家庭，不再背負任何責任了。」

在這本回憶錄中，帕帕吉已提到好幾次他拋棄了家人，把他們的福祉留給天意照拂，雖然他大多數離開的嘗試都失敗了，但我們也不能就貿然得出結論，說他忽視孩子和他們的成長。我曾跟蘇仁德拉和席萬妮都聊過，他們現在都健在。在他們記憶中，帕帕吉是一個慈祥、仁愛的父親，會不辭辛勞地逗孩子玩，讓他們衣食無憂、幸福快樂。一起住在馬德拉斯時，帕帕吉會在週末和假日中帶著全家去海灘或者森林。他偶爾還帶孩子去室利・拉瑪那道場，好讓他們觀見尊者的聖容。

在北方邦工作的五年中（1947-1952），帕帕吉繼續和孩子們生活在一起，照顧他們；但當他去了南印度、在採礦業工作後，他的妻子和家人留在勒克瑙，因為森林裡沒有供家人居住的設施。帕帕吉的雇主每個月從班加羅爾寄500盧比到勒克瑙，帕帕吉自己也經常北上去探望家人，看看他們生活過得如何。

193 迦梨河 (Kali River)：卡納塔克邦內的一條河流，流經卡爾瓦爾，匯入阿拉伯海。

從右到左：內津海爾(S.G. Neginhal)，巴布饒·墨爾古德(Baburao Murgod)，康拉尼(I.J.Kamlani)，和內津海爾的兄弟。

　　雖然帕帕吉自己在十六歲後被迫離開了學校，但他努力地工作以保證自己的孩子受到良好的教育。一開始由於帕帕吉經常搬家，牽連了他們。他們是在馬德拉斯開始上學的，那裡的教學語言是泰米爾語。後來他們被送到班加羅爾上學，那裡老師說的是卡納塔語[194]。席萬妮和蘇仁德拉都降了一級，因為他們聽不懂語言。帕帕吉後來把兩人送回萊亞普爾他妻子身邊，但他們在那裡上學遇到了更大的問題。旁遮普省的教學語言是烏爾都語[195]，於是他們又降了一級。印巴分治後，他們在勒克瑙上學，那裡的主流語言是印地語。雖然有之前的種種不利條件，席萬妮和蘇仁德拉非常努力，都以文科碩士畢業。

　　蘇仁德拉畢業後，帕帕吉帶他去了南印度，教他採礦業務上的知識。帕帕吉一直受雇於一個採礦公司，但蘇仁德拉寧願

194　卡納塔語(Kannada)：主要使用區域是卡納塔克邦，使用人口大約有四百萬。

195　烏爾都語(Urdu)：巴基斯坦的國語，也是印度24種規定語言之一。母語使用者大約有6-8千萬人，其中5200萬在印度(2001年)，占當時該國人口的6%；1300萬在巴基斯坦(2008年)，占該國人口的8%。

做私人承包商。他做了四年採礦承包，最後礦石價格無利可圖時才收手不幹。那時政府壟斷了礦石採購，固定了礦石價格，也控制了所有出口，私人承包商就得看制定價格的公務員臉色吃飯。採礦業再也賺不了錢時，蘇仁德拉回到勒克瑙，追隨父親的腳步成為銷售電子設備的旅行業務員。他在北方邦數年間不停的到處旅行，推銷公司產品。後來他提前退休，前不久搬去一所新建的房子居住，位於勒克瑙郊區。

教育子女和給他們安排合適的婚事是每一個印度父親的責任。在1960年代中期，帕帕吉請假為他的孩子尋找合適的人生伴侶。他很快為席萬妮選好了新郎，但男孩的父母卻對這門親事不太熱心。

男孩父親對帕帕吉說：「你女兒是個碩士，我們家可高攀不起。她學歷這麼高，不會適應我們家的。我不覺得她和我們在一起會幸福。」

帕帕吉已經打定主意要把女兒嫁進這一家了。

他對那人說：「我知道他們是登對的，我知道她會和你所有的家人都處得來。我已經準備好用個很實在的方法表示信心。席萬妮可以跟你們一起住上六個月，並不是作為你兒子的妻子，而是作為你家的成員。她會做所有你期望兒媳婦做的家務。如果過了這段時間之後你不滿意，你也完全沒有義務再繼續這門婚事。」

男孩的父親被這一提議震驚了：「從沒有人會這樣提議。我從來沒聽說過有人把自己的女兒這樣送出去。沒人會願意讓自己的女兒在還沒結婚的情況下就住到男人家裡。」

這一大膽的提議使帕帕吉贏得了男孩父親的好感。

他繼續說道：「你真是一個不同尋常的人，不過我喜歡你在這件事上誠實、直接的態度。你一定是教女有方。剛和你見面時，我並不是很想考慮你的提親，但跟你聊過、聽了你的提議後，我現在希望和你們結為親家。你不必把女兒送來試婚六個

帕帕吉和席萬妮，1957年在勒克瑙動物園。當時席萬妮22歲。

帕帕吉傳‧一切從未發生

月，我會命令兒子娶她的。」

接下來安排完婚事，夫婦倆就在新德里安定了下來，在市區南面經營一家照相館多年。席萬妮的丈夫在1994年過世，兩人結婚二十七年。她最近去勒克瑙帕帕吉住所，說起這麼多年來她從沒有和丈夫有過一次口角。

我現在要回過頭來講1966年的事情。在帕帕吉去勒克瑙給孩子尋找合適的配偶前，他和達塔特瑞亞‧巴克蒐醫生去了一趟喜馬拉雅山。巴克蒐醫生想要去德瓦普拉亞格[196]舉行祭祖[197]儀式，帕帕吉同意陪他去，後面一章中會講述這次特別的旅行中的故事。之後帕帕吉去了勒克瑙，安排蘇仁德拉娶了一戶來自阿格拉[198]人家的女孩。婚禮定在來年一月。幾天後，已回到隆達的巴克蒐醫生收到了下面這封信，來自帕帕吉：

196 瓦普拉亞格（Devaprayag）：位於北阿坎德邦，是阿拉克南答河和巴吉拉希河匯合成為恆河的地方，是印度教徒的朝聖地之一。

197 祭祖（Shraddha）：梵文原意為任何誠心誠意的行為，在印度教中特指祭奠祖先，尤其是過世父母的儀式。

198 阿格拉（Agra）：位於北方邦，距離勒克瑙363公里，是泰姬陵所在地。亞穆納河流經此地。

勒克瑙
1966年2月1日

我今天從普拉亞格回來了，看到你的信……我沒有計畫
要在什麼地方工作。我不知道要做什麼，也不知道不要
做什麼。我已將這副身軀交付風中了。讓風帶它去北去
南、去東去西吧。不管怎樣我都無所謂。
我喜歡像你們這樣的朋友，但只出於一個原因——我知
道他們和我是一個。在整個宇宙中都是「一」在起作用。
你、我和其他——彼此沒有分離。

回到隆達前，帕帕吉短暫造訪了敕特拉庫特[199]，那裡是羅
摩和悉塔[200]被流放的地方。三月底他在那裡給達塔特瑞亞·巴克
惹醫生寫了一封信，表達了對醫生和他家人的器重。

我親愛的朋友：
我今天剛從納希到這裡，會在這裡待上一周，然後去阿
育提亞[201]。我向祐主羅摩和宇宙之母提到了你、你的兒
子和你的妻子對他的虔誠。他聽後，露出非常甜美的微
笑。

---

199 敕特拉庫特(Chitrakoot)：位於中央邦的一個小鎮，接壤北方邦。在羅摩十四年的流放生涯中，
有十一年是在此地的森林中度過，因此這裡成了印度教教徒的一個朝聖地點。

200 悉塔(Sita)：史詩《羅摩衍那》中男主角羅摩的妻子。羅摩為毗濕奴化身，悉塔則被視作毗濕奴妻
子吉祥天女的化身。

201 阿育提亞(Ayodhya)：為印度古城，位於北方邦南端，是拘薩羅國首都。拘薩羅國的王子羅摩被
父王逐出阿育提亞，十四年不許回來，因此羅摩和妻子悉塔退居到森林之中。

短暫朝聖之旅後，帕帕吉回到隆達。雖然他曾認為自己大多數時間會在那裡度過，甚至計畫過在達塔特瑞亞‧巴克惹醫生的小棚屋裡隱居，但這最終並未實現。他開始和弟子們一起去旅行、朝聖，極少在一個地方一次逗留超過幾周，在隆達也沒有。在給達塔特瑞亞‧巴克惹醫生的信（1969年1月24日）中，他寫道：

> 　　神聖之力極其驚人，它把我從一個地方帶到另一地方。實際上，我不喜歡待在一個地方。或許不如說我無法在一個地方待上超過一個月。這是我祜主的意願。我必須服從。我一點都不眷戀勒克瑙，對其他地方也不留戀。

　　剛退休後的幾年，他的足跡遍佈整個印度。翻閱他這一時期的書信，我發現提到了敕瑪嘎羅、芒格洛爾、班加羅爾、室利‧拉瑪那道場、浦那、龐達爾普爾[202]、達爾瓦爾、孟買、瑞詩凱詩、巴德里納特[203]、敕特拉庫特、阿育提亞、瓦拉納西、浦里[204]、達克希內斯瓦爾[205]、阿蘭蒂[206]和阿格拉。有些地方還去了好幾次。

　　下面這一回憶來自帕帕吉一個弟子，他在這段時期和帕帕吉一起旅行。雖然他不想具名，但我看得出這是帕帕吉在羅摩寺期間吸引來的眾人之一。

---

202 龐達爾普爾(Pandharpur)：馬哈拉施特拉邦的一座城市，以供奉毗陀巴(為毗濕奴或黑天的化身)的寺廟出名，是印度教的朝聖地之一。

203 巴德里納特(Badrinath)：位於北阿坎德邦的一個朝聖聖地，是商羯羅所確定的四大聖座(Char Dham)中的北方聖座。

204 浦里(Puri)：位於奧里薩邦(Orissa)，是四大聖座的東方聖座。

205 達克希內斯瓦爾(Dakshineshwar)：位於西孟加拉邦，以當地的迦梨女神廟聞名，印度聖者羅摩克里希那(1834-1886)是此廟的住持，曾經在此親睹過迦梨女神。此地因此而成為迦梨女神信徒的朝聖地點。

206 阿蘭蒂(Alandi)：馬哈拉施特拉邦的一座城市，是十三世紀的虔誠道聖者迪尼雅內濕瓦(Dnyaneshwar)的圓寂地，其靈祠是印度教教徒的朝聖地之一。

我在一生中遇過很多聖者和讓人尊崇的人，但從沒有見過像彭嘉上師這樣的。我不認為世上還有誰像他一樣，能有這個能力來即刻喚醒他人、開示其本來面目。

第一次遇到他純屬偶然，那是離我住處很遠的地方。那是一年中天氣很好的時候，我正在愉快的旅遊途中。遇到他的那天是我一生中最美妙的一天。我的人生在遇到他之前索然無味，經過他神聖的陪伴，整個變得熠熠生輝。我現在過著自由、覺悟之人的日子。非常非常感謝上師尊。

在那個值得紀念的日子遇到他後，他收我為弟子。從那時起，我在很多場合都坐在他腳邊。我們一起旅行，去了很多地方，同行的還有他的其他弟子。那些日子中，他身邊並沒有很多人。我們去了東部、西部、北部和南部。有時我們山中，有時去聖河，有時去海邊。有他的陪伴，每個時刻對我都是神聖的體驗。我們開懷大笑，不管去哪裡都充滿樂趣。上師笑起來時，他的臉就像盛開的蓮花。他教會我們怎麼去笑，怎麼永遠保持笑容。

很多時候我們會走很久，在經過的每一條河中沐浴，甚至暴雨如注時我們也這麼做。有時候我們待在森林，有時住在富人家，有時候住在非常窮的人家裡。無論何時何地，在他神聖陪伴中都有同樣的快樂和魅力。雖然我們在各種各樣的地方和各種社會階層的人相處過，我發現和簡單的人在一起時，他似乎更舒服、放鬆。他自己好像也更喜歡樸素、簡單的生活方式。

他從來沒讓我們感到他和我們有所不同，也從來沒有要求特別待遇。在我看來，他對弟子的愛與尊重似乎勝於對他自己的子女和家人。他喜歡和我們一起待在簡單、偏僻的道場中。有時候我們住在蠻荒、危險的地方，正好可以培養我們的膽子。

有時他會在街上隨便收下一個新弟子，而對其背景一無所知。他或她會得到和我們其他人同樣的尊重和照顧。但如果一個新弟子向他請求加持，他馬上就會一步步地剝除他的立場、限定和他對於宗教的所有想法。他會以非常巧妙的方法做到這一點，當事

人從不會感到受傷。

他會招待我們最可口的食物，總向我們表現出愛和尊重。從他那裡我們不僅僅得到修行上的教導，通過他的身教，我們還學會了怎樣好好生活、怎樣保持幽默感。甚至他在談論嚴肅的修行話題時，也會以一種放鬆、幽默的方式談論，不給弟子壓力。在他身邊，總是有種放鬆、平和的感覺。

正式的薩特桑發生時間不定，隨時都有可能進行。有時會在我們散步時突然開始，或在下午茶後，或在恆河裡沐浴時，甚至我們坐在公共汽車上出行時。這些開示的最妙之處就在於隨意自發。甚至我們睡覺時他也會給予開示，他經常在我們夢中出現，給我們教導和建言。如果我們第二天向他問起，他會確定說那個建言是對的。

神聖的體驗也會不定時地、在最奇怪的時刻出現。有些弟子在走路時得到，有些在沐浴時，有些在吃東西時，不一而定。在這樣的時刻我們都體會到巨大的快樂和幸福。上師看到我們中有人正在經歷或已經得到了一個直接的體驗時，他的臉都會快樂放光。

一旦上師把某人庇於翼下，他會自然對他或她負起全部責任。在我和他很多次的相處中，我記不得有過一起事故或者災禍。哪怕在最為極端的氣候條件下，無論是暴雨、酷暑或嚴寒，都沒有人生過病。不知為何，他總能提前嗅到麻煩事，並因此改變計畫避開。

我的經驗是，他從不強加任何東西在他的弟子身上。他從來沒有讓他們以某種特定的方式生活，或做什麼特定的修行。相反，他卸下了我們的全部包袱，替我們去除了擋在證悟之路上的所有障礙。他讓我們從所有的憂慮中解放出來，向我們展示我們自己的本來真面目。

有些人並不是來求解脫的，而是來求從痛苦的沉重負擔中脫離出來。我曾見過他跟考慮自殺的人對話，幾分鐘之內他就能讓

他們變得快樂無憂。我自己就認識幾個這樣的人，能證明就算是到了現在，這些人也一直是快樂的，過著正常的生活。

我還能說什麼呢？就像是賢者之石[207]碰到鐵就能把鐵變成黃金，彭嘉吉上師把身邊所有的東西都變成了黃金，並讓它自己閃閃發光。他移除了來見他的眾人心中的疑慮和分別，並賜予很多人覺悟。有太陽的地方，黑暗不可能存在；同樣，弟子的無明和自我在上師身邊會消失。然後弟子就會被自己的神性之光點燃，作為一個自由的人在世上發光發亮。據我所知，沒有其他上師可以不計弟子的背景，而把這個禮物賦予如此多的人。我認為自己極其幸運。我再三感謝他將神聖加持賜予了我。

下面這一回憶來自室利·德賽(Sri B. D. Desai)，他家住孟買，在泰姬飯店[208]的會計部工作。

我從小就一直有個信念，認為我所有行為都是由神來執行的。隨著年歲漸長，這一信念越來越堅定。我修持所有禮拜神祇的傳統方式，對馬哈拉施特拉邦當地聖者有著特別的熱情，把能找到的關於他們的書都讀了。

在1960年代，我有過某個夢境，夢裡我看到一個高大的身形，穿著橙黃色的衣服，站在一條河邊。他看著我，說：「我是你的賜福者。」這個夢在我腦中揮之不去，雖然我並不明白是什麼意思。

在1960年代後期，我去隆達的妹夫家做客，妹夫是那裡的森林承包商。

他說：「有個聖人剛剛到了我們鎮上。你想去看他麼？」

「當然想，」我說：「我們這就去吧。」

207 賢者之石(Philosopher's stone)：一種存傳說或神話中的物質，它被認為能將一般的非貴重金屬變成黃金。
208 泰姬飯店(Taj Hotel)：孟買市內著名的五星級飯店，也是當地的地標建築之一。

我們沿著馬路走了200多碼，走進了室利‧彭嘉吉正在舉行的薩特桑。他面前坐著大概五、六個人。我記得我進去時，彭嘉吉的眼睛是閉著的。當我在他面前坐下，他睜開雙眼，歡迎我。我仔細打量他，突然想起這就是我幾年前在夢中見到的男人。我跟他說了我的夢，並說：「我確定你就是那個人。」

他請我閉上雙眼，描述一下我看到了什麼。我按照他的指示，彙報說：「我看到了森林，沒有其他的。」這回答挺奇怪的，但似乎讓他很滿意。

「很好，」他說：「很好。」我感覺自己被他接受了。

有些訪客偶爾會提問，但我不能確定自己是否聽懂他的回答。我搞不清楚他教的是什麼，但我知道這並不是我耳濡目染的印度教傳統方式。或許還可以說在那個時候，對於新來的人來說，這是很常見的反應。彭嘉吉很少因為對方的背景而讓步。他會從究竟的角度來說，如果人們不能理解他，那就是他們的問題，而不是他的。

雖然我沒有真正明白他在說什麼，我卻迫切感到要一次次再去。幾天之後，我就一整天都待在那裡。我開始貼身服侍他，感覺到自己越來越傾心於他。當我實在無法再推遲歸期時，我請他無論何時到孟買來都要住在我家。讓我大為驚喜的是，他接受了我的邀請。從那時起，接下來幾年中無論他何時經過孟買，都會在我家住上一段時間。

我開始和他一起旅行。他很喜歡旅行，也似乎很喜歡有我作伴。我陪他去了好幾次瑞詩凱詩和哈德瓦，還跟他去過龐達爾普爾、喀什米爾的毗濕諾女神廟[209]、瓦拉納西和敕特拉庫特。無論我們去哪裡，居住條件很簡單，但很快樂。

他有個習慣，幾乎每天都要走上很長一段路，一口氣走上二十或者三十公里並不稀奇。有次我帶著十一歲的女兒一起在連綿不歇的雨中走了七個小時，因為彭嘉吉想要去看一個跟他舅舅羅摩‧提爾塔有關的地方。我們沒人覺得累，也沒人感冒或者不舒

服之類。在他身邊，我們可以做任何事，因為我們都知道他在保護、照看著我們。我必須要提到他有一個習慣，無論我們在路上遇到了什麼水流，他總要停下來沐浴一下。他似乎無法拒絕途中遇到的河流或溪水。

　　有次，我在瑞詩凱詩和他在一起，突然感到修行上的不足。我對教理知之甚少，因為他從沒讓我做過什麼修持，而且我也沒有任何實修。我感覺到自己不夠努力，就出去買了一本《瓦西斯塔瑜伽經》，決心要讀完，因為我曾聽到彭嘉吉對此書大為讚賞。我把書拿給他看，心想他看到我決心研讀的話會很高興。然而恰恰相反，他憤怒地從我手裡一把奪過去，撕成碎片，丟進恆河。他一開始沒給出理由，但我感到他是在告訴我，我有他陪伴時，不需要啃什麼書本。後來我直接問時，他證實了這點。

　　「我感覺自己不夠努力，」我說：「覺得自己應該要做點什麼，而不是每天就坐著，享受你的陪伴。」

　　「在上師身邊，」他說：「什麼事都不必做。在他身邊就足夠了。」

　　最終我發現是這樣的。我以前感到自己缺乏智性上的理解力，隨著在他身邊越來越久，現在這已變得無關緊要。我的問題和疑慮都消退了，被一種無作的平靜取代。在他身邊總能體會到平靜，我學會享受平靜，不再擔心自己該做什麼，或者是否取得進步。他以充滿明光的無念狀態加持我，無論我是在他身邊，還是在離他千百里之外的孟買，這種狀態都在。他的神聖臨在帶走了我的念頭、困惑、擔憂和疑問。現在無論何時我閉上雙眼，都能找到平和與寂靜。

209 毗濕諾女神（Vaishino Devi）：又被稱作毗濕那琵（Vaishnavi）或拉尼女神（Mata Rani），據印度教傳說，在濕婆、毗濕奴、梵天忙著對付阿修羅的時候，三位女神——迦梨女神、吉祥天女和辯才天女聚在一起，集中她們的神力，顯現出一道耀眼的光芒，從中誕生了一個女孩，並被三位女神派遣投生到南印度，以維護世間的公正。她出生後被命名為毗濕那琵，智慧超群並棄俗離家在森林禪修，後來遇到毗濕奴的化身羅摩，受命在查謨-喀什米爾地區的三頂山（Trikuta）上建立道場，以賜福人類。

德賽和帕帕吉，攝於1970年代初

　　我永遠感激他為我做的、對我做的一切。他讓我見到神，給予我平靜，我夫復何求？

　　帕帕吉的弟子遍佈全世界，但他們中很多人極少有機會見他一面。在頻繁旅行、走遍印度的幾年中，帕帕吉和很多弟子以通信保持聯繫。他會告訴弟子自己的旅行和會面，回答他們修行上的問題，問候他們物質、精神上的福祉，激勵他們在修行上更上層樓，對他們生活的方方面面都提供建議和鼓勵。室利‧德賽收到過大約150封帕帕吉來信，大多在1960年代後期和1970年代早期。我在此附上幾封。這些信生動展現了帕帕吉如何通過信件給予建議和教導。幾封早期的信件包含了傳統印度教的教導指示，具有特別的價值，現在他已經很少這樣做了。

親愛的神聖之子：

我已經收到你的來信。信中充滿了愛，字裡行間透著虔誠。我對你充滿了信心。你具備一個真正求道者的所有條件。我不得不在倉促間離開孟買。一方面這是好事，因為有一些年輕的求道者已經到了，他們從西班牙來，正等著我。我會在卡舍[210]、敕特拉庫特、瑞詩凱詩紮營，然後去南方。你會收到消息的。但目前我建議你待在家裡，再繼續修持一段時間。真理在所有眾生心中。先在你身邊人——你的妻子、女兒和朋友的心中體悟這一點。這條道路上你需要所有人的祝福，包括你的妻子。要是還有一絲不解，就去除它，因為你需要自己整個頭腦都全然純淨，就像是醍醐[211]，以供奉祐主。你有一個賢妻和一個乖孩子，在家裡就像真正的智仙那樣生活。我不鼓勵拋棄生活中的職責轉而投身森林中。如果你真誠求道，大聖者們就會到你門前。這是神的規律。如果有熱，自然就有清新的風。消除升起的念頭，保持寂然。看著自己覺悟真我。你會感覺到一種在多生多劫中從未感到過的妙樂……

---

210 卡舍(Kashi)：瓦拉納西的別稱。

211 clarified butter：如今常被稱作「澄清黃油」，從黃油中提煉出的液態牛奶脂肪，是透明的金黃色液體。醍醐(agadha)：《大般涅槃經》聖行品第七中佛言：「譬如從牛出乳，從乳出酪，從酪出生酥，從生酥出熟酥，從熟酥出醍醐。醍醐最上若有服者眾病皆除，所有諸藥悉入其中。善男子，佛亦如是。從佛出生十二部經，從十二部經出修多羅，從修多羅出方等經，從方等經出般若波羅蜜，從般若波羅蜜出大涅槃，猶如醍醐。言醍醐者喻於佛性，佛性者即是如來。」

下一封信中，我們能難得地讀到帕帕吉就傳統禪修方法給出的具體指導。信中提到那羅延[212]，即展現為毗濕奴形象的神，是因為德賽先生家鄉所有人都崇拜這一神祇。

1969年1月6日
勒克瑙

親愛的神聖之子：

我今天收到了你1969年1月3日的信。很高興讀到你用了一些修持手法來觸到究竟的那羅延。那羅延位於所有眾生的心中。這個心並不是字面意義上位於左側、供血的那顆。我說的心是赫里達雅[213]〔本心〕。這是你身體的真正存在，是它讓你的心臟跳動。它在右邊，離中間〔胸骨〕兩寸處。通過一些修持你能很清楚地觀想到它。如果你能這麼做到，哪怕是四分之一秒，你都會變得非常幸福。只需要深深內觀就可以了。那羅延在大平靜、大善提[214]中自在安息，你可以用那羅延的名號來沉入這片大海。你必須把全部的注意力都集中在心上，安住於此。你不需要出聲持誦，不出聲是更高的做法。但如果你想的話，可以用舌頭、呼吸或意念來重複那羅延的名號，甚至在你忙著工作的時候都可以。肚臍並不是個很好的關注中心，它會攪動低下的衝動，讓意識躁動。如果你安住自己的本然不動搖，剩下的就都不需要了。你有問題的話隨時可以給我寫信。我在你身上看到了一個實實在在的求道者，希望你能在這一生中達到最高的證悟……

致以更多的愛。

你的，真我

---

212 那羅延(Narayana)：字面意義為「那羅的兒子」，即「人之子」。在印度教早期就開始採用此詞指稱最高的神祇。在後期演變中，那羅延通常是毗濕奴或者黑天的別稱。

親愛的神聖之子：

很高興收到你的信。

要達到的目標是頭腦寂止。當頭腦寂止時，你正在有的疑問，比如「我怎麼知道我是寂止的？」就消散了。剩下能感覺寂止的「你」在哪裡？你只感覺到作為主體的幸福和存在——而非客體。只要你安住在那裡，就不會有任何時間和身體的想法。只有在你降到身體意識的時候，才會知道「過了這麼久了」。只有在身識中才會生起其他這些疑問。

接受我的愛

你的，真我

1969年3月14日

隆達

摯愛的德賽吉：

……我肯定你正在穩定走向至善。你有直面真理的條件，你應該直面他。逃離神的，是懦夫。下定決心在這生中見到他吧。沒有比達到他更大的善行或功德了，成就這個全然的圓滿吧。

給你自己的真我越來越多的關注。在關鍵時刻，他不會像其他的東西將會做且已經做過的那樣欺騙你、離開你。讓他成為你唯一的朋友……

---

213 赫里達雅 (Hridayam)：梵語，指靈性層面的心，為所有意識和肉體展現的源頭。即佛教《般若波羅蜜多心經》(*Prajnaparamita Hrdaya*) 中的那個「心」。

214 善提 (shanti)：梵語，平和、寂靜。

我摯愛的孩子：

念你的信時我極其愉悅。讀信時，我感到你寫信時在你心中起舞的情緒。你說你去阿蘭蒂見到了室利·雅內濕瓦[215]，他加持你，甚至還給了他的照片，每次我讀到這裡，就感非常欣喜。你還需要什麼東西呢？在去德嘎女神廟[216]的路上，你沒聽見人們齊聲喊叫著「女神會親自寫信邀請信徒到她家」嗎？同樣，所有的聖人也在呼喚他們虔誠的信眾，以賜予加持。我很高興在你身上看到了虔信的熊熊火焰，甚至在隆達我們第一次見面時就發現了。你最近的朝聖肯定淨化了你潛藏的業習，哪怕你也許並沒有覺察。如果你在土裡種了一顆種子，第二天就把它挖出來，是看不到有形的變化的。但是就算這樣，在它裡面正發生著翻天覆地的變化，這變化能夠讓種子在一兩天內就發芽。聖人的陪伴也是同樣的道理。表面可能沒有變化，但是內在卻正在進行著。聖人的陪伴遲早會讓自我連根拔起，是遲是早就取決於求道者的熱切程度了。心非曲非直。雖然你在信裡說是曲，但什麼時候你見過它是曲的麼？把自己的錯誤怪到別人頭上是人的習氣。然而難道不正是這同一個心把你帶到好的地方、讓你結識好人？要和這個心交朋友。至於孟買，所有的地方都一樣。認為地方有好有壞，這只是念頭而已……

帕帕吉傳 · 一切從未發生

---

215 雅內濕瓦(Sri Jnaneshwar, 1275-1296)：馬哈拉施特拉的印度教聖人、詩人、瑜伽士，也被稱作作迪尼雅內濕瓦(Dnyaneshwar)。他所著的《薄伽梵歌》的注疏《奧義明燈》(*Bhavartha Deepika*)被認為是馬拉地語的傑作之一，通常被稱為《雅內濕瓦論》(*Jnaneshwari*)。

216 德嘎(Durga)：意為「不可接近的」或「不可戰勝的」，號稱難近母。她是濕婆的妻子莎克蒂(Shakti)的主要形象之一。

帕帕吉在信中提到的雅內濕瓦，是幾百年前生活在馬哈拉施特拉的導師。他還是孩童時就開始教導眾生，並且寫了一部著名的《薄伽梵歌》注疏，現在被稱為《雅內濕瓦論》。他在十六歲時感覺自己的教授任務已經完成了，就把自己封閉在帕帕吉提到的阿蘭蒂村的一個山洞中。他的信徒認為他還活在那裡，處於很深的三摩地中。當帕帕吉在果阿邦工作的時期，他造訪了這個山洞，以表達他對雅內濕瓦的尊敬。以下是他對所發生的事情的回顧：

我有一次去馬哈拉施特拉邦的阿蘭蒂訪問雅內濕瓦的大靈祠。據說他年僅十六歲時，就對他的兩個兄弟尼維利提納斯（Nivritinath）和蘇潘德瓦（Supandeva）還有他的妹妹穆克塔白（Muktabai）說自己這一生的使命已經完成了。他對他們說自己會進入一個洞穴，永遠待在那裡。他的妹妹求他不要這樣結束自己的一生，但雅內濕瓦很堅決的執行了這個計畫。所以，這個洞穴的入口就被永久封起來了。

我去了這個山洞，想著雅內濕瓦是否還在那裡入定。我站在那個密封起來的入口時，突然有了身處山洞中且就在雅內濕瓦身邊的體驗。我看到他坐在那裡，沉浸在甚深的禪定中。他的雙眼閉合，臉上光彩煥發。

我的馬拉地語[217]說得很好，所以不需要翻譯就可以讀《雅內濕瓦論》。當我在阿蘭蒂時，我遇到了兩位學者，一位叫媽媽·丹德卡爾（Mama Dandekar），一位叫約悉先生（Mr Joshi），兩人在研究《雅內濕瓦論》。還有幾個德國人也在，是來請教這兩位專家的，他們正著手把這本書譯成德文。

---

217 馬拉地語（Marathi）：主要是在馬哈拉施特拉邦地區使用的印度語言。雅內濕瓦是歷史上第一位直接使用馬拉地語寫作的聖者，《雅內濕瓦論》就是以馬拉地語寫成。在此之前，人們普遍認為靈性著作只能用梵語寫作，雅內濕瓦打破了這一禁忌，並得到了之後的聖者圖卡拉姆（Tukaram）、伊喀納特（Eknath）、羅摩達斯（Ramdas）等人的繼承，塑造了輝煌的馬拉地語靈性文學。

媽媽·丹德卡爾告訴我，有少數幾個從阿蘭蒂來的人曾說過他們看到雅內濕瓦在因陀羅亞尼河[218]中沐浴。我相信這個說法。有一顆純淨心靈的人，都能看到，甚至成為他們所想的東西。無論有什麼樣的念頭，都會在他面前得到展現。

1969年9月22日
勒克瑙

我摯愛的孩子〔德賽〕：

很高興發現你對真理有了一個絕對清晰的理解。你在9月19日信中的解釋是出於一個孩童的天真之口。所以，我也以同樣的方式來跟你說話。掌握四部吠陀和其他科學知識的博學者並不夠格贏得神的加持。神要的是你孩童般的愛，要你臣服在它腳下。沒有別的了。圖卡拉姆[219]既不博學也不是個高超的音樂家，但看看他和祐主毗塔拉[220]說話時是多麼無畏。要以同樣的方式，像對父親說話一樣和他說話。向他索求你需要的一切，你不僅僅會得到三界，還會得到超越這些的——從輪迴中解脫。只管去看頭腦和它的各種花招、習氣。如果可以做到這一點，你現在就會解脫……

---

218 因陀羅亞尼河 (Indrayani River)：馬哈拉施特拉邦的一條河流，因詩聖圖卡拉姆和智者雅內濕瓦的關係而稱為聖河。

219 圖卡拉姆 (Tukaram, 1598-1650)：也簡稱圖卡 (Tuka)，印度偉大的馬拉地語詩人，他敬奉的是毗塔拉。

220 毗塔拉 (Vitthala)：或被稱為毗陀巴 (Vithoba) 和龐度讓嘎 (Pandhranga)。印度教神祇，被認為是毗濕奴或其化身黑天的化現，主要在印度南部各邦得到信眾崇拜。

下面這系列的書信是三年後的。那時德賽先生已成為狂熱的信徒，虔信馬哈拉施特拉邦裡龐達爾普爾廟（Pandhranga Temple）的黑天形象，即祜主毗塔拉，或稱為祜主龐度讓嘎，這是一個廣受崇拜的黑天身相。德賽先生熱切地追求觀見這一神祇的真身，這是帕帕吉同意並鼓勵的。這段時間內，帕帕吉給德賽先生的信通常以「嘉呀，嘉呀，毗塔拉，龐度讓嘎」的讚嘆開始，意思是「榮耀或勝利歸於毗塔拉，龐度讓嘎！」

1990年代，帕帕吉的薩特桑以外國人為主，這時他就不再談到虔信道了。雖然他依然認為這是一個確實有效的修持方式，有據可考的是他曾說過西方人沒有條件遵循傳統的虔信道，因為他們的心已經被太多的世俗欲望染汙。

《躍入永恆》第235頁上，他說道：

西方人已經把他們的心靈和身體出賣給其他人了。在印度教中，我們只把從來沒有被嗅過的鮮花獻給神。誰有這樣一顆從未被他人嗅過的心能獻給神？你是如何把這樣的一朵花或者一顆心獻給神的呢？

他早期教導歲月中經常推薦虔信道和持名號、形象的禪修，作為接近神的方法，既然如今帕帕吉不願在大眾開示中提到，這些信件就成了遺留下來的少見實例。

第一封信中，帕帕吉祝賀德賽先生有了一次對黑天的直接體驗。在後面的大多數信件中，他就如何讓黑天現身提出了建議。

嘉呀，嘉呀，毗塔拉，龐度讓嘎

哦，我親愛的：

這一次你真是讓我非常高興。當我在〔瑞詩凱詩的〕毗塔拉
道場看著你的時候，我就知道這非凡的一天很快就會到來。
現在它發生了。當我們在隆達第一次見面時我就已經愛著
你了。我寫這些是因為我很高興。我自己的快樂促使著我
寫下這些話。除此之外，還有什麼能讓我快樂呢？「嘉呀，
嘉呀，毗塔拉，龐度讓嘎」並不是一句用來念誦的咒語，它
已經由毗塔拉本人種入你的心房內了。你自己可以聽到，
不必重複念誦了。在龐達利納特[221]〔龐達爾普爾的祜主〕的
加持下，一切都在合適的時機突然發生了。現在你能看到
他正雙手放在胯上，看著你，臉上帶著迷人又淘氣的微笑。
噢，我親愛的兒子，我非常高興看到你坐在我面前、說話、
走路、目視外境，但是實際上一直反觀著，你顯示出八淨
受[222]，那些被龐度讓嘎鍾愛的人身上會出現的。很多來見
我的人都在談論你。當我聽到人們大力讚揚你的時候，我
感到很高興。我覺得你依然和我在一起，甚至在色身意義
上都不曾遠離。原諒我身體不佳，不能如願地妥善回覆你
……

---

221 龐達利納特（Pandharinath）：毗塔拉的另外一個稱號。

222 八淨受（ashta sattva bhavas）：極大虔誠的八個身體徵相，比如起雞皮疙瘩、狂喜之淚等。

<u>嘉呀，嘉呀，毗塔拉，龐度讓嘎</u>

我摯愛的孩子：

我很高興收到你28日的信中明燈節[223]的祝福。願每個人都在心裡燃起一盞燈，看到祜主正在那裡等著虔信者走近他。當我發現有人念誦聖號時，我會感到極大的快樂；當我發現他能保持住，正如你說自己正在做的那樣時，我更是充滿巨大的妙樂。我感覺自己成了每一個念誦祜主之名的信徒腳下的塵土。毗納亞克〔普拉布〕[224]對聖名的體驗有很美妙、簡單的描述。他告訴我：「**聖名**的體驗就是**聖名**本身。」不要擔心做你的工作還是不做你的工作。兩者是一個意思。「我在做」和「我不在做」都和「**我在**」沒有關係，它是非做非不做的。祜主已經將你安排在此際遇中，你無須操心。你要做的就是保持沉浸在他的聖名中，並把落在你肩上的工作做好。我喜歡你工作時感到意識上的沮喪，這些想法使你有更多的時間和祜主在一起。和祜主在一起比把整個人生浪費在無用的工作上要好。你自己真心之中的祜主會引導你的。不要擔心。致以來自穆克蒂（Mukti）、蜜拉（Meera）和我的愛。

---

223 明燈節（Diwali）：印度秋季的一個節日，人們在那天晚上燃燈慶祝，有光明戰勝黑暗、智慧戰勝無知、善勝過惡的寓意。

224 毗納亞克・普拉布（Vinayak Prabhu）：帕帕吉的弟子，他的故事將在本章下文中提到。

嘉呀，嘉呀，毗塔拉，龐度讓嘎

我本自的內在：
看到你穩坐於祜主腳邊，我非常高興。不要這樣想或那樣
想。現在就讓祜主龐達利納特擁抱你吧。現在輪到**他**了。
你明白我是什麼意思？明白我說什麼嗎？我這麼問是因為
我找不到語言來告訴你我想說的。敞開你的心，聽我說，

　　在內看，
　　在內說，
　　在內聽，
　　做這一切的同時，告訴我它是什麼。

帕帕吉傳・一切從未發生

1972年12月2日
勒克瑙

嘉呀，嘉呀，毗塔拉

我尊貴的兒子：
我今天收到匯票，也讀到了你的經歷。你看不到祜主是因
為他離你太近了！說看不到的那一個是誰？每個人都是「那
個」本身，因為沒有「有別於他的」可以去看。你會自然自發
的清楚這一點。毗納亞克經常寫信來稱讚你。他是我祜主
的聰慧之子。就這一點而言，從一開始我就愛上他了。他
說：「德賽吉非常嚮往出離。」我很高興那個時刻還沒有到

來。堅持。不要急著做決定。出離並不是目標。有什麼要拋棄嗎？你拋棄某個東西之後，它還是留在世界上。你拋棄的東西並沒有被毀掉。為什麼要擔心在那裡的東西呢？當我們看著龐度讓嘎的面容，別的看起來也像是龐度讓嘎了。德賽吉，我對你的殷切虔誠感到驕傲。每次吸進呼出的氣息一定都唱著「毗塔拉！毗塔拉！」的聖名。我剛剛想起了迦娜白[225]的名字。她拋棄了什麼？然而就算是她做的牛糞餅都說著毗塔拉的名號，因為她碰觸的所有東西都是毗塔拉。辦公室、家裡、市場都應該成為龐度讓嘎的寺廟。我聽到你的毛孔在歌唱，聽到「毗塔拉！毗塔拉！」的名號時你的汗毛豎了起來。嘉呀，嘉呀，毗塔拉，龐度讓嘎！

1972年12月3日
勒克瑙

毗塔拉－龐度讓嘎

「當我在內看，我還沒有看到他。但是在同時，其他的一切我都看不到。」噢，我親愛的朋友，我很高興你這麼美妙地解釋了這一殊勝體驗。現在，看不到其他東西的那個是誰？把你的臉再往裡轉，在內在之內。看著並且牢牢地抓住他，那個看不到其他的他。除了這個觀者，還要找其他別的嗎？他即是龐度讓嘎。他正在看著你。而不是你在看著他。這就是為什麼你說你沒有看到他的緣故。現在輪到他來看你了。保持安靜。看接下來會發生什麼。保持警覺。去看內在的內在。

225 迦娜白（Janabai）：十三世紀的一個馬拉地語女詩聖。

1972年12月16日

哈德瓦

我親愛的兒子：

在14日和15日之間的夜晚淩晨時分，在醒來前，我看到了你，雙眼半睜，站在畢瑪河[226]中，河水沒過了你的膝蓋。你的身體半彎，閃著紅銅色的光，你正面對著龐達利祜主，他只是一直微笑著，不發一言。你現在還會懷疑自己的位置麼？我看著你們兩個看了很久，直到我最終轉到醒位。這個境界如此清晰，我不得不寫信告訴你。但這是個夢境，還是事實，還是兩者都是，或超越了兩者？不管怎樣，這很吉祥……

1973年10月2日

隆達

我摯愛的龐度讓嘎的，親愛的：

我極其高興、極其幸運有你在我心裡。你已經跨了一步，是一千年中甚為稀有者才能做到的。這是祜主確信無疑的加持，也是過去和現在所有智者和聖人的加持。你無須和跟你觀點不同的人有太多接觸，也無須和他們通信。持聖名在口中、在心中、在寂靜中，同時等著祜主的來臨……

---

226 畢瑪河(Bhima River)：印度南部的主要河流之一，流經馬哈拉施特拉邦、卡納塔克邦和安得拉邦，匯入克里希那河。

<u>嘉呀，嘉呀，德賽吉</u>

你11月4日寄到委內瑞拉的信，被轉寄到了法國我這裡。當
你說「上師，當我突然看著自己的照片，看起來就像毗塔
拉」，這是事實。你一直以來看到的各種臉都不是自己的真
正面容。這才是你的面容。你做到了。我今天極其高興。
你從所有的束縛中解脫了。不要留有任何疑問。不要往回
看。龐達爾普爾的毗塔拉已經加持了你。他進入了你的身
體。住在這個身體裡的，是龐達爾普爾和毗塔拉本人。再
沒有德賽吉了。讓毗塔拉恆常安住在他本位吧。不要讀、
寫或說。**讓它發生**。我親愛的孩子，**你已經做到了**……

嘉，嘉，毗塔拉，龐度讓嘎

噢我摯愛的：

……每次呼吸你都唱著龐度讓嘎祜主之名。還需要別的什
麼呢？祜主之名和祜主是不可分的，就像甜味和糖。聖名
是一條能安全把你載到對岸的船，祜主安住在那裡，殷切
伸出四臂[227]等著迎接你……

---

227 毗塔拉的造型通常是二臂，但也有四臂形象。

室利‧德賽的小女兒芭拉蒂（Bharati）也是黑天虔信者，想要直接面見黑天。帕帕吉鼓勵她為此努力。在給她父親一封早期的信件中（1969年1月18日），帕帕吉寫道：

　　　　是的，如果親愛的芭拉蒂能夠常常自己寫下她的體驗──不用你聽寫代筆的話，我會很高興的。她是個乖孩子。曾有個和她一樣年紀的孩子想要見到黑天，1968年1月她跟我聯繫後，一個月之內她就可以和黑天玩、和黑天一起吃飯、和黑天說話，就好像他是她的玩伴一樣。孩子沒有自我的界限，所以他們幾乎可以立即見到他們的神聖之友……

　　下面三封信是寫給室利‧德賽的女兒的：

　　　　　　　　　　　　　　　　　　　　1969年1月5日
　　　　　　　　　　　　　　　　　　　　勒克瑙

我親愛的神聖之子：
收到你1月1日的信我非常高興。你愛黑天，所以我愛你。黑天一直住在你身邊，但是你要知道他是個非常淘氣的男孩。他喜歡和他的牧牛女們捉迷藏……神聖的力量已經在照看你了，他在推著你去愛他。下次我去孟買的時候，我會來看你……

1971年6月26日

勒克瑙

親愛的女兒：

我很高興讀到你的信。你與我、蜜拉和恆河相伴了大概
二十二天，你都記得，這很好。對，黑天當然會到你房
間裡來，會和你說話，一起吃東西，和你打乒乓球。他
正藏在你心裡，等著你呼喚他。如果你一直呼喚他，他
就會來了。他很淘氣，像你一樣。你會非常愛他的。蜜
拉總是能看到他，你也可以……

這些信中數次提及的蜜拉是一位比利時弟子，她的故事會
在後面章節中出現。

1973年5月3日

親愛的芭拉蒂：

嘉呀，悉塔，羅摩。我非常高興收到你的信，因為它給
了我一陣強烈的虔信震動。它讓我的心充滿了虔信的甘
露。當然，我親愛的乖孩子，祜主已經加持了你，所以
你才有對他的愛。祜主就站在你身後，和你捉迷藏。去
看他。再去看他，你就會發現他。然後再看。現在他站
在你前面。張開你的眼睛能見到他。閉上你的眼睛能見
到他。我親愛的孩子，不要懷疑他就在那裡……我們下
一次見面時，會和他一起玩。你的父親已經在和祜主玩
了。你得陪著你父親。能成為他的女兒，你非常幸運。

> 無論你醒著還是睡著時都唱誦他的名號。聽他的笛
> 子吹出的旋律。看著他美麗的臉龐。觸摸他的雙足，嗅
> 他花鬟的芬芳。一直想著他，不要停下。你吃飯時，想
> 著是他在吃飯。你說話時，想著是他在說話。你走路時，
> 想著是他在走路。你睡覺時，想著是他在睡覺。

室利‧德賽追求一睹或觀見祜主龐度讓嘎的努力歷時日久，充滿熱忱。帕帕吉造訪龐達爾普爾時，想要在那裡的主寺中朝觀聖容，然後就直接遇到了龐度讓嘎。以下是帕帕吉講述事情的經過：

我那時正在果阿邦工作。很多人在入睡節[228]去龐達爾普爾，他們會從阿蘭蒂步行幾百英里或者帶著行李坐牛車去。我是從米拉吉[229]坐火車去的。在汽車站，我讓搬運工帶我去附近隨便某個達蘭薩拉[230]。我到的第一個休息站的經理解釋說因為節日關係，哪裡都沒空房，但他還是給我一個箱子讓我保存行李。我鎖上箱子後，就出去找神廟了。

我想要朝觀神祇，但神廟一個僧人告訴我，等著進廟的信徒已經排成了蜿蜒的長龍，長得不行，有些人已經排隊排了四天。通常排隊不會那麼長，只有重大節日時才會出現這樣的長龍。

我沒時間排隊，因為我只是來這個城鎮短暫拜訪。我告訴僧人自己時間不夠，不能排隊。

他說：「如果你今天不能排隊，就只能等有空的時候再來了。」

---

228 此處原文作Asadhi Ekadasi，Asadhi是印度陰曆的第四個月（相當於格里曆的六月到七月間），Ekadasi是「第十一」的意思，即印度陰曆四月的十一日，傳說毗濕奴在這一天躺在大蛇阿南塔盤繞如床的身上開始沉睡，在宇宙之海上漂浮。印度對此節日有多種稱呼，也常稱為「Shayani Ekadashi」，即「入睡的第十一日」的意思。

229 米拉吉（Miraj）：馬哈拉施特拉邦南部一個城市。

230 達蘭薩拉（dharamsala）：給朝聖者提供休息的房子。

1970年代初在瑞詩凱詩或者哈德瓦的恆河中沐浴，從右至左：德賽和女兒芭拉蒂；帕帕吉；安娜庫提（Anakutty），一位來自喀拉拉邦的弟子；比利時弟子蜜拉

　　我決定還是去那兒，看看廟裡其他地方。但我首先想的是應該在畢瑪河裡沐浴一下。我沿路走到河邊，看到數以千計的人在那裡沐浴。人太多了，我甚至沒法推開人群走到河邊。從我站的地方來看，河水似乎又髒又渾。我改了主意，不想在那裡沐浴，而是站在離人群有點距離的一塊墓碑邊上。

　　一個看似婆羅門的人走近我，問我是否已經去寺院朝觀過龐達利納特‧毗塔拉。

　　我回答說：「我時間不夠了。隊伍排得很長，而我在這裡只能待很短的時間。等人少一些的時候，我會再來這裡看毗塔拉的。」

　　婆羅門說：「我是廟裡的僧人，可以給你安排朝觀而不用排隊。神廟有另一個入口，是我們在特別場合才用的。我可以帶你從那裡進去。」

　　我跟他回到神廟，來到建築的後方，他帶我走一個之前沒見過的入口。進去後我走入一個聖殿。僧人允許我直接在毗塔拉和

茹克米妮[231]的雕像前站了大概五分鐘，還給了我加持品。我正凝視著這些神像時，僧人消失不見了。我走出來時張望著找他，想要感謝他讓我進來，但怎麼都找不到。我本來還想給他些供養的。

我回到存放行李的休息站，在那裡碰到另一個人，自稱是寺廟的僧人。我告訴他自己來這個城鎮短暫拜訪，是為了親睹神祇。

僧人說：「你要是只有這麼點時間，是不可能進去的。有些人排隊都排了幾天了。」

「我知道，」我說：「今天早上我也發現這一點了。但我放棄進廟的希望後，我遇到了廟裡另一個僧人，他好心帶我從後門進去。我已經朝觀過了，還收到了加持品。」

「這不可能，」僧人說：「他一定是帶你去了另一間神廟。這個鎮上有很多神廟。入口是在靠河那一邊麼？是不是信眾隊伍排成了長龍等著進去？」

「是的，」我說：「是同一個神廟，但我沒有從前門進去。僧人帶我從後門進去。就是主廟，所有人都在排隊的那個。」

僧人依然無法相信我以某種方式在別人之前進廟了。

「不可能是同一個廟，」他說，「因為這個神廟沒有後門。你一定是被帶到其他廟去了。這個廟的後面是一長排賣椰子、水果和花的商店。沒別的了。」

我提議帶他去看我剛進神廟走的門。一起回到神廟，我發現佈局和他說的一樣：那裡是一排商店，我之前沒見過，也看不到有門或者入口。

我還是不想承認自己弄錯了，說：「我肯定看到了這間神廟供奉的神祇，就在不到一小時前，我還站在雕像前面呢。」

「是什麼樣的呢？」僧人問。他認為如果我描述出來的話，他

帕帕吉傳・一切從未發生

---

231 茹克米妮(Rukmini)：黑天第一位妻子，也是最主要的王后，她是吉祥天女的化身，為毗達巴 (Vidarbha)王國的公主，其長兄反對她和黑天成婚，將她許配給另一位王子，茹克米妮派人送信給黑天，求他把她帶走，於是在成婚的當天，黑天出現，搶走了茹克米妮，並與其長兄決鬥獲勝。黑天一共有八位王后和一萬六千妃子。

就能確定地告訴我，我其實是去了別家神廟了。

我描述了自己看到的，說我獨自一人大概在雕像前站了五分鐘。

我的描述吻合神廟裡的龐度讓嘎和茹克米妮雕像的樣子。僧人不得不承認我確實看到了，但他無法理解我怎麼可能在那裡獨自一人站了五分鐘。

「朝聖者排著隊，不停移動著穿過大殿，」他說：「沒人可以在神像前獨自站上五分鐘，根本不可能。如果有人站在那裡不走，寺廟的警衛會催促他走的。像今天這樣的重大節日，朝觀是邊走邊做的。甚至都不會允許有人停下來，更不要說讓他一個人站五分鐘了。」

我跟他說了那天發生在我身上的整個經過。當說到我收到加持品時，他問我是怎麼處置的。我還剩下一些，就拿給他看。正是這個加持品最終說服他相信了我的故事。這是在那個特殊日子寺廟派發的特別加持品。僧人認出來了，終於不得不承認我的確在這個寺廟裡有了一次單獨的朝觀。

我們回到休息站，因為行李還在那裡。我供養了僧人一些錢，因為他特意帶我去神廟，但他拒絕接受。

「我不能收你的錢，」他說：「因為今天祜主親自帶你去看了自己的神廟。今天發生了奇蹟。這樣的事後，我是不能再收你什麼錢了。這類事並不是第一次發生。我告訴你另一個類似的故事。

「很久以前，這裡有個叫迦娜白的女聖者。祜主毗塔拉去了她家，因為他想帶她去寺廟。她雖然想去卻去不了，因為她婆婆不允許。

「有一天她向婆婆乞求：『今天是入睡節，請允許我去寺廟一會兒吧。我會儘快趕回來。』

「她婆婆將她鎖在房間裡，以此作為回答。

「祜主知道她想去寺廟的心很熾烈，所以親自來到她家。他開了鎖放出迦娜白。他們離開時，祜主龐度讓嘎叫她從外面把門鎖上，這樣看上去就像她還在房間一樣。

「迦娜白和幾個之前邀請她去朝覲的街坊女孩子一起去了神廟。朝覲結束後，這些女孩一同去感謝迦娜白的婆婆允許她出來陪她們。她們並不知道其實婆婆是禁止她去神廟的。

「婆婆大發雷霆。『我可不允許她出門，』她憤怒地說：『她今天一整天一直鎖在房間裡。我帶你們去看。』

「她帶著女孩們去迦娜白的房間，要證明給她們看她其實被鎖在裡面。走近房間時，大家發現門開著，迦娜白手裡拿著鑰匙，正往屋裡走，祜主毗塔拉正要走出去。祜主毗塔拉把門鎖好後就消失了。婆婆搞不明白這是怎麼回事，但其他女孩們知道這是祜主親自來開了鎖，好讓迦娜白去寺裡見他。」

回果阿邦後，我把神奇的神廟遊記告訴很多人。他們全都不得不相信我，因為他們自己都有排隊三、四天的經歷，知道如果沒有神力介入，我是不可能單獨朝覲的。

1973年，帕帕吉打算從卡納塔克邦北部旅遊到印度最南部。但他不得不改變計畫，因為他的弟子拉維・巴克惹（Ravi Bakre）有了一個很戲劇化的體驗。帕帕吉第一次去隆達，巴克惹全家就拜他為師，後來建造了羅摩寺供他居住。在寫給室利・德賽的信中，帕帕吉自己這麼描述發生在拉維身上的事：

1973年10月4日
卡爾瓦爾營地

嘉呀，嘉呀，毗塔拉，龐度讓嘎

我的神聖之子：
我本來打算去班加羅爾看毗納亞克吉，然後和他一起去科摩林角[232]，但昨天我看到了拉維寫給他父親的一封信，說他已經關掉銀行帳戶，把自己所有的錢都寄給我，讓我用。

他還說因為他上師的加持，他對真理有了清晰的一瞥，之
後他不可能繼續在政府的工作了。他宣稱已決定辭職，這
樣就可以一直陪伴上師、服侍他。巴克惹醫生和我搭上去
果阿的頭班車，昨天晚上到達，路上花了十小時。我們晚
上十點敲他的門時，他正面對著他上師的照片坐著，四處
閃耀著聖光。他拜倒在我腳下，顯然很快樂。我很高興這
孩子跟我待了短短二十八天後就達到了這麼高的境界。他
的父親也非常高興。巴克惹醫生收到兒子的信詳述棄世計
畫時，一點都不擔心。

　　我已經讓他繼續工作，把其他的都交給我。

　　接下來的幾年中，帕帕吉給拉維·巴克惹寫了很多信。接下
來的幾篇摘選自帕帕吉1970年代中期在歐洲旅行時寫給他的三
封信。更多信件摘選將收錄在傳記第三冊〈再次出國〉一章中。

　　親愛的拉維：
　　是的，至為重要的是觀察做事時的寧靜。正是這個才使得
你可以做事、說話、走路、觀看、吃飯或者隨便做什麼。
重要的是要知道當你在做你所做的事情時，你並沒有在做
的是什麼。無論你明不明白，都無關緊要。這兩個活動都
在做。只要保持安靜！

232 科摩林角(Kanyakumari)：印度泰米爾納德邦的岩石海角，為南亞次大陸的最南點和豆蔻丘陵
　　(Cardamom Hills) 的最南端，被稱為印度的「天涯海角」。在印度教傳說中，此處是濕婆和女神堪
　　亞 (Kanya Devi) 婚禮上未煮熟的米飯所形成，也有傳說認為這是哈努曼飛到喜馬拉雅山取藥草到
　　楞伽城，途徑此處時藥草根部的泥塊掉落了一塊所成之地，故此地盛產珍稀藥材。

我想要表達讀你來信時的巨大幸福感。如今不用再保密了，我可以肯定你的猜想，在談論食物、長時間散步時，我確實有在你身上下功夫。這些發生時，我是想要你明白真理是超越所有理解的。

　　不要把時間浪費在修行閒聊、讀書和各種各樣被稱為儀式和虔信修行的練習上。所有這些都是你頭腦的造作。你將自己的甚深狀態美妙地表述為「無說」，但同時你正指著超越語言的什麼東西。這就是為什麼你記不起我的話語，因為那些話已超越了記憶中的障礙……

　　我收到很多印度來的信，但都沒提到什麼新鮮事。有些人說他們那裡雨水很好，有些人完成了自己的著作，有些人說朝聖後安全回到家。還有人談論自己的妻子、兒子、職業、收入、子女即將舉辦的婚禮，少數幾個談到他們做夢夢到神……

　　是的！你已脫離了無知的危險區！我很高興自己在印度能有這樣一個男孩，一個我可以真正教導，而不單單宣說那些只想催眠大眾的佈道師們吆喝了數千年的話。你說的話並不是出自經典，也不是從其他人那裡抄襲而來。你並不是在引用曾經聽到別人講座中的話。你在談論的是一個不屬於任何人的東西。它甚至不來自你的記憶，因為你沒有儲存任何你從我這裡聽到的東西。你不是在重複你的話。就像你在信中所說的，真正的言語只可能從無作的甚深狀態中流出。你在信中說會繼續冥想以達到那些甚深狀態！或許這就是一個無有盡頭的旅途吧？

　　我親愛的孩子！在這個無盡的旅途中給我寫信吧。

　　現在讓我們進入一個新的王國！這個王國不是能被任何人提及過的王國。只有當你的頭腦不再建造它，你的心智不再支持它的時候，你就會進入這個王國。

　　以不看它而看著它……

拉維寫信給我，講述他和帕帕吉關鍵會面的一些細節：

我從1966年6月開始認識室利‧彭嘉吉。在他身邊有過很多狂喜時刻，但我要稱為人生轉捩點的事件發生在一次非正式的薩特桑上。回答某人的提問時，室利‧彭嘉吉提到束縛和解脫這兩個概念都是假的。

「雖然一個人既非被束縛、也非解脫，」他說：「但抱持『我是自由的』、『我是解脫的』這個概念還是更好。因為想著『我是被束縛的』只能帶來痛苦和煩惱。如果你在假裝吃什麼東西，為什麼不假裝吃美味的東西，比如杏仁呢？何必要假裝在吃牛馬的飼料呢？不要認為自己是個需要幫助的叫花子。相反，要堅信：『我是王中之王！』」

雖然這番話並不是對我說的，但卻立即產生了影響。它觸發了一個轉化的過程，最終改變了我看待自己和周圍世界的方式。這轉化一直持續著，目前依然還在進行中。當時我是個陰沉的悲觀者。室利‧彭嘉吉的話如同一道光，點亮了我的人生和世界，徹底改變了我看待自己和周圍事物的方式。

帕帕吉在隆達的最初幾年中，被吸引過來的新人中包括了普拉布[233]一家所有的成員，他們那時住在附近的一個小鎮安闊拉（Ankola）上。毗納亞克‧普拉布（Vinayak Prabhu）講述他一家認識帕帕吉的經過，隨後又講述了自己和帕帕吉一同生活、旅行的經歷。

室利‧彭嘉吉走入我們的生活之前，全家人都生活在困惑之中。我們感到自己需要修行指導：我們非常認真地致力於宗教修

---

233 普拉布（Prabhu）：在梵語和許多印度語言中意為「上師」或者「郡主」，也是濕奴派的信徒用來稱呼其他男性信徒的稱謂。普拉布也是印度瀕臨阿拉伯海的康坎海岸（Konkan coast）地區的常見姓氏，此章的普拉布一家就屬於此。

行，但所嘗試的一切都沒法讓我們滿意。我們拜訪了很多苦行僧和師父，但他們給出的建議也只是增加我們的困惑而已。他們建議要修持各種儀式、念誦咒語、去朝聖。這些我們都非常盡力去做了，但對我們的生活沒有帶來一點改變。在我們身上沒有持續性的作用，也給不了我們滿足。我想我們也心知肚明這都是無用的修持，認識到這一點就更加深了我們已有的不滿足感。

我們在修行方面算是廣學博聞的，研讀過數以百計的聖人的生平和著作。大家都認同的唯一一點就是我們需要一個證悟的上師指導，但目前為止遇到過的聖賢之士沒一個能讓我們滿意。我們中有幾個人實際上已經開始深深絕望了，因為我們漸漸得出一個結論，世界上已不再有證悟者了。我記得自己暗自思索道，那些最近的偉大導師們，比如舍第·塞·巴巴、羅摩克里希那·波羅摩漢薩和拉瑪那尊者都已圓寂，身後沒有留下同等證量者來延續他們的事業。

我的母親沒這麼灰心，因為她無比堅信我們註定要遇到一位這般偉大的人物。她的父親在臨終前曾告訴她，這個世上還有智者活著，他們看上去就像是普通男女，通過向少數選定的弟子開示而默默傳法。她父親至死都沒能親見這樣的人物，但母親內心深處卻堅信他的話。

「只要等著看，」她這麼說：「我知道有一天會有一個像羅摩·提爾塔一樣證悟真我的人蒞臨，賜福我們全家。」

我的母親非常喜愛羅摩·提爾塔，甚至大學時的論文題目就是關於他的。

1965年左右，我父親接了一個訂單，在隆達附近用森林木材製造火車鐵軌枕木。他在那裡第一次遇到彭嘉吉。回到我們在安閣拉鎮的家後，他立刻向我們描述遇到的這位新導師，大加讚譽。雖然之前碰到的師父和修行人都讓我們非常失望，但是這個人給我父親留下如此深刻的印象，讓大家都渴望見到他。父親提到彭嘉吉頻繁前往卡納塔克邦北部看望弟子，還會在弟子家住幾天，

我們就都鼓勵父親去邀請他來我們家住。

接下來的幾個禮拜中，父親經常拜見彭嘉吉。他的工作就在隆達鎮外面，所以去羅摩寺很方便。每次他回到家，我們都非常急切地問他是否已經邀請了彭嘉吉，但他每次都不得不承認自己不好意思向他開這個口。最終彭嘉吉自己不請而來，因為他在隆達看到一個不同尋常的定境：他看到我母親站在安闊拉我們家門前，雙手做出歡迎的姿勢。

她對他說：「請光臨並加持我們家。我們都很盼望觀見您。」

在此定境中，我母親介紹自己是羅摩商德拉·普拉布（Ramachandra Prabhu），即我父親的妻子。所以在我父親下一次拜訪羅摩寺的時候，彭嘉吉告訴了他自己最近的這個定境。他細緻入微地描述了我家正面是什麼樣的，所說的都是正確的。

我父親立刻邀請他來和我們住上幾天。那時我的弟弟拉哲（Raj）和我在附近的胡布利鎮上大學。我父親寫信來，說他邀請彭嘉吉來家，建議我們那天回家觀見。

在約定好的那天，我父親帶他到家。我們都懷著極大的恭敬向他禮拜。雖然從沒有見過他，但我們和他一見如故。等到各自介紹完了，他給了我們一個鼓勵而慈祥的微笑。每個人在那一刻都知道我們找到了尋覓良久的上師。這是我們不同尋常的一致性的臣服。雖然之前見到的師父們都讓我們大失所望，但這個人向我們微笑的那一瞬間，我們沒有絲毫猶豫就向他臣服了。從他走入我們生命的那一天起到現在，已經過了幾十年，但那個時刻在場的人——我妹妹蘇達（Sudha）、我弟弟拉哲、我的父母和我——都依然是他的弟子。

我並不是說這有什麼特別了不起的。認識彭嘉吉後的歲月中，我見過很多其他人在見他幾秒鐘內就拜他為師。常常是彭嘉吉的一個注視，就足以讓憤世嫉俗而多疑的弟子知道自己的漫長尋師之旅已經結束了。

直到遇到彭嘉吉前，我們經常爭論修行問題。每個人都有他

或她自己的法門，每個人都認為自己正確，其他人是錯的。彭嘉吉柔和但是令人信服地讓我們知道自己都錯了，他讓我們明白，我們所有的法門和信念都是徒勞的死路。我們一個接一個放下了自己珍視的信念和修行，讓他來負責我們的生活。

遇到彭嘉吉之前，在無休止的有關修行的討論爭論中，我一直堅持事業瑜伽（karma yoga）的功德。我持這樣的見地，是因為深受納亞克師父（Nayak Master）的影響。他是住在安闍拉的一個資深自由鬥士，整個一生都奉獻給了我們地區的窮人和受壓迫者，為他們服務，以至被眾人稱為北卡納塔克的甘地。對我而言，他是個謙卑、無我的人。但我的母親卻從不認同我對他的評價。

她說：「你不能單單從觀察他的行為或聽他說的話就判斷出一個人是否無我。」

第一次見彭嘉吉時，我就問到他這個。讓我吃驚的是，他站在我母親這邊。

「在所有眾生中，自我（ego）顯現得非常微妙，」他說：「行為並不是無我或者證悟的一個可信指標。」

我毫不質疑地接受了他的說法。這是讓彭嘉吉走進我的人生後的奇妙變化：我們家裡人之間會無止盡地爭論修行問題，但當把事情提到他面前，他說出的一個字或一句話就可以終止我們的疑惑，摧毀我們數年來滿懷激情堅信的事。對我們而言，臣服並不只是紙上談兵。我們發現自己毫不質疑地接受他說的每件事情。

我後來帶納亞克師父去見彭嘉吉，想要他們見個面。納亞克師父立刻就認出了彭嘉吉的偉大，也成為了他的弟子。

遇到彭嘉吉之前，我們有自己的家族師父。按照傳統，我們氏族有自己的師父，小孩出生時自然就成了他們的弟子。我們在拜彭嘉吉為上師後，就帶他去見我們家族的師父。讓我們吃驚的是，彭嘉吉脫下上衣，在斯瓦米〔指家族師父〕面前禮拜。拜倒在地時，他甚至觸摸了師父的雙腳。我們對這位師父的評價並不特別高，所以被彭嘉吉的恭敬舉止震驚了。師父給他一個椰子，

他作為加持品接受下來。在回家的路上，他解釋了自己的行為。

「我是在家的居士，這人是出家僧（sannyasin）。我以拜足禮向他表示恭敬，一切合情合理。這是我國的傳統。我並不是禮敬他的內證境界。我禮敬他，是因為他是師父。實際上，我能看得出他是非常暗性[234]的人。他沒有明，也沒有動。」

在後來的歲月中，我看到他對其他師父也是這樣。對身著橙色僧袍的人，他會表示出極大的尊重，特別是對道場或者寺院的住持。我聽其他人說，彭嘉吉和瑞詩凱詩及哈德瓦所有道場的住持都關係友好。這些人有時會送弟子去見他，以回報他的尊重和友善。在其他地方也有這樣的情況。彭嘉吉在敖瑪嘎羅時，師林格里寺院的商羯羅阿闍梨[235]對他評價非常高。如果來見商羯羅阿闍梨的人是志求解脫的，他經常會私下介紹這些人去找彭嘉吉，因為他知道這是後者的專長。我曾經遇過四個人，他們分別告訴我自己是這位商羯羅阿闍梨送來彭嘉吉這裡的。這些大師父們不能公開表露自己對彭嘉吉的尊重，這會讓他們在信眾中失去威望，但私下對他都非常敬重。

我們更熟悉彭嘉吉後，他開始給我們全家生活的各個方面出謀劃策，開始替我們管理家事，教導我們之前從沒學過的實用技巧。我的母親和妹妹從他那裡學了廚藝；他會和我父親談論林業事務；在跟我弟弟和我聊天時，他會給出養生建議，一起聊報紙上的體育比賽結果。似乎對影響我們生活的每樣東西，他都有充分的專業知識。他以身示範，教導我們如何充分利用自己的生命，不僅是在精神層面，也在物質層面。不給我們建議的時候，他會講述自己的經歷和在印度遊歷的故事，讓我們一飽耳福。他似乎遊歷過這個國家的每個角落，好像粗通大多數的印度語言。我們

234 暗性（tamasic）：指具有「暗」，即多磨（tamas）的特質。明、動、暗，即薩埵（sattva）、羅闍（rajas）、多磨（tamas），是印度哲學中認為世界一切事物所具的三種屬性，或譯為「三德」（gunas）。

235 師林格里寺院（Sringeri Math）：阿底商羯羅（Adi Sankara）建立的四大寺院南方中心，四大寺院歷代主持的稱號皆為商羯羅阿闍梨。

知道他是旁遮普人，所以他第一次蒞臨前，我們還準備著跟他說印地語。但出乎我們意料，他能和我們用純正的卡納塔語交談。

　　每次他到我們家時，我們總想像侍奉神一樣待他，但他更希望被當做另一個家庭成員就好。舉個例子，有天一大早，他想要洗澡，但是發現浴室有人在用。他就走到外面，脫掉衣服，站在雨中。那是季風季節，所以從天而降的雨水就像浴室裡面的淋浴一樣有力。我們為給他造成的不便而感到愧疚，然而當我們告訴他，他若要洗澡，我們總會優先給他用時，他只是笑了笑，說他更喜歡站在雨中。從那時起，我們就在走廊裡預備一條毛巾和幾塊肥皂，以備他突然決定出去享受天浴的不時之需。

　　彭嘉吉有不同尋常的能力，可以讓人放下自己錯誤的宗教信念。大多數人非常固執於自己對神、修行和證悟的看法，如果有人膽敢提出異議，通常就會激烈爭執起來。在隆達有很多這樣的人來見彭嘉吉，只是為了和他辯論。他們或許是希望能讓他改宗，去信受他們那派的觀點。很多情況下，彭嘉吉會將這些爭執不休的訪客帶入一個寂靜默然的狀態。在默然中他們直接領悟到所有的見地都是無用的。有些來挑釁他的人留了下來，成為他最好的弟子。彭嘉吉非常擅長於此，我的父親和巴克惹醫生常跑到市集拉新人加入薩特桑。他們是這麼想的，彭嘉吉是如此偉大，每個人都應該有機會能坐在他面前。三十年後，不少從街上拉來的人還依然是他的弟子。

　　在1960年代，彭嘉吉名聲傳開，眾所周知他能讓爭論不休的訪客靜默下來。室利・拉瑪那道場的管理人碰到與道場常住交談後無法滿足的信眾，就會送去見他。彭嘉吉偶爾也會禮尚往來，把在隆達給他帶來太多麻煩的人送到室利・拉瑪那道場。

　　他會說：「去室利・拉瑪那道場，去安靜幾星期，然後再回來跟我對話。」

　　彭嘉吉拒絕給出任何修行方法，這讓很多來見他的訪客很驚訝。在印度，人們若向一個師父尋求幫助或者建議，通常會被要

求做某種禪修或者修行。與之相反的是，彭嘉吉叫他的訪客放下自己所有的修習。他們通常覺得這難以接受，因為基本上每個人都認為要取得修行進步，必然需要某種形式的禪修。舉例來說，剛碰到彭嘉吉的時候，我正努力集中觀想自己寫在牆上的種子字「唵」而進入三摩地。我想如果自己堅持不懈就一定會成功的。彭嘉吉讓我明白這種修習徒勞無益，並鼓勵我參問真我。這是他推薦的唯一法門，就算如此，他也不希望人當這是某種禪修。

「做一次，正確地做，」他會說：「你的求道探索會即刻結束。」

我看他教了三十年，一直以來他的基本說法從來沒變過：放棄專注於對境，相反，要找到生起所有念頭的源頭。

在隆達的薩特桑並不正式，沒有特定的時間和特別的形式。有時彭嘉吉會講故事，或只講述自己的經歷。如果有人提問，他會回答問題，但大多數時候弟子們似乎很樂於安靜地坐在他身邊。一次我們到訪時，他正大聲朗讀卡比爾[236]的道歌，並予以點評。每天他會選出一兩句詩，用印地語論述一番。隆達大部分的薩特桑是講印地語，因為有些人的英語或卡納塔語不是很好。這些對卡比爾的論述啟發了我。在學校裡我們不得不讀卡比爾，這是印地語文課的一部分，但我們老師只是將這些詩句在文字上翻譯一遍給我們聽，並沒有傳達他教授中的精要含義。彭嘉吉講述同樣的道歌時，我們有幸看到、聽到一位智者向我們解釋另一智者的思想和心靈。彭嘉吉的點評美妙地結合了虔信和智慧，藉由卡比爾的生平故事和詩句來闡明。這些靈妙的開示在午餐後開始，經常持續到天黑後很久。彭嘉吉說的一些內容如此感人，會讓我哭上好幾分鐘都無法停止。當時那麼多美妙的開示都無法傳給後世了，因為都沒有人會想到去筆錄或者錄音下來。

236 卡比爾(Kabir, 1440-1518)：印度詩人，他文化程度不高，但口誦出來的詩歌流傳甚廣，受到印度教、伊斯蘭教和錫克教的共同尊重。他生於卡舍(今瓦拉納西)，屬於剛改宗穆斯林的一個紡織工族群，後成為毗濕奴派聖人羅摩難陀的弟子。對卡比爾感興趣的讀者可參閱本書譯者翻譯的《大海融入一滴：卡比爾詩選》，妙高峰上2021年出版，其中有對卡比爾詩歌全方位的介紹。

在隆達附近的迦梨河沐浴，從左至右：毗納亞克‧普拉布，安瑞克‧安圭拉（Enrique Anguilar）和帕帕吉，攝於1960年代末

一次彭嘉吉自己感動到流淚，以至於無法繼續講話。我記不清楚他點評的具體詞句了，但記得詩中卡比爾說：「我開始唱誦羅摩之名，但過後，羅摩本尊開始唱道：『卡比爾！卡比爾！』」[237] 在解釋時，彭嘉吉進入虔信的狂喜，無法繼續講解。他的聲音開始哽咽，淚水順著臉頰潸然而下。在羅摩寺的大多數時間裡，他向我們展現出的是他智者的一面，但在那一天我意識到他是位偉大的虔信者。大概有半小時，他坐在那裡默默流淚。最後他抬頭說：「我們出去散步吧。我們都需要出去走走。」過了幾個小時他才恢復到平日外向熱情的狀態。我覺得他直到第二天才徹底恢復常態。

這些卡比爾的薩特桑有個意料之外的附帶作用。卡比爾在詩中反覆說人們需要一個上師，並且要如理地服侍他。我向彭嘉吉問及這一點，他斬釘截鐵表示贊同。

「你一定要虔誠而全心全意地服侍上師十二年，」他說：「這是這個國家的傳統。如果你不願意服侍上師，有什麼權利期待他能給你什麼呢？你一定要通過為他服務而表示出你的意願和誠意。」

那段時候，羅摩寺還在建設中。我們自願服務，被分配用手推獨輪車運花園裡的泥土。羅摩寺在一個斜坡上，需要靠我們自

237 疑似卡比爾被收錄在錫克教聖典《阿底經》（*Adi Granth*）中的一首：我的心已纖塵不染/就像恆河之水/訶利跟在我身後高喊：「卡比爾！卡比爾！」

己的勞動填平地面。我們並不適應重體力勞動，但都出於服務上師之心而堅持幹活。我的弟弟拉哲健康狀況一向不佳，他小時候發作過一次風濕熱而損傷了心臟。巴克惹醫生想提醒彭嘉吉這類工作可能會傷害到拉哲這樣體弱的孩子，但彭嘉吉並不同意他的看法。

他說：「這個孩子需要鍛煉，他身體弱是因為你不讓他幹重活。讓他扛土扛上幾個禮拜，這能鍛煉他的身體，讓他身強體健、沒有疾病。」

彭嘉吉認為我們兩個都太孱弱了，需要更多鍛煉。現在回想起來，我得說我們都是典型的慵懶的青少年，不體育活動，也沒有鍛煉，所以彭嘉吉決心要鍛煉我們，在身體上、也在精神上。接下來的幾周中，我們的健康和體力明顯有所進步。

遇見彭嘉吉之前，我會參加知名導師們的講座。大概那個時候，欽瑪雅南達·斯瓦米[238]和羅傑尼希·阿闍梨[239]都在舉辦講座，講解《薄伽梵歌》和其他著名的經文。我已經習慣了這些講座的慣常形式：先引用幾句經文，再參考其他著作中的類似觀點和段落給予評論或解釋。如果講師自己要表達觀點，就會引用和他們觀點一致的其他人或其他著作的說法來支持自己的觀點。彭嘉吉的開示完全不同。雖然他也會按照傳統習慣引用詩句，然後解釋意思，但他從不會引用其他權威的說法來支持自己，他只會引用他對真我的親身體驗。

他會說：「我也有過這個體驗」，或者「我沒有過這個體驗」，但他從來不會這麼說，比如：「這肯定是對的，因為商羯羅也是這麼說的」。

這點上只有一個例外。除了他自身的體驗，他唯一接受的印

---

238 欽瑪雅南達·斯瓦米 (Swami Chinmayananda, 1916-1993)：印度靈修領袖，是非常知名的教授《薄伽梵歌》的導師。他促使創立了欽瑪雅傳道會，此組織遍佈全世界，旨在宣揚不二論教法。

239 羅傑尼希·阿闍梨 (Acharya Rajneesh, 1931-1990)：他1989年後改稱的另外一個名字「奧修」更為人廣知。在1960年代及之前，他以「羅傑尼希·阿闍梨」之名為人所知，那時他是賈巴爾普爾 (Jabalpur) 大學的哲學教授，走遍了印度公開講學、演講。

證是他的上師。他會經常引用尊者書中的話。如果他說「我的上師這麼說過」，那就表明無論在討論什麼話題，他都接受這些話為最終的判定。

有天他向我們解釋某個宗派的見解，他們實際上是把卡比爾變成了某種神。這群人假設證悟有七個層次，根據他們的教理，卡比爾是唯一達到了最高第七層的證悟者。其他的偉大聖者，比如羅摩克里希那‧波羅摩漢薩和拉瑪那尊者則被貶到了比較低的層次。有天彭嘉吉總結了他們的觀點，然後評價道：「證悟是不分層次的。所有人的證悟體驗都是一樣的。」他的解釋簡單明瞭。他從來沒把證悟弄得聽上去神秘複雜。我想一個十歲的小孩應該能夠聽得懂他要說的大部分話。

能聽聞他逐行逐句地開示卡比爾是非常殊勝的經歷。在他的開示中，彭嘉吉會向我們揭露自己最隱秘的體驗，猜測卡比爾想表達的是否也是同樣的體會。在那段日子裡，我想彭嘉吉是在找某個和自己相契的人，他可以與之分享自己關於證悟的想法。因為他找不到人，所以就通過這些詩句來和卡比爾交流。有時我覺得我們正在偷聽這兩位偉大導師間的一場親密對話。

我之前提過彭嘉吉從不會為了支持自己的說法而引用經文。其實在隆達早些時候，就算他想要引經據典都做不到，因為大部分經文他都沒有讀過。在羅摩寺有很多修行類的書，我們在安闊拉家裡也有很多藏書，但只是因為很多來參加他薩特桑的人都習慣引經據典，彭嘉吉這才開始了閱讀。他來我們家，我們都在做作業的時候，他會走進書房挑出一本書來讀。他從《八曲仙人之歌》開始，然後讀了《瓦西斯塔瑜伽經》。後來他讀了室利‧拉瑪那道場出版的不二論著作：《超越三位之秘》[240]、《不二智慧之明燈》[241]和《解脫醍醐》[242]。他很吃驚在這些書中讀到了自己的經歷。有時候他會很興奮，對我們喊道：「聽聽這個人說的！發生在我身上的就是這樣！」然後他會朗讀這句引起他注意的詩句或者段落。

有天我問他為什麼之前從來沒想過要讀這些書。

他回答說：「我聽說過這些書名，但是不知為何，我就是從來沒有時間讀。過去十四年間，我在礦場營地工作。那裡總有各種狀況需要我留意，哪怕在夜裡。在我退休之前，我從來沒有時間能讀完一本書。」

我們到羅摩寺做客的時候，會經常發現他沉浸在那羅衍·巴克惹的藏書中。那羅衍醫生也是飽讀群書之人。他當時出診都是徒步走去附近的村莊。有時為了探望一個病人，就要走上八到十公里。為了打發路上的時間，他要麼會讀《梵歌》，要麼讀雅內濕瓦尊者的《雅內濕瓦論》。

看到彭嘉吉讀得津津有味，我們就開始給他買新書了。很多印度的大道場出版了經典著作的廉價版本，我們就函購這些書，添到羅摩寺的藏書中。給他新書是個好方法，能讓他和我們說起他的自身經歷。不管我們給什麼，他都會看完，並向我們解釋其中的難點，然後說哪些地方和他的親身經歷相符。他從不建議我們自己讀這些書。「書並不會幫助你覺醒。」他說。但是他確實很享受閱讀過去的偉大著作中關於覺悟的說法。如果訪客請他推薦一本好書來讀，他通常推薦《超越三位之秘》或者拉瑪那尊者相關的某本書。雖然他說過我們不必閱讀宗教書籍，但確實有次建議我們去讀《證神之林中》(In the Woods of God Realisation)，此書是他的舅舅羅摩·提爾塔所寫。彭嘉吉自己十來歲的時候讀了這本書。我們告訴他，我們還是孩子時，母親就已經給我們讀過這本書了，聽到這話，他臉上露出燦爛的笑容。我這裡要提一下，小時候我

301

羅摩寺

240《超越三位之秘》(Tripura Rahasya) 是在印度流傳甚廣的著作，記載了代表濕婆、毗濕奴、梵天三神合一的遠古上師達塔特瑞亞 (Dattatreya) 與帕拉蘇羅摩 (Parasurama) 的對話。拉瑪那尊者認為此書為最偉大的不二論作品之一。其弟子於1936年譯出英譯本，取名 The Secret beyond the Trinity 書名中的「三位 (tripura)」是指醒夢睡三種狀態。

241《不二智慧之明燈》(Advaita Bodha Deepika) 是商羯羅及其他不二論聖者對於吠陀諸經的注釋彙集，主題是如何以參問而得解脫。卡拉帕特·斯瓦米 (Karapatra Swami) 精選其中要點做成梵文偈頌，共十二章，即名為《不二智慧之明燈》。

242《解脫醍醐》(Kaivalya Navanita) 是著名的泰米爾語不二論吠檀多經典，推斷大約成書於十五世紀，作者為唐達瓦喇雅·斯瓦米 (Tandavaraya Swami)。

家從來沒什麼小說或者漫畫書，所有書都是修行類的。母親會朗誦著名聖人的生平故事給我們聽，還鼓勵我們在課餘時間自己閱讀這樣的書。回想起來，可以說這是非常美妙的家庭教育。母親的虔誠和她對於一位在世上師的熱烈渴望，對我們的童年生活造成了重大的影響。

我這裡必須要說，母親也被彭嘉吉改造了。通常她非常健談，但只要彭嘉吉來做客，巨大的寂靜就會降臨在她身上。她會靜靜地坐在他身邊，雙眼含淚。彭嘉吉走進我們的人生後，她鼓勵我們盡可能跟他在一起。我們第一次和他會面時正在鄰鎮上大學。我們住校，只在假期或週末回家。認識彭嘉吉後的第一個暑假，我們回到家，想著在那裡度假，母親卻另有打算。

「你們怎麼會打算待在這裡？」她問：「去隆達，和彭嘉吉在一起。現在大學放假了，你們有絕好的機會待在他身邊。趕緊去那裡，能待多久就待多久。告訴他，如果想來的話，這裡永遠歡迎他。但只要他還在那裡，你們就別離開。」

我們去了隆達，告訴彭嘉吉母親說的話。他對她的態度非常高興。

「有多少母親會送自己的孩子去導師那裡過假期？」他感嘆道：「她也難得見到你們，可是當你們一有長假，她就把你們送到這裡，而不是拴在家中。我還沒見過在印度有哪個母親是這樣做的。」

母親的態度使我們能伴隨彭嘉吉在隆達度過長假。

那個時候，所有到隆達見彭嘉吉的人都坐火車來，很少有人有車，公共汽車也不是很方便。所以隆達的火車站成了歡迎站，迎接所有來觀見彭嘉吉的弟子。新人都會得到熱情的歡迎，因為那個車站的所有鐵路員工都是他弟子。站長是弟子，餐廳承包商和其他一些人也是。從車站走到羅摩寺只要幾分鐘。

彭嘉吉和大家一起散步時，經常走到車站，和那裡的朋友來個薩特桑。那時隆達是個寂靜的小鎮，實際上稱為大村莊更為適合。一天之中都沒有幾列火車靠站，所以鐵路員工很方便抽空和

我們坐一會兒。

　　彭嘉吉自己出門旅行時，車站就頓時醒了過來，披掛上節日的氛圍。很多人來給他送行，在月臺上會有盛大的送別儀式。康拉尼（Kamlani）是車站的餐廳承包商，我們也叫他印德魯・巴巴（Indru Baba）。他會準備豐盛的食物，給月臺上的人和那些有幸能陪彭嘉吉一起旅行的人。這些告別儀式上的食物，康拉尼從不收取分文。

　　彭嘉吉旅行時排場經常很大。他的票或許是二等車廂，但他巡遊北卡納塔克邦的陣勢就像是大君巡遊領土。首先他會打掃身邊環境，盡可能清理乾淨。然後會在凳子上鋪布單，地板上鋪毯子。每樣東西都稱心滿意了，他會讓人進來看他，一場薩特桑就立刻開始。他出遊前幾天，會寫信給住在鐵路沿線附近鎮上的所有弟子，告訴大家坐的是哪班火車。每到一個車站就有一群新人在等他。他讓大家上車，火車靠站的幾分鐘裡和他們談話。他乘坐的每輛火車都成了移動的羅摩寺，只要他坐在上面。這個旅行秀總會吸引一群好奇的圍觀者，但彭嘉吉會徹底無視他們。對於不是跟隨他的那些乘客和鐵路員工，他有某種皇族般的蔑視。

　　有時人們會陪他到下一個車站下車。有個不成文的規定，弟子們只要願意，就可以從自己鎮上和他坐到下一站。到了下一站，他們就必須得下車，好騰出地方給要見他的新一批人。檢票員也是他的弟子，所以來多少人都可以，沒票也行。通常會有一或兩個人全程陪伴他。有時他會和孟買來的室利・德賽一起旅行，其他時候則是我弟弟或者我享受此特權。

　　那時候火車開得很慢，是米軌[243]鐵道。經常是短短距離就要開上幾個小時。彭嘉吉教我們充分享受這些旅行。對他而言，旅行並不是暫時又無聊的麻煩事，而是怡然自得的機會。我們從他那裡學到了在骯髒、喧鬧、混亂的鐵道系統中給自己製造一小片淨土。

243 米軌（metre gauge）：指1公尺以及小於1.435公尺大於1公尺的軌距，是窄軌火車。

「你們邁索爾的穀德人[244]不知道怎樣好好旅行，」有次他對我說：「你們以最不舒服的姿勢蜷伏在座位上，然後淒慘地等著列車到達終點。這趟旅程本身就是人生！充分享受吧！」

他很愛鐵路，似乎知道這個國家的每一個車站。如果有人把自己的旅行計畫告訴他，彭嘉吉就會檢查這些人的路線，給出詳細指示，告訴他們一路上可以去哪裡吃飯。他會這麼說：「這個或者那個車站的咖啡不好。等到下一站再喝。」或者「火車停靠這一站的時候，會停二十分鐘。等的時候，可以在車站餐廳點個好吃的煎蛋。如果你看到某某在那裡的話，替我向他問好。」他似乎就是走動的鐵路百科全書，對偏遠地方的人們和設施的瞭解總讓我們震驚。

我剛認識他時，彭嘉吉似乎身無分文的在生活、旅行。我曾給他打包行李，管理他的衣物，所以我可以證明他從來沒有錢，除了在他襯衫口袋裡放的幾個盧比，可以買幾杯茶之類。他的火車票總是由邀請他前去鎮上的弟子們買好。他到後，弟子會照顧好他的食宿，再把他交給下一群想見他的弟子。我驚嘆他能身無分文，卻又如此自信地遊遍全國南北。有時他會出門，獨自在喜馬拉雅山區待上幾個月。我完全不知道他是怎麼搞定旅行花費的。

我的爺爺不是彭嘉吉的弟子，有一次問他：「了悟真我有什麼好處呢？」我們對他的問題感到有點不好意思，因為都覺得問得有點不尊重。

彭嘉吉只是大笑，回答說：「我去到哪裡，大家就會給我買食物和車票。我一直在旅行，去了那麼多地方，我的弟子們或許一年要花大概兩拉克[245]照顧我。我自己完全沒有收入，但是不管我走到哪裡，這些人都慷慨解囊，給我買票、買禮物。這不就表明了證悟是很賺錢的事情麼？」

我的爺爺非常唯物主義，但也不得不贊同他。雖然我爺爺很

---

244 穀德(Goud)：毗納亞克所屬的氏族。

245 兩拉克(lakh)等同於二十萬盧比。

自豪自己賺了很多錢，但他的收入遠遠不及我們一眾弟子花在彭嘉吉身上的錢。他一直沒有成為弟子，但他的確開始欣賞彭嘉吉所做所為和所取得的成就。

我和弟弟在胡布利的大學讀書時，彭嘉吉每週至少一次坐車來看我們。通常他週末來，在當地一家旅店過夜，因為我們沒地方安排他。我記得是付一晚8盧比，安排他住在火車站附近的烏蒂皮黑天尊者旅店（Udipi Sri Krishna Bhavan）。他來胡布利並不僅僅是為了看我們，那裡還有四、五戶人家也都是他的弟子。白天他會和這些人一起度過，但晚上就留給我們了。如果他在非週末時間過來，絕不允許我們蹺課去見他。但他允許我們和他一起坐火車回隆達。我們陪他回隆達，但會再坐車返回。

出於某個原因，他喜歡把所有的衣服都拿到胡布利洗。他曾經跟我們開玩笑說：「隆達太潮濕了，我得每週來一次這裡晾乾我的衣服。」每次我們到旅館去看他，他房間的晾衣繩上總是晾滿了洗好的衣服。

那時他似乎大部分時間都在旅行。他極少在某地待上超過幾天，因為印度其他地方總有人想要見他。每次他回羅摩寺，打開信箱就會發現來自全國各地的邀請信。我們從來不知道他會接受哪些，拒絕哪些。

有時他會提前幾天來計畫行程，然後到最後一刻取消，沒有理由。別的時候則是完全沒有計畫。他會走出房子，說自己要出門了，然後就離開幾天。

我記得有次我們去隆達，在我們告辭返回胡布利時，彭嘉吉說要陪我們去車站。

在月臺上我們當中有人開玩笑說：「來吧，彭嘉吉，為什麼不跟我們一起走呢？」

「這主意不錯。」他回答

我們給他買了一張票，但實際上不清楚他是不是認真的。車來了，他就陪我們去了胡布利，在那裡待了幾天。

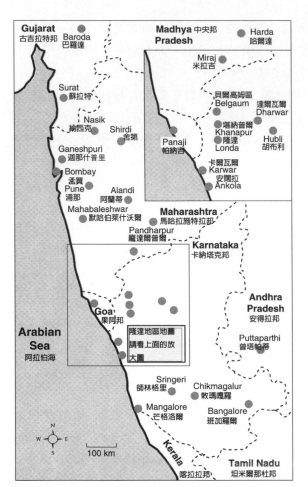

隆達地區地圖請看上
面的放大圖

帕
帕
吉
傳
·
一
切
從
未
發
生

　　帕帕吉自己講述一則有趣的火車故事,剛好發生在這期間:

　　我那時在森林工作。因為需要發工資,我就去班加羅爾的銀
行提款。我買了一張班加羅爾—浦那快車的票去隆達。到隆達車
站後,我直接去了羅摩寺,那裡大概離車站一英里遠。達塔特瑞
亞醫生正拿著所有轉寄給我的信件等著我。翻閱這些信的時候,
我發現一張來自阿比什克塔南達·斯瓦米的明信片,說他會在同

一天坐浦那快車到達。我意識到他一定是在我剛才坐的那列火車上。

我對醫生說：「我們回車站去吧。阿比什克塔南達·斯瓦米特意中斷行程來這裡看我。」

醫生不認為他坐的是那輛火車。「這是個很小的車站。如果他下了車的話，你一定會看到他的。這裡沒有多少人下車。沒必要回去。」

我堅持要回去看看他是不是在那兒。我們到的時候發現阿比什克塔南達·斯瓦米正站在車廂外。這車照理應該半小時前就開走了的，但它還是停在車站上。

因為沒看到我在車站露面，斯瓦米就以為我人不在隆達。他立刻買了從隆達到浦那的車票，又回到了車上。他說服了檢票員讓他坐回原來的位子。但車一直沒有動，所以他就下車在月臺上伸伸腿腳。

阿比什克塔南達·斯瓦米看到我們走近，就立即從車廂裡拿了自己的行李，走向前來招呼我。他朝我走來時，火車就駛出了車站。

慣常寒暄後，我告訴他自己其實是坐了同一班車來的，但我是回到羅摩寺後才讀到他的明信片。我們先去售票處把他的票退了，然後他告訴我剛剛這班火車的情況。

「這列火車照理只在這裡停十分鐘。火車到站的時候，我其實是睡著了，所以你沒在月臺上看到我。有個人知道我是要在這站下車的，他叫醒了我，告訴我已經到了。」

「十分鐘後，機械工程師吹了哨，站務員揮了旗子，但卻沒有動靜。車就是不開。就這樣卡在這裡停了將近一小時。沒人能讓車啟動。我看到你在月臺上走過來，就跑回車拿上行李。才把行李拿下車，火車就開動了。」

「我現在明白為什麼印度的火車總是遲到了。沒人知道是有一股更高的力量能停下火車，哪怕引擎徹底沒問題！」

他和我在隆達住了一段時間，然後我們一起去了果阿。之後他就自己去浦那了。

1990年代初期，在勒克瑙的一次開示中，帕帕吉不經意說道：「我曾經有過神通，但我放棄了。我不想再保留了。」

一個弟子問他曾經能做什麼時，帕帕吉講了這個火車在隆達車站被停住的故事，承認說他某種程度上運用了他的意念保證自己走到車站時火車還留在那裡。

毗納亞克繼續回憶彭嘉吉當時在卡納塔克邦的日子：

他大部分出行是去附近的城鎮或地區，都相對容易到達：貝爾高姆、果阿、胡布利、安闊拉、達爾瓦爾、米拉吉、堪納普爾（Khanapur），以及位於密林深處的單德里（Dandeli），我父親偶爾會去那裡做事。彭嘉吉較少去更遠的地方，比如孟買或者北印度。我父親有次帶他去單德里見幾個弟子，在那裡他甚至說服了彭嘉吉同意拍照。這是一個很大的成就，因為當時他通常拒絕所有拍照的請求。

我們全家成了彭嘉吉的弟子，大家自然想在普嘉房裡放張他的照片。當時我們放的是賽西亞·塞·巴巴、拉瑪那尊者和羅摩克里希那·波羅摩漢薩的照片，但我們沒有彭嘉吉的照片。我問過那羅衍·巴克惹是否有好的相片可以擺放在普嘉房裡，但他也無能為力。

「都不用跟彭嘉吉提這事，」他說：「他不會同意的。如果有人問，他通常會對那些人發火。來，我給你看看我僅有的幾張。」

他指著掛在他牆上的兩張照片，都拍得很不清晰。

「這兩張是庫爾卡尼（Kulkarni）拍的，」他說：「他想拍一張近照，所以就躲在樹叢裡，等彭嘉吉經過的時候，他從葉子縫隙中拍了張照片。他很緊張，所以照片拍花了。我想他拍的時候，手一定在抖。」

別的人試圖給他拍照，就更不走運了。我認識一個人在彭嘉吉不知道或者不同意的情況下拍了幾張照片，去沖洗的時候，整卷膠卷都成了空白。有些弟子聽到這件事，就歸結為彭嘉吉的力量，認為雖然他沒有故意做什麼，但是因為他排斥拍照就不知怎麼的導致了膠卷損壞。

我們一家稍微走運些。我父親在單德里拍到了一張照片，連我也不必借用什麼手段就拍到了一張。彭嘉吉第二次來我們安闊拉家做客時，我父親和他外出一起散步。我想要一起去，但彭嘉吉不同意我陪。

他們散步回來，走向我們的時候，我拿著一台老盒式相機走近，說道：「很多人想要一張您的照片，能放在普嘉房裡，但目前為止您沒同意過任何人拍。現在我可以拍一張照片，然後發給想要的弟子麼？」

讓我們驚訝的是，他笑著說：「當然！拍吧。」

那時陪著他的有兩個人：我父親，還有納亞克師父——在講到我和彭嘉吉初認識時，提到過納亞克師父甘地式的行為。他們三人站在一棵芒果樹下，擺好了姿勢。這屬於最初被許可的照片，沖印出來後，發現樹葉和枝幹形成一個明顯的OM字。當然，每個人都想要一張。彭嘉吉許可一個計畫後，事情總會很順利，但如果他不許可，經常事情就砸了。沒有經過許可的照片拍出來是模糊的或者受損，經過許可的照片就非常好。大約一年之後，他對於拍照的事情更加放鬆了，甚至讓我們從他保存的一些舊負片中沖印照片。我記得有張是他大概四十歲時候拍的，他當時非常年輕、健壯，身體肌肉虯勁有力。若是從沒見過他的人看了這張照片，或許會以為他是職業摔跤手或者舉重運動員。

那個時候有個比較有意思的訪客，名叫阿布杜爾‧噶法爾（Abdul Gaffar），是蘇菲教徒。他自己就是導師，有很多弟子。阿布杜爾‧噶法爾有過一些神秘體驗，他能看得出彭嘉吉的偉大，雖然彭嘉吉並不屬於蘇菲派系統。阿布杜爾‧噶法爾定期去隆達拜

「OM字樹」合影，從左至右：納亞克師父，毗納亞克，帕帕吉，達塔特瑞亞·巴克
惹醫生，拉哲。表示「OM」的梵文字母如圖右方所示。

帕帕吉傳・一切從未發生

訪，他的許多弟子隨行。我想他在貝爾高姆有自己的中心，大概
五十公里遠。有時候會有上百人一起來。法會由阿布杜爾·噶法爾
以阿拉伯語唱虔信歌開始，偶爾是他弟子一起唱。然後他會和彭
嘉吉熱情高漲地討論蘇菲主義中的各個方面。彭嘉吉的波斯語和
烏爾都語說的很好，也非常熟悉這兩個語言的蘇菲派著作。他似
乎很享受阿布杜爾·噶法爾作陪，每次這人來看我們，彭嘉吉總是
興高采烈。

　　實際上所有來隆達羅摩寺的弟子在第一次遇到彭嘉吉時都已
在某種修行道路上。他給所有人的建議都是一樣的：「放棄你的修
習。沒有必要。」大多數來見他的人，甚至那些自認為是他弟子的
人都無法接受這一建議。彭嘉吉不在的時候，他們會繼續自己的
修行和禮拜，有些人甚至在他一出門旅行時，就跑去見其他的上
師。他們對彭嘉吉閉口不言，試圖隱藏自己的行為，但他知道是
怎麼回事。雖然他完全明白發生的事情，但他從不埋怨或者批評。
這是彭嘉吉深受我們喜愛的原因。他從來不迫使他的弟子以特定

的方式行事。別人問他時，他會給出建議，但來人如果不願意接受的話，他從來不會迫使大家接受他的教授。

我們家庭是少數幾個全然接受他建議的，我想這是他喜歡來家裡做客的原因。他告訴我們，單個地說過，也當著全體說過：「你們不需要做任何事情。你們已經臣服於我了。從現在開始，你們的修行福祉就是我的事，不是你們的。把一切都交給我。」我們每個人都信任他，並接受他的建議。我們放棄了我們的儀式、所有的信仰、所有之前的修持，甚至把普嘉房裡所有其他的照片都拿掉了，只放了拉瑪那尊者和彭嘉吉的照片。實際上，我們把他當成一家之主。我們把所有的問題都告訴他，修行的和俗世的，他對生活中每方面的建議我們都聽從。

還有一個人也放棄了之前所有的信仰和儀式。彭嘉吉第一次來到隆達時，達塔特瑞亞·巴克惹醫生大部分時間都在禮拜神祇。每天兩到三小時，他按照儀軌禮敬他普嘉房裡的每一尊雕像。這些儀式是他生活中最重要的事。他的病人或許正躺在臨終的病榻上，但如果巴克惹醫生沒有完成早上的普嘉禮拜，就不會去看那些病人。在沒按照儀軌一個接一個地禮拜完所有一百多尊神像前，他不會看任何病人。要是神不巧忘記了自己的不同化身形象，他大可到巴克惹醫生的普嘉房溫習一下。比方說，巴克惹醫生絕不會滿足於一個迦尼薩[246]像。因為迦尼薩有八個不同的形象，巴克惹醫生就必須擁有八個不同的雕像，每一個都略有不同。那裡的其他神祇也各有多種形象。每天早上，他對每尊神像都投入幾分鐘的關注。首先他清洗、擦拭神像，然後做個簡短的敬拜，唱誦那尊神祇相應的咒語。

彭嘉吉知道巴克惹醫生的修行生活是以早上的儀式為中心，他從沒有直接讓他停止。但一段時間後，巴克惹醫生自己意識到不再需要這些修行了。1960年代後期，他陪彭嘉吉去哈德瓦朝聖，

---

246 迦尼薩（Ganesh）：象頭神，是濕婆與雪山女神之子。

他把所有的神像都裝在一個大金屬箱子裡隨身帶著。在火車站，他需要兩、三個苦力來抬箱子，因為那重達100多公斤。他到了哈德瓦，讓苦力們把箱子提到恆河的一座橋上，再丟入河裡。在印度我們用這種方法來處置不想要的神祇，把它們沉到聖河裡。我看過巴克惹醫生的普嘉房，知道他很多雕像是用貴重的金屬打造的。那天他丟到河裡的神像估計花了他好幾年的薪水。後來去隆達時，我看進他的普嘉房，很驚訝發現只剩兩張照片：一張是彭嘉吉，一張是拉瑪那尊者。我問他發生什麼了，但他卻不能解釋。他開始描述自己內在的一些變化，但說了幾句就放棄了，開始哭泣。我再也沒有問過，因為看起來他不想談。

我不知道他內在發生了什麼，但可以保證他的個性和人格發生了可喜的巨大轉變。他還做禮拜的時候，村裡每個人都對他又敬又怕。他是個很有威嚴的人，之前會用非常憤怒的語氣凌壓他的病人。雖然他是個好醫生，但他臨床態度非常盛氣凌人。我聽說他令人生畏的名聲，當地的小孩看到他在街上走都會跑開。但他從哈德瓦回來後，變成了一個安靜而柔和的人，很多時間都在

這張照片是毗納亞克的父親1966年在單德里安排拍攝的。

羅摩寺做些雜活。有時我走進去，會看到他跪在地上擦著地板。他會給彭嘉吉做飯，親自伺候。彭嘉吉用餐時，他會靜靜站在身後，兩眼含淚，雙手感恩合十。

這兩位巴克惹醫生照顧著隆達和周圍幾個村子的醫療所需。彭嘉吉偶爾會打聽一下自己認識的病人，除此之外極少介入他們的工作。然而，曾有一次他確實自己接手了一個病人。那羅衍·巴克惹醫生一直在治療一個黃疸病人，直到最後放棄希望。病情非常嚴重，他預料病人幾天內就會過世。他去羅摩寺的時候跟彭嘉吉提到了此事，預言說那人再過幾天或許就要死了。

彭嘉吉反駁道：「胡說八道！有個很簡單的方法治療黃疸病。走，我們一起去看他。」

到了病人家，彭嘉吉給病人一根還沒熟的香蕉，上面塗了一些青檸檬醬。這個青檸檬醬就是吃檳榔（paan）的人捲在蔞葉上的東西。第二天病人就大為好轉，再過了一天就開始康復。那羅衍醫生認為這是治療黃疸病新的天然藥方，他隨後在其他同類病人身上使用，但沒一個人被治癒。他最終得出結論，是彭嘉吉本人影響了療效，和青檸檬加香蕉的方子一點關係都沒有。

1960年代中期彭嘉吉開始大範圍旅行，所到之處都會接收新弟子。為了和他們保持聯繫，他會用羅摩寺作通信地址。拉哲和我每次從胡布利去看他時，都會替他拿這些國內信件和國外航空信件，知道他會收到大量的信。每次他回到隆達，都有一堆信件在等他。他會在剛回來的幾天中看完並基本上回覆完畢。

我們去看他時，也會帶上其他我們覺得可能有用的東西。住在隆達的人會很驚訝，因為我們帶去的東西常常正是所急需的。彭嘉吉常會不經意地提到需要某些東西，幾天之後，拉哲和我就從胡布利帶來了。我們不知道他是怎麼傳達消息的。我們只是決定去看他，在路上買一些東西，通常決定買的就是一兩天前他說自己需要的。

彭嘉吉出門在外時，我們也會定期給他寫信，從來沒有一周

達塔特瑞亞.巴克惹醫生與孫子坐在普嘉房裡，他扔掉了所有的神像，換成了拉瑪那尊者和帕帕吉的照片。

當我把這張照片和說明給帕帕吉看的時候，他在下面寫了一張字條：最初是有個跟著我的小女孩開始把神像扔掉的，這女孩很小，才剛剛會走路。當巴克惹醫生看到她的所作所為時，跪在了她面前，他再也沒有把那些神像帶回房間。

我做了一些調查，最終在孟買找到了一個弟子，他記得這個女孩把神像一個個拖出來，有些神像幾乎和她一樣大。

斷了書信。那段時間我滿懷虔誠的熱情，在我很多信中都透露出這種充沛之情。彭嘉吉非常喜歡這些信。他回信中經常提到他把我的信大聲朗讀給全國其他地方的弟子聽。彭嘉吉也會把其他弟子的來信複印寄給我們。他喜歡分享自己的快樂和寫信者的快樂，如果來信中描述了很好的體驗，他會把信件複印後分發給全國各地的弟子。

通信中，我們發現彭嘉吉是有他心通的。我們寫信告訴他某個具體問題。經常是我們的信件寄到他那裡之前就已經收到他的回信了。我們得出的結論是，如果我們寫信並且投寄，他馬上就會知道我們想要什麼，並不需要等收到信。給他的信寄出幾小時之內，他就給我們寄出了答覆。

1974年，毗納亞克看了一部關於中世紀馬拉地聖者圖卡拉姆生平的電影，突然充滿了強烈的渴望，想要拋棄世間做苦行僧。帕帕吉的回覆如下：

> 1974年3月26日
> 德里
>
> 你在電視上看了《頂嚴圖卡聖者》(*Tuka Zalase Kalasa*)這部電影，反應強烈，覺得應該拋棄世間去龐達爾普爾。你的信迫使我帶你去俱盧之野的戰場，看看阿周那說的：「我不該作戰。我怎能殺死自己家族中的老人和受尊敬的人：我自己的老師、我的岳父和堂房兄弟？與其殺死他人贏得自己的王國，我不如退居僻靜的聖地，做個乞食之人。」黑天不讓他逃跑，我也不會讓你逃跑的。你現在也在一場戰役中，我怎麼能允許你轉身逃到龐達爾普爾去呢？你的彭嘉吉會把龐達爾普爾帶到你心裡去。不要擔心。你的解脫是註定的。要對我有信心。我絕不會放掉你，你也不要放掉我。你有這些想法讓我很滿意，土壤肥沃，雨水會及時到來。現在安靜地等著大豐收吧……放心，我在愛著你……

　　毗納亞克安靜了很長時間，等著他的大豐收。我這麼說是因為1996年年中他來勒克瑙參加上師節[247]慶典，我那時跟他聊過。我給他看了書稿，請他讀一遍，審閱他第一手瞭解的故事，增加一些沒有提到的他自己的故事。他翻閱後，提了一些有用的建議和改正。一個月後，他寄了下面這封信給我一個在美國的朋友，他們兩人已相識多年。

247　上師節(Guru Purnima)是在印度的印度教和佛教共有的感謝自己導師的節日。

給你寫信我真是高興，就好像是久遠的友誼得以再續。很肯定的是，我們在宿世中曾經一度是個大家族，與我們摯愛的帕帕吉一起。由於過去懸而未決的欲望、成就、願望等等，每個人被賦予了不同的任務，於是大家就分開了。我們很幸運，因為帕帕吉及時把我們喚了回來。他向我們所有人一一保證，我們安享著可靠的照拂。

在此期間失去一些歲月並不要緊，在那之前數百萬年也早已度過。在我們摯愛的自性上師[248]加持下，我們現在離輪迴的終點很近了。相對於無量劫都在一起來說，幾十年的分離是微不足道的。

最近去了勒克瑙之後，我因為與他分開而悲傷。我還有種深深的懊悔感，覺得雖然在他座下三十年，自己沒有多大進步。當我從馬德拉斯中心乘坐區間火車去譚巴朗[249]見一個客戶的時候，這一感覺變得尤其強烈。我想起自己沒有任何一個體驗能和很多其他弟子媲美。很多人閉上眼睛時看到眼前的光，有些人在內在的極度寂靜中聽到神聖的笛聲。一些有福的靈魂體驗到妙樂如雲般降臨到他們身上以及數不清的其他吉祥境界。還有人甚至體驗到和其他生命體的一體感，這是在真我認識道路上非常崇高的體驗。但我什麼都沒有。

「除了我和上師住過，親近過他足下，和他一起分享過食物和住處，吃過他親手遞來的食物，聽過他講不完的笑話之外，在我親近智者漫長的三十年中，我沒有過其他體驗。」

在路上這些念頭變得非常強烈的時候，我突然感覺到了寧靜。我覺得在過去三十年中甚至更早，自己一直都有這個至高的寧靜。內在湧現出某種確信：「這個寧靜

即是唯一。其他的體驗都不重要。」

我開始哭泣，同車的乘客以為我瘋了。

我現在依然安住在那個幸福中，就算拿梵天的寶座我都不換。就像你那天說的，親愛的帕帕吉對我們家的殊勝加持就是：我們從未有片刻離開過他的足下，我們和他的關聯並不是三十年，而是無始以來的。

幾天前我有了一個很有趣的體驗。我正感覺到自己體驗的寧靜是高於其他一切體驗的，突然我開始聞到身邊一股強烈的香味。這持續了二十四小時，然後自動消失；但消失之前，那股香氣非常強烈、有力而且罕見。我翻動了身邊所有的東西，想看看這個香氣是否會消失，但是它一直都在。最後，我不得不向上師祈求除掉這個香氣，因為它讓人分心。我現在不羨慕那些體驗到香氣或者其他覺受的弟子了。親愛的帕帕吉就是這樣用他的遊戲[250]來教導我們。

就像毗納亞克一開始說的，他們家裡第一個遇到帕帕吉的是他父親，羅摩商德拉·普拉布。他父親在1960年代投稿了一篇文章給室利·拉瑪那道場出版的雜誌《山道》(*The Mountain Path*)，以下摘自這篇文章：

248 自性上師：由兩個梵文詞構成，sat為真實、自性，guru為上師。
249 譚巴朗(Tambaram)：馬德拉斯南郊的區名。
250 遊戲(lila)：梵文，遊舞、顯現之意。

羅摩商德拉・普拉布和妻子蘇南達
(Sunanda)

帕帕吉傳・一切從未發生

　　我在1942年的自由抗爭中扮演了一個重要角色。我閱讀了比如羅摩・提爾塔、商坦亞大尊者[251]、辨喜・斯瓦米[252]和羅摩克里希那・波羅摩漢薩等聖人的著作，但我那時候認為的實修就是為自由而戰，以及服務貧窮和被壓迫者。印度獨立之後，我意識到窮人沒有從國家獨立中得到任何經濟利益，我成了馬克思主義者。後來我加入印度國大黨[253]，成了一名邦立法議會成員。最終我對政治的幻想破滅了，轉而從商，但生意夥伴欺騙了我，我虧了一大筆錢。

　　1965年我因為森林承包工作來到隆達，彭嘉尊者在那裡生活、工作。他那時還在礦業公司上班。我在羅摩寺遇見他，那是為他而建的小道場。彭嘉吉上師的非凡人格，他極其仁慈、鼓勵的恆

251 柴坦亞大尊者（Chaitanya Mahaprabhu, 1486-1534）：活躍在印度東部的印度教宗教領袖及社會改革家，著名的黑天虔信者，留下了八首著名的黑天讚頌詩。

252 辨喜斯瓦米（Swami Vivekananda, 1863-1902）：羅摩克里希那的主要弟子，是將印度吠陀和瑜伽介紹到西方的重要人物。

253 全稱為印度國民大會黨（Indian National Congress），為印度歷史最悠久的政黨，最初的目標是爭取受過良好教育的印度人分享政府權利，所以未遭殖民當局反對，後來轉以反對英國殖民統治、爭取獨立為目標。1947年印度獨立後，國大黨長期執政至1977年。

常微笑，以及對弟子平等的愛融化了我的自我，我生平第一次臣
服了。我認他為上師，在他面前禮拜。室利·彭嘉吉扶起我，鼓勵
地看著我，然後帶著巨大的慈愛擁抱了我，就好像他一直焦急等
待著我到來一樣。

帕帕吉在1970和80年代和他頻繁通信，涉及許多話題。

1978年12月15日
勒克瑙

親愛的普拉布吉：
我很高興讀完你12月11日的信。你在裡面說：「願我們在
對上師的愛慕中蓬勃成長。」這是秘中之秘，雖然它和時間
一樣古老，但只有少數有福者才知道。在古代，喜馬拉雅
山王達剎（Daksha）的女兒吉芮迦[254]對她的上師無比虔誠，
沒人可以阻斷她的愛慕。她的父親不可以，仙人們不行，
天神也不行。她被居住在火葬場的偉大導師〔濕婆〕接受
了。有一天她和上師有以下這番對話：

雪山女神：哦，祜主，如何進入無分別三摩地？
濕婆：看著我。你看到誰？
雪山女神：我看到祜主濕婆。
濕婆：超越這個所見！你看到什麼？
雪山女神：我看到光。
濕婆：超越這個光！你看到什麼？

雪山女神默然
然後融入了真我。

254 吉芮迦（Girija）：雪山女神的一個別名。

我最近的旅行很順利，遇到了一些不錯的人。有個霍尚噶巴德[255]的年輕工程師叫沙拉德（Sharad）；巴羅達[256]的女士蘇哈斯·本（Suhas Ben），夏詩卡拉太太（Smt Shashikala，羅摩商德拉·普拉布的弟媳），倆人曾在孟買見過。有天夏詩卡拉太太來了，坐在我面前問：「師父，我該做什麼？」好幾年來她從沒問過我一個問題，雖然我一直很喜歡她的服侍。我看著她說：「你不必做任何事！」僅此而已，但她馬上變了。她看起來在巨大的平靜中，臉上透出燦爛的光。對此我很高興。

　　向你、普拉布太太和毗納亞克致愛。

你的深情的

1981年8月4日
隆達

親愛的普拉布吉：

〔…〕上師之職已經完成了，對這個交付於我的工作，我很高興。直到每個人都處於平靜和妙樂之前，我不會休息〔…〕

---

255 霍尚噶巴德（Hoshangabad）：印度中央邦的一個城市。

256 巴羅達（Baroda）：印度古吉拉特邦人口數量第三的城市。

257 雅利安尼瓦斯（Arya Niwas）：位於哈德瓦的一家旅店。

258 馬斯喀特（Muscat）：阿曼首都，地處波斯灣通向印度洋的要衝，三面環山，東南瀕阿拉伯海，東北臨阿曼灣。

259 文卡特什（Venkatesh）：普拉布的兒子。

1981年10月15日

雅利安尼瓦斯[257]

哈德瓦

親愛的普拉布吉：

〔……〕我很高興讀到你的體驗。稱之為定境或者一瞥，不管你想怎麼稱呼都行。它顯示出你純淨頭腦及所志求的明晰狀態。一直透過你的存在去看，或者哪怕只是偶爾為之，那麼，了悟到你根本的真我本質就是毫無疑問的了。人們真正被賜予的就是這個：一種能領悟它的內在潛能。若心無繫縛，那麼彈指之間就能做到〔……〕

1983年2月13日

勒克瑙

親愛的普拉布吉：

〔……〕在你1月10日從馬斯喀特[258]寄來的信中，我要很抱歉地說我不是很明白你寫的：

「上師和文卡特什[259]的關係並不同於父子關係。我帶著父親的關心去看文卡特什時，我因他的行為產生了執著和私利之心。但當我帶著上師的眼光去看他，則看到了他的純真，對上師及他母親純淨的虔誠和愛。」

這是整個宇宙患上的疾病：雙重人格、分裂的內心、精神分裂、妄想症。對事物應該只有一個看法。不應該去分別執著和出離、父親和上師、上師和弟子、朋友和敵人、善與惡。**只是看，不要分別。**這是涅槃—寂靜—極喜的鑰匙。

世界之師〔黑天〕在戰場上不是這麼教導阿周那的嗎？「我給你我之見。如我般看。履行你的職責。作戰……」

親愛的普拉布吉：

〔……〕在印度也一樣，因為砍伐森林，這個國家變得光禿禿，被污染了。你以前和現在都在幹這行，所以卡爾瓦爾和達爾瓦爾地區遭到的浩劫，你知道的比我更多。為了迦梨河大壩，砍伐掉了數以百萬的樹木。甚至隆達山脈上的樹木也被砍掉，讓山體裸露在外，但我們無能為力。

　　我之前在哈德瓦和瑞詩凱詩，每天都看到大概兩千個男人、女人和小孩砍伐樹木，扛著一堆堆木柴跨過恆河。這樣的情況已經持續了很久了，也是有原因的。每一捆柴可以賺八盧比。廚房燃料也只靠木材，全國不是各地都有煤氣的。我看不出有什麼解決的辦法。每晚散步的時候，我看到很多人揮舞斧子一下下砍在小樹或幼苗柔軟的樹枝上。每一下都砍在我手臂上。除了去俱盧之野的戰場，傾聽兩軍對壘時弟子和他智慧之師間的對話外，我別無良策。

　　「但是我不能作戰，尊師，」阿周那說道：「他們是我的堂兄弟、岳父和我的箭術老師。」他把自己的弓箭丟棄在地，跪在地上，低著頭，全身顫抖，因為恐懼而面色蒼白，咬緊了雙唇。

　　《梵歌》就此開始。宇宙的智慧由祜主本人宣說。我們可以在孟買談論接下來的事。是你引我說到這個，因為最近一封信中你長篇累牘引用《梵歌》。我現在得打住了，因為一開口，就會是一段非常真實而滔滔不絕的對話。就算是黑天，也在十八個章節七百句偈頌後停下了。然而我一談到黑天對他所摯愛的弟子和朋友所說的，我就停不下來。時間和語言都無法涵蓋我想要說的。

　　我之前提到污染的話題，後來跳到了《梵歌》、阿周那和黑天。因為黑天應對的是根本的污染，人類頭腦的最初

污染，由亞當、夏娃開始，還會延續下去。我們的頭腦被污染了。一個宗教對抗另一個，猶太人對抗阿拉伯人，阿拉伯人對伊朗人，資本主義者對社會主義者，一個種姓對抗另一個，家族對抗家族，兄弟對兄弟，丈夫對妻子。這是精神污染。如果把這個從我們的心中清除出去，我們就能像天國的神祇一樣生活。我或許是在做夢，但是我希望這能成真。

　　我遇見年輕的男孩、女孩和孩子們，我教他們怎麼在對所有眾生、所有物種的愛中生活。所有的神祇、人、動物、鳥類、樹木、海洋生物，甚至是石頭和砂礫，都只指向同一個源頭。它形成了過去現在和未來的所有一切，而不擾動它本身的「一」……

　　其他的，我當面再跟你說。謝謝你。

1984年7月29日

親愛的普拉布吉：
〔……〕從商克里[260]來的另一個年輕男子和我一起坐吉普車去了彭達（Ponda），他和我共住一晚，在我床上給我按摩雙腿。到了早上他感謝說：「我覺悟了。」我複印了一份他留給我的紙條，寄給你。

　　　親愛的普嘉・彭嘉吉（Pujya Punjaji）：
　　　我帶著巨大的滿足離開這裡。我得到了所有想
　　　要的，不再尋求任何其他的了。我是自由、幸
　　　福、圓滿、覺悟和解脫的，這全依賴於上師、
　　　師父、真我──也就是您的加持。謝謝。
　　　　　　　　　　　　　　　帕提爾（Patil）……敬上

親愛的普拉布吉:

　　我讀到了85年6月23日搭乘迦膩色伽皇號印度航空（Kaniksha Air India）182班機的329名無辜者不幸身亡的消息，之後就一直遭受著深深的精神痛苦。那些人中有還未出世的嬰兒、各個年紀的男人女人，他們平白無故喪命於空中。曾經阿育王號（Emperor Ashoka）飛機在聖克魯斯[261]起飛沒過幾分鐘就在阿拉伯海上空爆炸[262]。這是自此之後最大的一起航空災難。

　　許多天來，在夢中和定境之中，我潛入大西洋與死屍相見，尋找黑匣子〔能顯示飛機失事原因的飛行記錄器〕。我無法回到自己的正常狀態……

　　這是宗教教給信徒的：殺死非我族類的人。

　　我對死者的家人深表同情，希望他們能保持勇氣面對喪失親人之痛。我為這些不幸離世的人的靈魂祈禱菩提（shanti，平靜，和平）。特別是在災難發生時懷中抱著娃娃的孩子們。

　　訶利，唵[263]

260　商克里（Sankhli）：位於果阿邦北部的一個城鎮。

261　聖克魯斯（Santa Cruz）：孟買的一個地區名，孟買國際機場位於此區。

262　這是1978年1月1日發生在印度孟買的一次空難事故。當天晚間，一架波音747-237B名為「阿育王號」的飛機從孟買國際機場起飛後於距離班德拉海岸3公里處失控墜海，機上213人無一生還。打撈出的飛機殘骸顯示飛機並未發生爆炸，而是由於儀器故障導致事故。

263　訶利，唵（Hari aum）：這是一個常見的咒語。Hari有「去除」之意，指的是究竟之神能移除一切苦難和迷惑，是毗濕奴的名號之一。aum是世界本初之音。

> 1987年4月13日
> 勒克瑙
>
> 親愛的普拉布吉：
> 〔……〕我對自己的任務感到滿意，它讓我一路走到現在。
> 我在祜主拉瑪那[264]前禮拜，是他，正運用這一工具來在完
> 成他的使命和意願——也就是在每個男人、女人、所有眾
> 生中開發出那無法想像、不可馴服、不為所知的光……

　　為這本書搜集資料的時候，我會把他的老弟子們有趣的故
事、信件或口述經歷資料給帕帕吉看。他會饒有興致的閱讀，
不過幾乎沒有主動讓我聯繫過某個或許有故事可講的人，只有
一個例外。

　　有一天，他突然看著我說：「加布列（Gabri）有沒有寫信給
你？」

　　帕帕吉定期在隆達舉行薩特桑時，加布列先生是隆達的郵
局局長。我已經聯繫過他，他給了我一條簡短的回覆，說不願
談論自己的經歷，因為他不認為別人會感興趣。我沒有把這封
信給帕帕吉看，因為其中沒談到任何有趣的事，但既然他突然
間這麼問起，我就把信從資料中拿出來，遞給了他。

　　帕帕吉讀完後說：「再給他寫信，告訴他，是我要求他寫出
他的故事。我想要知道他是怎麼回事。」

　　然後帕帕吉說了一些細節，激起了我的好奇心。

　　「隆達是個很小的地方，大家都是熟人。加布列是當地的郵
局局長。他是共產主義者，是個無神論者，似乎很不喜歡看到

264　商克里（Sankhli）：位於果阿邦北部的一個城鎮。

村莊裡舉辦大型的薩特桑。他會非常友善地和村裡每個人打招呼，但每次遇到我，都會充滿敵意地瞪著我，或者徹底無視我。後來發生了一個巨大突變。我記得他妻子有天早上衝進我的薩特桑，一臉無法置信的表情：『我的丈夫正在我的普嘉房裡打坐！你對他做了什麼？』

「我還是不知道我算是做了什麼，但在他身上肯定發生了什麼。再寫封信去，告訴他，我想要知道。」

我給加布列先生寫了信，提到帕帕吉說的關於他的話。這一次我收到一封長而詳盡的回覆。

我沒有詳細回覆你的第一封信，因為我自認是普通人，並不值得在描述室利·彭嘉吉這般崇高的世界知名導師的傳記中被提到。我依然覺得自己所能貢獻的故事將是微不足道的，因為這只是出自一個在自己村莊中都不甚起眼的鄉下人之口。

彭嘉吉或許認為我以前是共產主義者，但我從沒有接受過那些思想，哪怕我讀了很多關於社會主義的書。更為準確地說，我想自己是一個理性主義者。我樂於接受新思想，但只能接受那些被證明是正確有效的思想。

如今我記憶不太好了，所以接下來敘述的基本上摘抄自我當時的日記。彭嘉吉鼓勵我寫日記，說可以幫助我不陷入幻想，從而不耽誤我恰當地履行職責。

我擔任隆達的郵局副局長時，偶爾會去那羅衍·巴克惹醫生的診所，並不是去看病，而是去討論政治和宗教。我不信神，強烈反對所有的宗教信仰和修行。我那個時候受到伯特蘭·羅素[265]和其他現代思想家的影響，大量閱讀反宗教書籍，只要有人肯聽我說，我就喜歡宣揚那些觀點。

---

265 伯特蘭·羅素(Bertrand Russell, 1872－1970)：二十世紀英國哲學家、數學家、邏輯學家、歷史學家，無神論或者不可知論者，也是上世紀西方最著名、影響最大的學者和和平主義社會活動家之一。1950年，羅素獲得諾貝爾文學獎。

1979年11月初，我在那羅衍‧巴克惹醫生的診療所時不經意聽到他對人說：「他昨天到了。」他沒有提到名字，我感覺他不想讓我知道這件事。後來我才發現他們把室利‧彭嘉吉到來的事情瞞著我，就怕我再發表什麼反對宗教的演說，破壞他們的薩特桑。在那個時候，我並不太瞭解室利‧彭嘉吉，只知道他是那羅衍‧巴克惹醫生和他父親達塔特瑞亞‧巴克惹醫生都極為崇敬的一個修行老師。我知道他們在村裡為他準備了一所房子，除了他在，別的時候都空著。

那羅衍‧巴克惹曾經對我說過：「羅摩寺起初並不是為彭嘉吉造的。他剛來的時候，就已經在建造中了，我們本來是打算自己搬進去住的。彭嘉吉第一次看到建築時，就感慨說：『這幢房子的每一塊磚頭都在吟唱「羅摩！羅摩！」』聽了這話，我們就決定把這房子留給室利‧彭嘉吉專用。他不在的時候，我們就鎖起來，沒人可以住在那裡。」

我很好奇，想去見見這位讓村裡這麼多人都蜂擁前往拜見的男人。我並沒有打算破壞他們的活動，但如果有人挑戰，我將很樂意捍衛我的無神論。

第一次去的時候，我聽室利‧彭嘉吉敘述了某個師父去旅館房間看他的故事，講了很久。這個師父說自己讀了所有經文，做了很多苦修，但都沒有讓他覺悟，或讓他心靈平靜。室利‧彭嘉吉補充說這人自己是位上師，當時正帶著幾個弟子去喜馬拉雅山。彭嘉吉說他要那人走出去，把所有過去的垃圾都丟在房間門外，然後不帶絲毫地再走進房門。師父感覺受了侮辱，不過還是聽話照做了。幾秒鐘之後，他衝進房間，向彭嘉吉禮拜，說他開悟了。還有很多其他的細節，但基本上的故事要點就是這樣。

我無動於衷，心想：「這個人只是在吹噓。」我完全沒向室利‧彭嘉吉問候或致謝就離開了房間。

第二天我又去那裡探個究竟。進門時，我能聽到大家在談論我。

那羅衍‧巴克惹看到我走進來時，大聲宣佈：「這位就是加布列先生。」

　　彭嘉吉轉向我，說：「這麼說，你不信神？」

　　「對，」我說：「我不信。神是受限的頭腦創造出來的產物。」

　　「那麼，去掉限制。」彭嘉吉提議。

　　「這做不到，」我回答說：「是不可能的。」

　　「你能給我一點點時間嗎？」他問：「你願意讓我向你展示頭腦如何可以不受限嗎？」

　　那個時候，思維限制是我最愛的理論之一，所以任何保證可以去除這一問題的方法或者系統，我都有興趣嘗試。

　　「好的，」我說：「如果你能展示怎麼做到這點的話，我願意撥出點時間給你。」

　　他讓我坐在面前。我直接看進他的雙眼，他看回我的。我們保持沉默。

　　最後我不得不開口：「哪怕我很努力，我還是做不到為你留出一秒鐘。」

　　我離開的時候，內心信念毫無動搖，然後接下來的大約一天時間內，我開始覺察到這個人已經以某種方式觸動了我、吸引了我。

　　一部分的我在說：「我不會向這個師父屈服的。」但另一部分的我已經開始感覺到我是一個自大的人，需要幫助，而這個幫助或許會來自室利‧彭嘉吉所主持的薩特桑。

　　下班後，我又參加了幾次晚上的薩特桑，但沒有加入討論。這些薩特桑並沒有讓我平靜。相反，我有一種感覺，它們攪亂了我的意識，念頭動盪。我有個想法，認為室利‧彭嘉吉是試圖給我的頭腦做點什麼手腳，以此來吸引我，使我成為他的弟子。我覺得是這個原因才讓我感覺到這些奇怪的精神狀態。不過，儘管感受頗不尋常，我仍然覺得情況還在控制之中。我下定決心：「我不會向這個師父屈服，也不會從他這裡跑開。我不會讓他控制我的

判斷力。」

　　那段時間，我靜靜地坐在後面，聽到談話中經常提到室利·拉瑪那尊者和他的教法。我曾經看到在那羅衍·巴克惹醫生的家裡，桌上擺著一幅很大的尊者照片，但我並沒有留意。現在，我知道這個人是彭嘉吉自己的上師，就慢慢地對彭嘉吉講述的有關他的故事越來越感興趣了。

　　幾天後，就在我默默出席薩特桑期間，巴克惹醫生把《對話真我》（ *The Talks with Sri Ramana Maharshi* ）一書給我看。那時，我已經頗有興趣想讀這本書，想看看裡面都說些什麼。我立刻就被尊者推薦的參問真我擊中了。我之前曾對室利·彭嘉吉說頭腦的限制是不可能去掉的，但讀到尊者的方法後，我意識到這是個簡單、理性甚至科學的方法，可以找出什麼是頭腦的源頭。這似乎不用樹立任何信仰體系，只是一個方法，去探究頭腦的本質、形成方式和其可能的來源之處。我決定使用這個方法，理性地探究「我」的本質。

　　當天晚上我大概在凌晨兩點半醒來，感到一股強烈的渴望要專注地集中在這個「我」之感上。我努力去做，但一無所獲。接下來幾天中，想要找出「我」究竟是什麼的衝動越來越強烈。我開始無法克制地要參問真我，發現自己越來越久的沉浸在對「我」一念（'I'-thought）本質的深深冥想之中。

　　雖然沒什麼成果，但參問攫取了我，讓我無法放下。那時我一定是表現出了一些奇怪的症狀，因為彭嘉吉出門幾天去孟買的時候，他囑咐巴克惹醫生要關注一下我，理由是他懷疑我有可能會發瘋！我沒有因此打退堂鼓。雖然沒能稱心解決「我是誰」這個問題，我卻發現自己的生活開始有了變化。我對於每天慣常的辦公室和家庭事務產生了厭倦，甚至對自己的妻子和孩子產生了一種距離感，不願意和他們有聯繫。

　　幾天後彭嘉吉回來了，我又開始參加他的薩特桑。薩特桑上講的東西我不明白，但是不知為何，這似乎並不重要。閒暇時間

我還是在讀《對話真我》。令我欣喜的是，隨便翻開一頁，就可以發現答案來回答我對參問的疑惑。在那個階段，我沒有就自己的參問向彭嘉吉請教，而更喜歡從這本書中得到答案。

我發現室利·彭嘉吉的性格和方式有點讓人生畏，我不敢接近他。我這麼告訴達塔特瑞亞·巴克惹醫生，他報以大笑。

「對我來說，」他說：「他就像個小孩子。我和他相處、愛他就像愛自己家人一樣。我把他當做自己家裡的年輕人一樣對待。」

我觀察醫生，發現果然如此。他坐在室利·彭嘉吉旁邊，像哄小孩一樣哄他。如果醫生想要他吃點特別的東西，就用對待小孩的方式。這似乎對他挺管用，但是我和室利·彭嘉吉之間沒有這種關係。對我來說，他是一個非常疏遠而嚴厲的人物。

我很快意識到自己迷上了待在室利·彭嘉吉身邊。我無法遠離他。

我對真我的參問越來越深入。我發現自己在半夜努力拒絕和排除自己的想法。我這樣努力時，嘴巴裡就發出呻吟般的聲音。我最終去向彭嘉吉請教，他回答說：「繼續。你有進步。」

第二天我感到已經把自己的頭腦推到了某個邊緣。在那之外，似乎是一條非常廣大而黑暗的道路。我告訴了彭嘉吉，他只是回覆說：「超越那個黑暗的通道。」

然後最終有了突破。在半夜大概一點半左右，我醒了。我正躺在小床上，但是我立刻知道自己不在平常的狀態。當我坐起身來，能覺察到現實中在我附近的所有東西：房子、外面的馬路和附近的鐵路，但它們不再在我之外，或者有別於我。我知道並體驗到它們都在我之內，能直接地感到含攝了一切事物。這整個宇宙都在我之內。鐵軌上有火車經過，我知道它是在我之內經過，而不是路過我。

我掐了掐自己的大腿，確認不是在做夢，很確信自己的確是醒著。我想去上廁所，但不敢動。我感覺如果自己動了，整個世界都會以某種方式隨我而動。最終我實在憋不住了，決定冒險看

看。我起身直接向牆壁走去。我覺得既然牆壁是在我之內，沒有東西是在我之外、有別於我的，它就不會阻擋我直接走向廁所。我「砰」地撞到了牆，明白雖然世界或許是在我之內，但它依然還是像之前一樣堅固。我也明白了還是需要從門出去。

去完廁所之後我走了回來，坐在小床上，帶著一種敬畏和驚嘆享受這一奇特的新狀態。最終我又睡了幾小時。我在六點半左右再次醒來，感到如同孩童一般，快樂、振奮，心情愉快。我去上了班，照常完成了所有工作。

那個晚上我去了室利·彭嘉吉的薩特桑，獻給他一串香蕉，向他禮拜並且宣稱：「我已經領悟了。」

他哈哈大笑，說道：「從來沒有人這麼肯定地走到我面前，發表過這樣的宣言！」那個時候他沒有否定我。我也不知道為什麼突然覺得這一體驗就真的是那麼一回事。

這個萬物皆在我之內的體驗發生了幾次，通常在半夜。我會突然感到：「我是超越並凌駕一切的。」然後我會實實在在地感覺自己無處不在，超越雲朵、月亮、天空等等，在它們之上。

有天早上，我坐在外面涼臺上，突然體會到了這個遍在性的真我，不過伴隨而來的是身體內的奇特覺受。我感覺分為了左右兩部分。左邊的一半是正常的，右邊的一半卻處於非常態。從那時起，我感覺自己越來越頻繁地處於奇怪的狀態中。有時候我會看著自己的四肢，發現自己無法移動四肢；有時候感覺我要死了；有時候感覺我的自我已經完全消失了。但這些狀態都會過去，我最終還是會回到慣常的狀態。事後看來，我覺得這是某種神經系統崩潰了。我毫不懷疑，這些奇怪又讓人不安的狀態是因為我遇到了室利·彭嘉吉之後，才突然被引發了。

到1979年11月底的時候，我通常會在半夜兩點半醒來，聽到自己內在有聲音說法。那都是關於不二論的話題，比如智慧堅定[266]，

266 智慧堅定（Stitha prajna），出自《薄伽梵歌》。

實相的本質，以及梵唯是一無二。這些開示每晚都有，持續了大約一周。聆聽這些開示的時候，我感覺自己是正在為某件事情做準備。我向巴克惹醫生提到了這個情況，他立即想要知道更多細節：我認為這些聲音是從哪裡來的？聽起來是怎樣的？等等。我沒法回答他的問題。實際上，他提問時，我甚至都說不出這些開示是什麼語言的。只有一種知識被傳遞的感覺，但並不是尋常的方式。我記得自己這樣想：「這就是吠陀和奧義書不朽的原因。它們一定是以某種精妙的方式在不停地重複宣說，無有窮盡，偶爾處於純淨狀態的人們就能收聽到。」

奇怪的體驗繼續著，但是隨之而來的是對其背後和之上的東西有了更好的理解。我翻閱日記，發現在1979年11月29日有如下記載：

> 我是一切。我是零。領悟到並不需要領悟。不要試圖把自己變成什麼東西。你恰得其所；你在做的，就是正確的事。沒什麼是錯的。只是領悟。把一切當做我，看清我是超越意識概念的。
>
> 自從遇到上師，我曾試圖改變自己的性格、行為等等。現在看來這是不必要的。
>
> 如果一切都是對的，如其所然，誰會改變？改變誰？為何改變？
>
> 領悟究竟真實〔satya〕。知道真實涵蓋一切。不要刻意為之。就是它。

從那一天起，我就默認所有東西和所有人都是我的上師。我感覺到從每個人和每樣東西那裡都可以學到某些真理，我在見到的身邊每件事物上都看到了潛在上師。

在接下來的日子裡，我持續體會到了甚深的寂靜。有時候我會獨自一人走向羅摩鎮〔Ramnagar，隆達附近的城鎮〕或者沃特銳門〔Watregate，隆達鎮外一個鐵道口〕，深深地專注於自己，享受著內在深深的寂靜。這寂靜是實在的。我稱之為絕對存在，因為它感覺起來就像是那樣。它持續了幾個月。它是真理，是寂靜，是讓人無法置信的堅實、不可動搖；沒有強加於它，也沒有什麼可以強加於它。我想理解，但是失敗了，因為它是無法被理解的。

有個著名的卡納塔聖人叫阿拉瑪·普拉布（Allama Prabhu）。他的格言說著對實相的直接體驗，這些話開始在我心中迴旋。隨著它們展露，我明白這也是在描述我自己的狀態。因為我有和阿拉瑪·普拉布同樣的體驗，並且在同樣的狀態中，所以能夠理解。

翻看自己以前的日記時，我發現有很多都記錄著自己很努力想要弄明白這一體驗的本質。我會把它和商羯羅以及其他智者說過的東西比較，會試圖自己去分析，但並沒有什麼收穫。還有很多記錄是我一再讚美室利·彭嘉吉賜予我加持，敞開了我，使我能夠體驗到這一美妙的狀態。有一條記錄著：「終於，我向我的上師尊臣服了。」

有了這些初期體驗後的兩三年中，我一直處於高能飽滿的狀態。那個一切皆在我之內的感覺，和任何人任何事皆無分別的感覺常常出現。如果在火車上，我會知道自己是徹底地寂止，無有來去。我不在世界上移動，世界在我之內移動。有時我看著人們，發現很難將他們區分為個體。我記得自己有次在白拉昆特利[267]的節日上看著一群乞丐，無法把他們區分為不同的個體。我看著他們就像看著擁有不同臉孔的同一個靈魂。有時候甚至一些小事情也會給我帶來麻煩。一次我盯著盤子裡的米飯，吃之前很猶豫，因為我無法把自己和米飯區分開來。它真的是我的一部分，我不

267 白拉昆特利（Balakundri）：位於貝爾高姆區的村莊。

想咬它而傷害它。我必須承認在很多年中,我的行為非常怪異。有些人認為我有點瘋。

很多年來我談論的唯一話題就是覺悟真我、拉瑪那尊者的教法和我在室利·彭嘉吉處的體驗。我每週舉辦薩特桑,充滿熱情地談論這些事情,鼓勵每個前來的人都去室利·彭嘉吉那裡感受加持。

幾年後,這覺受開始消退,大概在九年後徹底消失了。雖然對真我的自然而然、持續不斷的覺知不再了,但對我上師室利·彭嘉吉的尊敬、敬仰依然留存。同樣還在的,是我對傳承祖師拉瑪那尊者尊者的敬意。因為他們,我得以一見那種從未料想過會存在的美妙。實際上,遇見室利·彭嘉吉之前,我還任性地試圖勸說別人相信這樣的狀態和體驗並不存在。

現在我對彭嘉尊者的尊敬和景仰是一個兒子對他慈父的感情。經由他的加持,我得以一瞥他自己的殊勝境界,為此我將永遠熱愛他、尊敬他。不過我也因為他的平凡而愛他。他就像家庭成員一樣,和我們一起吃喝、談話。他記得我們所有人,充滿慈愛地問候我們的孩子、孫輩等等。他是無以倫比的瑜伽士,但也是我遇到的最可愛的人。

1970和80年代帕帕吉依然定期造訪隆達,和住在那個城鎮以及附近的弟子保持聯繫。在他的名聲傳到周圍地區後,越來越多的人前來覲見,接受他的教法。其中有一個人叫胡克利(B. V. Hukeri),是住在鄰近貝爾高姆鎮的工程師。

接下來的回憶頗有意義,原因有二:首先它罕見地記錄了這一時期的教示對話。那段時間帕帕吉的薩特桑沒有錄音,但胡克利先生在日記上做了筆記,記錄了他和帕帕吉的關鍵對話;其次,帕帕吉就拙火給出了詳細建議。如今,帕帕吉絕不推薦用來產生拙火體驗的瑜伽修法,他說目前世界上的條件並不適合這樣的修持。

當他被問到傳統的瑜伽方法，特別是拙火修行時，通常會這麼回答：「這些修行需要絕對乾淨的空氣，非常潔淨的飲食和持續不斷的監督。如今，就算在山中也找不到這些條件了。污染太嚴重，這些法門都無法起效。甚至連我們吃的食物也都污染了。我自己修過這些技巧，所以知道哪些有效，哪些無效。

1980年我是公用事業部門（P.W.D.）的工程師，在距離貝爾高姆大約30英里的一個水壩上工作。我負責安頓那些土地將被淹沒的村民。3月9日我和一個朋友就修行問題討論了一番。隆達郵局的副局長室利·加布列走了進來，加入談話。他是和我聊天那人的好朋友。

他發現我對修行感興趣，就說：「你為什麼不來隆達呢？在那住著一位偉大的智者，叫彭嘉吉·馬哈拉吉，他會遣除你所有的困惑。」

一聽到這個名字，我的心立刻就被吸引住了。

幾天後我坐公共汽車來到隆達，由室利·加布列介紹給彭嘉吉。我感覺對覺悟真我已經渴望了很久，所以機會來臨時，就開始向他提出這方面的問題。在引述這第一場對話之前，我得說，現在我稱呼室利·彭嘉吉為「上師神尊」（Gurudeo），因為對我來說，他既是上師，也是神。在講述中，我會一直以此名稱稱呼他。

問：我讀過《薄伽梵歌》、《雅內濕瓦論》和其他著作。讀了之後，在理智上能夠接受我不是頭腦而是真我。我有一種渴望，要研究教理。請告訴我，應該如何修行以了悟我自己？

上師神尊：沒有任何方法步驟。我不教任何修行法門。

問：那我該做什麼？

上師神尊：為什麼不在此時此地就讓你自己覺悟呢？為什麼不現在就完成呢？我不會騙人做這做那的。我不會叫你去浪費時間。

問：要花多久完成？

上師神尊：就給我一分鐘。

問：如果我證悟了，還可以回家履行職責麼？還是不得不離職？我的孩子還在上學。我想讓他們妥善地婚配成家，繼承我的工作。證悟之後會發生什麼？

上師神尊：你想要做什麼？你是誰？

問：我是真我，阿特曼，但是我想要看到它。

上師神尊：我不能讓你看到，因為你已經是那個了。只要去除無知。如果做到這個，你就解脫了。你將成為之後發生所有一切的觀者。既然你不是做者，為什麼要為孩子們擔心呢？

問：我的心還沒有準備好。請給我一點時間。

上師神尊：沒什麼可畏懼的。你看了一部電影之後，難道不喜歡一遍遍重看最精彩的片段嗎？

問：喜歡。

上師神尊：婚禮一結束，新娘和新郎就想所有時間都在一起，片刻都不願意分離。這就是證悟者的狀態。他永遠想處在真我的喜悅中，會不停地回去。如果你推遲，那只會在未來輪迴。為什麼

不現在就完成你的事情呢？一旦你知道你是誰，就明白了自己的覺性。有那個了知，你的工作會比以前做得更好。在你、妻兒和其他人之內，你都能看到這個同樣的覺性。

問：雖然我的理智接受「我即是覺性」的見地，但我仍然覺得自己內心並未準備好。

上師神尊不再試著說服我，而是持續凝視了我幾秒。我發現他的雙眼是如此明亮而具穿透性，我無法承受他的注視。我垂下雙眼，然後閉上眼睛。

我閉著眼睛大概有十五分鐘。後來我聽說在那段時間裡上師神尊一直持續堅定地注視著我。我坐在那裡時，感覺似乎有某種電流在脊椎流過，躍到了心臟位置。心是平靜的，整個身體充滿了極喜。

我睜開眼睛時，上師神尊讓室利·加布列帶我去吃飯，晚上再把我帶回來。在那天中，他在我體內引發的火焰熊熊燃燒起來。晚上我又見到他，坐在他身邊，處於極喜和寧靜的狀態中。最後他不得不提醒我得離開，該坐火車回家了。

幾天之後我又回來見他，整整一天都靜靜坐在他身邊。他問我是否還有什麼其他疑問，我回答：「沒有，斯瓦米吉，我沒有疑問了，因為我覺得您已經牢牢駐在了我心裡。」

之後不久他就離開隆達，直到第二年我才有機會再見到他。雖然他沒讓我做任何功課，我依然感到想要每天打坐兩、三小時。巴克惹醫生給了我《對話真我》，從書中我學到了上師神尊的師父教導的參問真我之法。在下一次會面時，我向他問到了這個。

問：我正試圖每天早上打坐半小時到一小時，試著去參問「我是誰？」雖然我對此感覺不錯，但我頭腦中幾乎是一片空白。只要我有空，就試著閱讀開示教理著作，念誦神的名號，來使我和我

自己相連。雖然您上次給了我指示，但我不能理解。我該怎麼做？

上師神尊：我的教法並不包括閱讀書籍。打坐半小時到一小時並不夠。就算三小時也不夠。你可以打坐到八十歲，也不會有什麼用。你還是依然念頭不斷。每天試著離於念頭一分鐘。這就夠了。我們的方法是保持無念。你的真正本性就是禪坐。保持無念。

問：對於覺悟還是有恐懼，但我不知道為何如此。

上師神尊：不該有恐懼。為何要怕把自己從束縛之籠中釋放出來？

問：我請求您的加持。

上師神尊：加持一直都在，否則你就不會過來見我了。

　　不知為何，他的回答讓我很滿意。我禮拜，然後回到貝爾高姆。之後的一年我開始和他通信，感覺在幾點上我需要建議。我發現他一直樂於回覆弟子來信。如果我們向他彙報一些好的體驗，他甚至會表現出極端的喜悅和快樂。下面這幾行話是從他寫給我的信中摘錄下來的，信寫於1982年7月和8月：

試著離於念頭。去看念頭從何處升起，住在那裡。或許這是你的真實本質……坐下禪修。看心念的造作：如何升起，如何停留，如何消失……主要的障礙是太執著於那些並不安住本位的事物。有一天我們必須拋棄它們而獨自回家，這是我們來時的路……讓我們記得自性普魯沙〔Sat Purusha，圓滿者〕，快點完成我們的工作，為出發做好準備。

那一年十月，我收到下面這一封，這是回覆我的某一封信：

你的信真實表達了你內心的信任、愛和真誠。整整五十年來，你在非永恆、穩定、本自常住的種種感官對境中追逐快樂，而忽視你自己的摯愛，如今你與此摯愛有約。一個人怎麼可能在應對轉瞬即逝之物中得到內心寧靜呢？

從日常生活中抽出一個小時，靜靜地坐著。看著你心念外逸的習氣，它導致了你百萬次的轉世。

我遵循了他的建議，在1983年初開始有了貌似拙火的體驗。我打坐時，背部會變熱，脊椎裡有一個上升的能量，四肢開始震顫，頭會晃動，偶爾右耳會聽到奇怪的聲音。我寫信告訴上師神尊，他回覆說：

讓你的修持自然得就像呼吸一樣。你頭頂的晃動是由於想要努力專注。讓它成為無作的禪修。所有的震動都表示拙火升起。保持升起。更認真地投入到這個力（shakti）中。不要有任何恐懼。你提到還有恐懼是因為你正沿著一條不尋常的人生之路逆流而上。頭腦並不喜歡它的殺手，所以會有恐懼。

拙火體驗在1983和1984年持續著。熱流沿著脊椎上升，溫暖、愉悅的覺受會透過並充滿整個身體。熱流似乎一直升到了頸部。頭還會不由自主晃動。上師神尊去隆達時，我向他彙報了這些體驗。他聽到這些非常高興，說這些體驗燒掉了過去的業。他還告訴我：「不再需要努力。如果力量已經升到了頸部，接下來發生什

麼就是上師的責任。他會帶你到達頂輪，將你從所有未來的輪迴和束縛中解脫出來。」

他告訴我還會有更多的體驗，這些將是上師加持的展現。「整天都時刻記著這個狀態，」他說：「就不需要其他的修持了。」

1984年上師神尊去隆達時，我多次覲見他，還在貝爾高姆郊區提拉克瓦蒂（Tilakwadi）的室利·巴布饒·墨爾古德（Sri Baburao Murgod）家裡見過他。上師神尊向我指出室利·墨爾古德就是不用任何努力或者修持而證悟真相的例子。

「他帶著信心服侍上師，全無所求，」上師神尊說：「他什麼書都不看，什麼神都不拜，也不去朝聖。」

我向室利·墨爾古德問起他的體驗，他回答說：「我唯是覺性。三種狀態[268]經過其上。我不覺察身體或它的活動。」

在他開著吉普車載著我們時，我得以確認了這一點。上師神尊問：「巴布，誰在開車？」他回答：「我不知道。我也奇怪呢。一具死屍怎麼能開車的？」

那一年上師神尊也加持了我家，我家離隆達大概五十公里。我把他介紹給了一個穆斯林朋友室利·伊納姆達爾（Sri B. M. Inamdar），他們熱烈討論了蘇菲派。室利·伊納姆達爾擁抱了上師神尊，他說這麼做的時候，感覺第三眼開啟了。無論那人走的是什麼修行道路，上師神尊都可以提供必需的加持和建議，使求道者更進一步。

就像上師神尊所預言的，我在接下來的幾年中有了更多的拙火體驗。有時是強烈的喜樂，有時會引發恐懼和痛苦。我向上師神尊彙報，要麼是當面說，要麼是寫信。以下是他來信給我的一些回覆：

268 三種狀態：指清醒、沉睡無夢、做夢三個狀態。

269 莎克蒂瑪（Shakti Ma）：莎克蒂（Shakti）是「力」的意思，瑪（Ma）是對年長女性親切的尊稱。

我收到你的信，並且讀了。我明白你身體內是怎麼回事。你在隆達的時候，我觀察了你的臉，我看到有熱且汗毛豎立。你必須更認真一點……觀察內心的活動……

最近至少有四個人向我描述了類似的體驗。認真地繼續你的修持吧。成功取決於你對上師的虔信和你的認真程度。投入越來越多時間進去……

你過來坐在我面前，眼睛半閉，飽含著喜悅的淚水，潸然而下，開始敘述拙火上升到心輪的故事。你充滿了狂喜……保持安住，看著拙火升起。不要把念頭轉移到其他事情上，多親近一些神聖之人，比如室利·加布列……

不要搖擺不定。不要到處看。永恆的莎克蒂瑪[269]正張開雙臂站著，等著給你一個吻。一個吻！我親愛的孩子，這是你從來沒有嘗過的味道。放更多時間在上面，在寂靜、愛和獨處之中……

剛才就在我寫這封信的時候，你坐在我面前。寫的時候我的筆在顫抖，然後就寫下了上面這些話。我希望你明白我的意思。請理解當我給好學生寫信的時候，往往會這樣……

獨自走進這道門。去直面你自己美麗的本來面目，這是你之前從未親見過的。當頭腦被迷惑時，沒有人能領悟到他自己的本性。人們需要找到一個專業老師來瞭解該如何進入自己父親的國土。這是永遠都不可能在辯論、讀經、儀式或念咒中找到的。保持你頭腦不被迷惑。你要做的就是這個。

非常簡單，不是嗎？

1986年我和室利·達塔·金德（Sri Datta Ginde）去哈德瓦見他，這是一位在隆達遇見他的弟子。他滿懷愛意歡迎了我們，建議我們在恆河中沐浴，並去鎮上和四周的景點觀光。他還帶我們向恆河神淨供[270]，甚至出錢購買了所有獻供的用花。那天晚上，我們在他下榻的杜利尚德芭提雅旅店（Dullichand Bhatia Bhavan）和他進行薩特桑。名為薩提亞南達·斯瓦米（Swami Satyananda）的西班牙雲遊僧也在。我記錄了他們的對話：

問：印度被認為是一個解脫（moksha）之地。為什麼呢？

上師神尊：對，是的。〔長久的停頓〕其他國家對享樂（bhoga）有興趣，但印度以犧牲（tyaga）聞名。外國人甚至在幼年就執迷於性。外國的氛圍並不有利，到處都充滿了性的味道。沒有地方和時機利於禪修。

　　很多外國人在前世是生於印度的，但現在為了享樂投生去了那裡。在知道享樂的後果——沒有內心平靜時，他們註定要再次回到印度。印度是唯一一個有利靈性成長的國家，是能達到解脫的一個地方。

　　看著上師神尊與所有來見他的人打交道，我被他表現出來的對所有弟子廣大的愛震撼了。我告訴他自己的感受，說出這些話的時候，我自己的心裡也充滿了愛。眼淚奪眶而出，我開始放聲哭泣。我感受到的極喜無法控制，就像是打開了一座大水庫的閘門，只不過流出的不是水而是極喜。我感覺它是從右邊的心中傾瀉出來，就是上師神尊和他的上師偶爾提到的那個。頭腦完全不在了。這樣持續了大概十五分鐘，那段時間我把頭靠在上師神尊

270　Arti又記作aarti或者arathi，意為除暗。是印度教的一種禮拜儀式，主禮者手捧圓盤，上面放置代表地水火風空五大元素的物品，包括鮮花、數盞酥油燈等，唱誦讚歌讚美神祇，然後主禮者將圓盤傳遞給眾人，眾人手掌作捂住燈光的姿勢，然後放到自己前額，意為得到淨化的加持。

的腿上。他也很高興，我看到他流出了喜悅的淚水。

我抽泣緩和些之後，他問我：「你之前是否曾經享受過這樣的極喜，哪怕一次？」

我不得不說：「沒有。」

然後上師神尊說：「人絕不可能從物質對境的享受中得到這樣的極喜。對這些東西的享樂是幻想出來的，是不真實的。你已經完成到此的目的了。」

第二天，他的恩典又淹沒了我，我再次不停地哭泣了大概十分鐘。上師神尊評論：「你來這裡是尋求教導的，現在你已經得到了。我非常高興。」

有生以來我第一次知道了什麼是真正的極喜。上師之手一直在給予，但如果我們不去接受，這又是誰的錯呢？

在敘述中，室利·胡克利提到了他的師兄巴布饒·墨爾古德曾對帕帕吉的加持有過至深的體驗。這是他寫的：

「上師神尊向我指出室利·墨爾古德就是不用任何努力或者修持而證悟真相的例子。

「上師神尊說：『他帶著信心服侍上師，全無所求，他什麼書都不看，什麼神都不拜，也不去朝聖。』」

巴布饒·墨爾古德在帕帕吉初到隆達居於羅摩寺時就認識他了，但卻是幾乎在二十年之後，即1984年才體驗到他們關係的巔峰。體驗發生幾天後，巴布饒·墨爾古德簡短記錄了發生的事：

1984年8月18日，薄伽梵〔帕帕吉〕和我一起吃午餐。後來室利·貝塔吉利（Sri Betagiri）加入進來。我們都坐在薄伽梵面前，和他聊天。

突然之間，沒有任何理由或原因，我失去了對外在的覺知，內在經歷了無法描述的極喜。我試圖要解釋發生的事情或者自己正在經歷的，但我總找不到合適的話。

第二天，19日，我們又坐在薄伽梵身邊。那時大約是下午五點，在我看來，薄伽梵似乎是在某種三摩地中。我看著他時，突然看到在他身後有個明亮的藍色輪在旋轉，看上去像是黑天尊者的善見輪[271]。這一景象持續了大約三、四個小時。

這段時間中，有一次薄伽梵睜開眼睛並看著我，但我們沒有說話。大約在晚上九、十點，薄伽梵打破靜默，建議我們都出去。薄伽梵一定是想要讓我做點什麼，因為他告訴我，他想要我開車載他出去。我們開了一輛吉普車，去了在卡卡提（Kakati）的室利·加布列家。整段路程中，我徹底沒有意識。感覺就是一個死屍在開吉普車。回來後，我們散步了一下。雖然身體在走，但卻意識不到周圍的環境。

後來，薄伽梵讓我就自己的體驗寫點什麼。我能寫的只有：「我永遠自由了。」

有一種全然臣服的感覺。我徹底地向我的自性上師臣服了，在我之內除了感覺到與他一體之外，已經不存在任何感覺了。

卡納塔克邦的偉大不二論聖者阿拉瑪·普拉布曾寫到過這一體驗，將之描述為「坐在空性的獅子座上[272]」。如果一定要描述自己的狀態，我會說就是和這一樣。

在他身邊有了這個體驗後，我就永遠和上師在一起了，他一直就在我之內。我再也不可能從這一狀態或者境界中出來。這是薄伽梵對我的允諾。他還說了這話進一步祝福我：「這是解脫。」

我寫下這些是因為薄伽梵讓我敘述這一經歷，以利益其他弟子。

271 善見輪（sudarshan chakra）：毗濕奴的武器之一，為圓形，帶有108個利齒，用於摧毀敵人。

272 Simhasana：simha，獅子；asana，座位、體式。simhasana也指國王的寶座。

1980年早期，羅摩寺改名為「達塔之家」[273]。因為「寺」（mandir）意為「寺廟」，故而以前這個名字讓很多路過的苦行僧誤以為可以在此得到免費食宿。而這從來都不是羅摩寺的功能，它只是一棟給帕帕吉在隆達專用的房屋。新的名稱意為「達塔的家」，更反映了其實際用途。

貝爾高姆的工程師胡克利講述與帕帕吉相處的故事時，提到了他曾和另一位弟子達塔·金德一起去哈德瓦。室利·金德是胡克利的同鄉，第一次在隆達遇見帕帕吉是在1980年中期。他和帕帕吉有多次會面，以下是他講述的其中一部分：

1984年7月20日，在隆達的達塔之家，我第一次遇到室利·彭嘉吉，並作了自我介紹。不知為何他也很高興，並說：「我一直在召喚你，正奇怪你怎麼還沒來。」他問我想要什麼。我回答說：「心靈平靜。」那個時候我對覺悟或者證道一無所知。他叫我上前，我深深鞠躬。有兩三秒的時間，他摸了摸我的面頰，然後說：「這已經在你之內了。現在發展它吧。」我的身軀開始沉浸在狂喜之樂中。三個多小時內我都在享受這個狀態。

上師讓我以全然的謙遜來參問本性：「你從哪裡來？你要去哪裡？」我這樣做了大約一個月，然後被光吞沒，在光中我清楚看到了自己來源之處。之後就是狂喜，持續了一個星期。那段時間裡我笑得很厲害，臉上的肌肉都笑痛了。這段時間中，我一直有個特別的感覺，覺得自己可以吞下整個宇宙。我記得自己看著太陽，想著只要張開嘴巴就能吞下它。這一歡樂和狂喜勢不可擋。

帕帕吉離開隆達後，室利·金德給他寫了幾封信，請求對禪修給予建議和指導。以下是帕帕吉的三封回信：

273 達塔（Datta）是達塔特瑞亞的簡稱，即集合了梵天、毗濕奴和濕婆三者的印度教神祇。Nivas是「住所」之義。

1984年12月25日
勒克瑙

親愛的達塔‧金德：

讀了你12月17日的來信。你是帶著喜悅的淚水和徹底的狂喜寫下這封信的，是這股震動化成了信件中的文字和內容，要不然我會稱之為戌羯本人親自所述的《薄伽梵往世書》。它讓我幸福地讀了一遍又一遍。或許你並不知道自己在這個狂喜的超覺中寫下了什麼。保持下去，你離家近了。不要憂慮家人。它們就像是海洋的波浪：升起、漂移、發出聲響，然後消退。如果你深入下去，這一過程還會繼續。在水流之下沒有波浪。練習這個。潛入到輪迴海洋（samsara sagar）的喧囂波浪之下，得到**自由**。

1985年2月5日
勒克瑙

親愛的達塔‧金德：

讀了你的掛號信以及完整的附件。祝福（Ashirvads）。這封信表達了你深層、穩定的狀態。你已經進入了**真實存在**的王國。你說自己的禪修已成為自然安住（sahaja sthiti），這讓我無比幸福。你做得很好，在很短的時間內就突破了。那麼現在，<u>專注於自己的狂喜，不要念誦任何咒語。保持安靜、不動。不要動搖。現在是突破的時候了，就如你在信中所說</u>。

極喜是**真實狀態**，是你自己的**本來面目**。誰在禪修於誰呢？你從一開始就是自由的，我親愛的孩子。自由不是得到的。它已經就在手心之中。不要讓一絲念頭升起。

如你本然地安住。

親愛金德吉：

我逐一讀了你1985年2月18日、19日和22日的信。

18日：如果你不能長時間坐著，雙腿不舒服，你可以每天短時間坐幾次。只要你能有安靜的時刻，就<u>安住在你的心中。不要讓頭腦空白</u>。不要專注在肉體心臟上。避免頭腦變得很沉重。不要專注於眉心。狂喜是個好徵兆，可以繼續。

19日：<u>不要專注在心臟上</u>。有信心。放鬆。坐著，不要看任何地方。

22日：對你的上師要有全然的信心，一切都會好的。不要擔心，你在正確的無道之道上。

　　室利·胡克利提到1986年去哈德瓦。那趟拜訪中，室利·金德發現自己在帕帕吉身邊反覆體驗到了狂喜。胡克利在日記中提到了金德先生體內自發產生了內持誦，他的身體不由自主地做出不同的瑜伽體位，這是之前從未出現過的。雖然這不停的動作使得他晚上無法躺下、入睡，但他臉上出現了妙樂的光，帕帕吉和室利·胡克利都看到了。下面是一段對這種體驗的描述，繼而講述在此之後體驗變得更深、更持久了。

　　在哈德瓦，我和上師坐在一起，然後四肢開始顫動。我發現自己自發做出了那吒羅闍祜主[274]的姿勢，並且看到黑天祜主的善

---

274 那吒羅闍（Nataraja）：即起舞的濕婆。Nata意為「舞蹈」，raja意為「王」，那吒羅闍即舞王之意，他所跳的是創造和毀滅的宇宙之舞。

見輪在我面前旋轉。這一景象使我保持在狂喜狀態直到第二天早上。後一天，上師把手放在我頭上，說：「你已經完成了你的任務。剩下的交給我吧。」

甚至在此事發生多年之後，還是會有奇怪的境界出現，但關鍵事件發生在幾個月後，即1986年12月在哈德瓦的時候。在半夜，上師向我揭示了存在/非存在、有形/無形、有特質/無特質、有限/無限的意義。我融化在狂喜之淚中，哭喊著：「上師，唵，唵！你是多麼仁慈！你是多麼可親！」

自性上師的臨在中，有母親般的愛、內心的平靜和珍貴的教導，徹底遣除了所有的疑問。他會讓我們大笑，忘了世界上除他之外的一切。那些能夠敞開自己內心、向他開放的人會融化於空性中，領悟到自身的真相。

在之後的章節中，這段時期遇到帕帕吉的其他弟子的敘述還會出現。這一章講述了在羅摩寺發生的事和在那裡遇到帕帕吉的眾弟子，在結束這一章之前，我想要引用最後一個故事。這是室利·康拉尼（Sri Kamlani）記錄的，他是在隆達的弟子，負責當地火車站的餐廳。在我搜集此書資料時，室利·康拉尼已經過世了，所以我無法直接採訪他、記錄他的體驗。但我在帕帕吉的一本筆記本中發現室利·康拉尼寫下了簡短的一段話。1980年代期間，如果弟子在座下有了特別的體驗，帕帕吉經常會要求他們在他旅行時隨身攜帶的筆記本上寫下這一經歷。

帕帕吉的一貫做法是要求在他座下有覺悟體驗的弟子們試著用某個方式描述這些體驗。雖然大多數人承認自己無法做到，但他依然鼓勵大家嘗試。

坐在我的上師面前，我進入了一種定境，越來越深地沉入了我自己。在很短的時間內，所有外在景象都消失了。我仍然能聽到外面的聲音，但聽起來就像是從很遠的距離傳來的。我聽到自己心臟跳動的巨響，有一會兒我感到似乎我的心很厚很重，正被一把錘子敲打著。過了一會兒，光亮了起來，我感覺自己正看著一堵牆，是一堵厚實的牆壁，似乎是由像陽光的東西構成的，只是要比陽光還明亮。我久久地體會著這光。不太情願地，我慢慢睜開了自己的雙眼，看到面前我的上師正在向我微笑。一道耀眼的奪目光芒正從他的雙眼中發射出來。感覺好像是太陽本身照到了我的雙眼中。我越是看向上師，他就越是閃耀。感受如此強烈，淚水從我雙眼中流下。這是一個無法忘記的體驗，是百萬生中都無法見到的景象。得到上師的仁慈之光的笑容，我是多麼的有福！它穿透進入了心，即創造之源頭，在那裡摧毀了我的頭腦。我是多麼有福！這一次深深地沉入心中，已摧毀了一切。所有一切都分崩離析。現在我知道只有一個遍在的宇宙之心。不管我將目光投向何處，唯有心在。啊，萬物中之奇蹟！願上師將我永遠安住於此神聖狀態中。願他的加持永遠沐浴我。

I. J. 康拉尼

譯後記

　　《帕帕吉傳》是一部近現代印度及西方靈修的百科全書，其中收錄了歷史、政治、文化、宗教、靈修等包羅萬象的第一手資料，撰寫編輯此書的大衛·高德曼居功厥偉。這部傳記的中譯工作最初開始於2014年初，初稿由智原和顧象合作於2015年底完成，在小範圍內與法友們分享，得到了極為熱烈的反響。因為卷帙浩繁，加之帕帕吉其人還不為華語讀者所熟悉，數年之中尋求出版社出版無門。因緣最終成熟於2020年，出版了拉瑪那尊者諸多華語譯作的紅桌文化出版社主編劉粹倫女士遞出了橄欖枝，使得這一部巨著的中譯本終於有了歸屬，廣大華語讀者能夠直接藉此領略一代聖者的風采和恩典加持。

　　透過旅居歐洲的智喜（Chloe），譯者團隊向帕帕吉的伴侶蜜拉（Meera）傳達了這一傳記即將要出版中譯本的消息，並得到了她熱情的祝福，那也是帕帕吉對於華語讀者的祝福。

　　中譯本的修改、校對得到了許多法友的參與。感謝智喜細心對比全書英文原本，修改中譯加以潤色，並且檢查確保了名詞術語的前後一致。感謝昱、智焱、攖寧校對了第一卷，昱、攖寧、zeno校對了第二卷，智原校對了第三卷。

　　最後要特別感謝高聖豪先生，他的設計讓這一系列圖書有了脫俗的視覺呈現，同時又傳達了求道的熱切。

　　願接觸到此書的讀者，都能感受到智慧與虔愛的氣息。

帕帕吉傳·一切從未發生